RECUEIL DE L'ACADÉMIE DE LÉGISLATION DE TOULOUSE.

ANNÉE 1856. — LIVRAISON SUPPLÉMENTAIRE.

DE L'INFLUENCE

DU

DROIT CANONIQUE

SUR LA LÉGISLATION FRANÇAISE

Considérée ~~Du conquérant~~

PAR

G. D'ESPINAY

DOCTEUR EN DROIT, SUBSTITUT A SEGRÉ (MAINE-ET-LOIRE).

MÉMOIRE COURONNÉ PAR L'ACADÉMIE DE LÉGISLATION DE TOULOUSE

LE 29 JUILLET 1855.

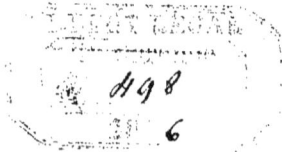

Patience et longueur de temps
Font plus que force ni que rage.
LAFONTAINE.

TOULOUSE

TYPOGRAPHIE DE BONNAL ET GIBRAC

RUE SAINT-ROME, 16.

1856.

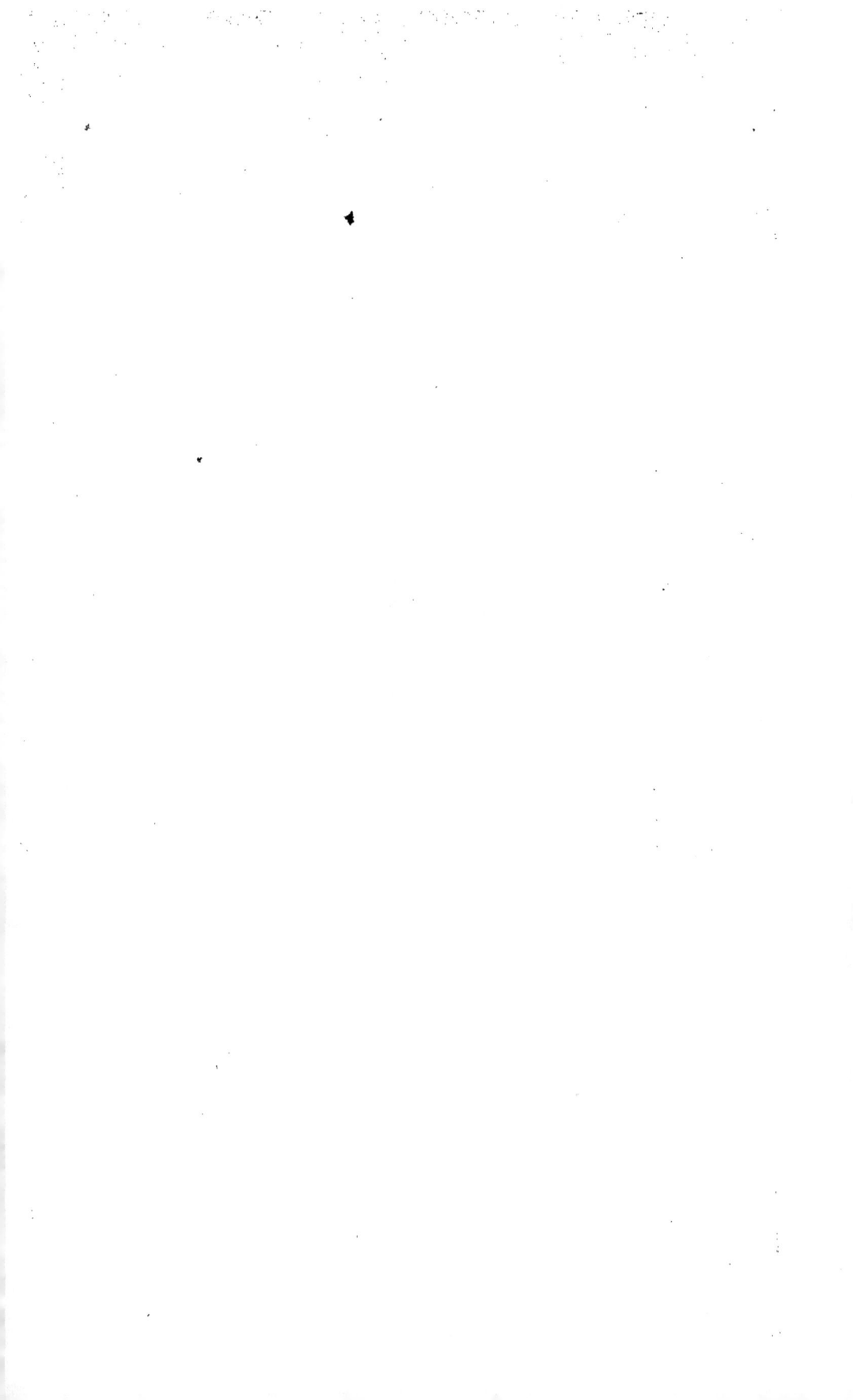

DE L'INFLUENCE

DU DROIT CANONIQUE

SUR LA LÉGISLATION FRANÇAISE.

RECUEIL DE L'ACADÉMIE DE LÉGISLATION DE TOULOUSE.

ANNÉE 1856. — LIVRAISON SUPPLÉMENTAIRE.

DE L'INFLUENCE

DU

DROIT CANONIQUE

SUR LA LÉGISLATION FRANÇAISE

PAR

G. D'ESPINAY

DOCTEUR EN DROIT, SUBSTITUT A SEGRÉ (MAINE-ET-LOIRE).

—

MÉMOIRE COURONNÉ PAR L'ACADÉMIE DE LÉGISLATION DE TOULOUSE

LE 29 JUILLET 1855.

> Patience et longueur de temps
> Font plus que force ni que rage.
>
> LAFONTAINE.

TOULOUSE

TYPOGRAPHIE DE BONNAL ET GIBRAC

RUE SAINT-ROME, 46.

—

1856.

A MESSIEURS

LES MEMBRES DE L'ACADÉMIE DE LÉGISLATION

DE TOULOUSE.

HOMMAGE RESPECTUEUX.

———

A LA MÉMOIRE DE MONSIEUR BENECH.

PRÉFACE.

—

L'Académie de Législation de Toulouse, dans sa séance du 1er juillet 1854, mit au concours la question suivante :

« Apprécier l'influence que le droit canonique a exercée » sur les progrès et sur la formation de la législation » française. »

Le rapport du secrétaire perpétuel contenait des observations destinées à préciser cette question :

« Au premier abord, disait M. Benech, ce sujet paraît excéder les proportions des travaux ordinaires de nos concours. Mais que ceux qui seront disposés à répondre à notre appel, se rassurent. Ce que l'Académie leur demande en effet, ce n'est pas une série de longues et volumineuses dissertations dégageant minutieusement par la comparaison de nos lois, avec les parties afférentes du Droit canonique, ce que celui-ci a communiqué au Droit national. Elle ne peut leur demander qu'une chose, c'est-à-dire un vrai travail académique, caractérisant fidèlement, mais à grands traits, les divers éléments du Droit pontifical; exposant d'une manière consciencieuse, mais substantielle, ce que ces éléments ont apporté à la formation de notre législation; ce qu'ils ont communiqué de plus important, par exemple, au mariage, à la constitution de la famille, au testament, aux théories générales des contrats et obligations, aux actions possessoires, à l'organisation judiciaire et aux formes de la procédure, au système général en matière de répression; et en définitive ce que le Droit canonique a fait de plus notable pour la moralisation et la régularité de la vie juridique, pour le triomphe de l'équité et de l'unité.

» Conçue dans cet esprit et surtout contenue dans ces limites, l'œuvre que nous provoquons est destinée à prendre rang dans la science; elle comblera une lacune, et réalisera les vœux bien sincères de l'Académie, qui ne peut qu'attacher une grande importance à la fécondation d'un pareil sujet. »

Le Mémoire, que nous livrons aujourd'hui à la publicité, a été composé pour répondre au vœu exprimé par l'Académie. L'auteur a cru devoir se renfermer strictement dans les limites fixées par le programme; il a laissé de côté toutes les questions qui ne se rattachaient pas directement au sujet proposé, pensant qu'il devait surtout se conformer à l'intention de l'Académie; et parcourir, autant qu'il le pourrait, la carrière qu'elle lui avait tracée, sans jamais s'en écarter.

Qu'il lui soit permis de remercier aujourd'hui cette savante compagnie, de l'accueil bienveillant dont elle a honoré l'auteur et son travail. En lui dédiant ce mémoire, il est heureux de pouvoir lui offrir publiquement le tribut de son respect profond, et de sa vive reconnaissance (1).

Il remplit aussi un devoir sacré en mêlant ses regrets à ceux de l'Académie, frappée d'une manière si cruelle dans la personne de son secrétaire perpétuel. Tous ceux auxquels il a été donné de connaître M. Benech, regretteront toujours ce jurisconsulte si dévoué aux progrès de la science, si bienveillant pour la jeunesse, et qui réunissait toutes les qualités de l'homme supérieur et de l'homme de bien.

Segré, 15 octobre 1856.

(1) L'Académie de Législation, par décision en date du 28 mai 1856, a bien voulu autoriser l'auteur à publier ce Mémoire comme livraison supplémentaire du Recueil.

INTRODUCTION.

Patience et longueur de temps
Font plus que force ni que rage.
LAFONTAINE.

De profondes différences séparent les sociétés modernes des sociétés antiques. Les idées, les mœurs, les lois ne sont plus de nos jours ce qu'elles étaient, il y a vingt siècles. La civilisation des peuples actuels repose sur des principes nouveaux inconnus aux anciens peuples. Des progrès immenses ont été accomplis dans le monde, et ces progrès, il faut le reconnaître, sont l'œuvre du Christianisme.

Toute société obéit en effet à certaines lois fondamentales, qui sont la base de son organisation. Lorsque de grandes révolutions politiques ou religieuses viennent renverser les principes sur lesquels la civilisation avait reposé jusqu'alors, toutes les institutions sociales subissent de profondes modifications ; les constitutions politiques et les lois civiles elles-mêmes changent avec les idées. De tous les éléments qui composent la civilisation, le principe religieux est certainement le plus puissant, c'est lui qui exerce sur la société la plus grande influence ; c'est lui qui donne à chaque époque historique un caractère particulier, une physionomie propre ; c'est lui qui imprime dans la constitution sociale de chaque peuple les traces les plus profondes. De là l'immense influence que les religions ont exercée de tout temps sur la législation positive.

Si l'on considère les institutions des nations païennes en les comparant à celles des nations chrétiennes, on voit cette vérité se dévoiler avec une grande évidence.

Toutes les sociétés de l'antiquité reposaient sur le paganisme. Ce culte tout extérieur ne s'adressait ni à la raison, ni à l'âme, il ne parlait qu'aux sens et qu'à l'imagination ; il ne connaissait d'autres Dieux que les objets sensibles, ou les forces de la nature personnifiée ; il adorait la matière, divinisait toutes les passions et permettait tous les vices. La loi, image fidèle de la religion, consacrait tous les abus de la force, tous les caprices de la passion. Elle soumettait à la puissance absolue de quelques chefs de famille, tous les êtres trop faibles pour faire respecter leurs droits ; elle sacrifiait l'esclave, la femme, l'enfant et consacrait partout le droit du plus fort.

Tandis que les anciennes sociétés s'élevaient, sous le rapport intellectuel, à une grande hauteur, elles conservaient, sous le rapport des institutions sociales, leur première barbarie. Elles produisaient des poètes, des artistes, des philosophes, dont les chefs-d'œuvre nous étonnent aujourd'hui ; mais aux jours les plus brillants de cette civilisation, qui ne reposait que sur le sensualisme, le sang inondait l'amphithéâtre, où les gladiateurs venaient combattre et mourir ; des milliers d'esclaves périssaient de misère dans les ergastules et sur les bords du Tibre ; les femmes de Rome comptaient les années par le nombre de leurs maris ; les vices les plus hideux souillaient les hommes les plus illustres ; Caton vendait sa femme ; Néron éclairait ses jardins en brûlant des chrétiens ; Héliogabale renouvelait les mœurs de Sardanapale ; la débauche et la cruauté régnaient en souveraines sur la société païenne.

Pendant que le monde romain s'enivrait à ces sources impures, le Fils de Dieu mourait sur le Calvaire et laissait à l'Eglise catholique le dépôt de sa doctrine qui devait régénérer l'humanité tout entière.

Bientôt les Apôtres se répandirent dans le monde, et portèrent les principes de la religion chrétienne au-delà des limites de l'Empire romain. Une opposition formidable accueillit le nouveau culte, et l'ère des persécutions commença. Mais les empereurs versèrent en vain le sang des martyrs ; la croix devait triompher un jour. Après trois siècles de lutte, la religion chrétienne devint dominante dans l'Empire ; Constantin lui donna la liberté, et bientôt elle fit sentir sur la société romaine sa bienfaisante influence. Elle avait triomphé de la résistance des esprits et des cœurs, elle avait fini par dominer les intelligences, elle transforma bientôt aussi les institutions sociales. Des principes inconnus jusqu'alors furent proclamés : l'unité de Dieu fut pour la première fois enseignée à tous les hommes avec le dogme de la rédemption.

Le culte de la matière fut proscrit, et la vie humaine arrachée au joug des sens. La charité, cette vertu que les anciens n'avaient pas soupçonnée, fut imposée aux hommes ; elle devint la règle de leurs mœurs, le principe de leur conduite.

Les législateurs ne pouvaient rester en arrière de ce mouvement religieux et social ; il fallut modifier les lois et les mettre d'accord avec les idées nouvelles. Il fallut effacer des codes les dispositions rigoureuses de l'ancien droit, adoucir l'esclavage, réhabiliter la femme, assurer la vie de l'enfant, réorganiser la famille sur des bases nouvelles. Mais ces transformations nécessaires ne furent pas l'œuvre d'un jour. Les principes chrétiens étaient devenus dominants, mais les mœurs païennes subsistèrent longtemps encore ; les changements s'opérèrent avec lenteur ; on substitua peu à peu une législation nouvelle à l'ancienne législation.

A peine le monde romain commençait-il à subir l'influence chrétienne, qu'il fut envahi par les peuples du Nord. Les Barbares établis successivement sur les différentes provinces de l'empire se disputaient les lambeaux de la puissance des Césars. Des bandes à demi-sauvages se pressaient vers Rome, où elles semblaient avoir été conviées, et bientôt la capitale de l'ancien monde fut pillée et livrée aux flammes. Une ombre d'empire subsista un demi-siècle encore après le sac de Rome, pour finir avec le Vme siècle après une longue agonie.

L'Eglise catholique se trouva dès lors en présence d'ennemis nouveaux; elle avait combattu la corruption romaine : il fallut lutter contre la brutale cruauté des Barbares.

Après de longs efforts elle triompha de ces peuples nouveaux, comme des peuples anciens; elle les initia à la lumière de l'Evangile, et par l'Evangile à une civilisation nouvelle. Elle fit l'éducation des sociétés, qui se formèrent sur les ruines de l'ancien monde; elle leur enseigna la religion, les arts et les lois; elle adoucit les mœurs des Barbares; elle dirigea leurs premiers pas dans cette voie nouvelle, et sous son influence les peuples occidentaux firent, en quelques siècles, d'immenses progrès.

Ces progrès accomplis par les sociétés modernes sous le rapport des institutions sociales, la supériorité morale de nos lois civiles sur celles de l'antiquité sont bien l'œuvre du Christianisme. Les nations, qui ont adopté cette religion divine, diffèrent profondément de celles qui ne la connaissent pas ou qui l'ont rejetée. Ces dernières sont toujours restées ce qu'elles étaient pendant l'antiquité : il n'y a pas eu de progrès pour elles. Au milieu des splendeurs de la plus brillante civilisation, elles ont conservé, comme l'ancienne Rome, les institutions les plus barbares. Toutes les sociétés musulmanes, toutes celles qui professent le culte de Fô ou celui de Brahma, ont gardé le souvenir d'une ancienne et mystérieuse civilisation. La Chine, l'Inde, l'Assyrie, l'Egypte, nous offrent des monuments dont la masse imposante semble défier les siècles ; elles ont produit des artistes, des poètes, des philosophes ; mais sous le rapport des institutions sociales, elles n'ont pas fait de progrès. Les Indes sont encore aujourd'hui à peu près ce qu'elles étaient au temps de Manou ; la Chine, au temps de Confucius. Les Arabes, dont l'ardente imagination a créé tant de chefs-d'œuvre, sont toujours restés barbares sous bien des rapports. Ce peuple, qui a élevé en Espagne tant de monuments admirables, et laissé, dans tout l'Orient, de si poétiques souvenirs, a passé rapidement, et ses institutions sociales n'ont pas subi de changements.

Les sociétés musulmanes sont aujourd'hui ce qu'elles étaient au temps de Mahomet, et Mahomet avait consacré toutes les institutions de l'antiquité. Chez ces peuples, l'esclavage et la polygamie n'ont pas cessé d'exister ; la famille a conservé ses anciennes bases : la femme est restée esclave et dégradée.

Cependant, en Orient, la religion a toujours été toute-puissante : les brahmes, les mages, les bonzes, les ulémas, la caste sacerdotale, en un mot, a, de tout temps, formé la partie éclairée et dominante de chaque peuple ; mais les prêtres des religions orientales ont renfermé dans le sanctuaire le peu de vérités qu'ils ont connues. Ministres de ces cultes sensuels qui laissent aux passions une entière liberté, ils ont conservé toutes les institutions barbares et maintenu la société dans une enfance perpétuelle.

Tel n'a pas été dans l'Occident le rôle de l'Eglise catholique : elle a arraché le monde au sensualisme païen. Au lieu d'immobiliser les peuples soumis à sa suprématie religieuse, comme les prêtres orientaux et les druides celtiques, ou de perdre tous ses efforts dans de subtiles disputes comme les philosophes païens, elle a favorisé de tout son pouvoir le développement des nations modernes ; elle a présidé à tous leurs progrès et dirigé la marche de la civilisation européenne.

Nous n'aurons pas à retracer ici tout le développement de cette civilisation ; nous n'aurons pas à nous occuper des progrès que le christianisme a fait faire aux lumières, ni des changements qu'il a apportés dans les mœurs. Nous n'étudierons les transformations qu'il a opérées dans la société moderne qu'à un seul point de vue. Nous ne nous occuperons que d'un seul des éléments dont se compose la civilisation moderne ; la législation civile sera le seul objet de nos recherches. Nous verrons quelles modifications elle a subies sous l'influence des principes chrétiens.

Pour cela, nous considérerons la législation française à trois époques différentes : d'abord à l'époque barbare, durant laquelle tous les éléments de la civilisation moderne sont encore mêlés et confondus ; nous verrons ensuite, pendant l'époque féodale, la société s'organiser sous l'influence de l'Eglise, les institutions sortir du chaos, les lumières de la civilisation dissiper les ténèbres de la barbarie ; nous étudierons enfin la législation des trois derniers siècles, époque durant laquelle l'influence du pouvoir royal lui imprima un caractère nouveau.

L'influence des lois de l'Eglise sur la société et sur la législation civile pendant cette longue suite de siècles, a toujours été en croissant depuis le commencement du Ve siècle jusqu'à la fin du XIIIe. Depuis cette époque, son influence s'est exercée d'une manière moins directe et moins prépondérante, mais elle a conservé cependant une grande importance. Nous suivrons la marche de notre législation jusqu'au moment où le flot révolutionnaire a englouti toutes les institutions du passé. Nous verrons aussi les traces profondes que le Droit ecclésiastique a laissées dans les lois modernes de la France.

DE L'INFLUENCE

DU DROIT CANONIQUE

SUR LA LÉGISLATION FRANÇAISE.

LIVRE PREMIER.

—

ÉPOQUE BARBARE.

Vᵉ — Xᵉ SIÈCLE.

—

CHAPITRE PREMIER.

Influence du Christianisme sur la société barbare.

La Gaule, soumise par Jules César à la puissance romaine, fit partie de l'empire jusqu'à la fin du Vᵉ siècle;
mais alors, envahie de toutes parts par les peuples germaniques, elle fut arrachée à la domination de ses anciens
maîtres. Les Bourguignons s'établirent dans les provinces
de l'Est; les Wisigoths dans celles du Sud; les Francs, déjà
fixés sur les bords du Rhin, ne tardèrent pas à occuper
toutes les provinces du Nord. Les légions romaines recu-
laient sans cesse devant les nouveaux conquérants; battues
par les armes de Khlodowig, elles durent laisser le champ
libre aux guerriers francs; et bientôt l'empire romain suc-
comba sous les coups des Barbares, qui depuis deux siècles s'acharnaient à sa ruine. La domination franque s'é-
tendit rapidement sur la Gaule tout entière : soit par la ruse,

soit par la force des armes, Khlodowig réunit sous sa main toutes les tribus franques ; il chassa les Wisigoths d'Aquitaine, et ses fils soumirent les Bourguignons.

Toutefois, la civilisation romaine ne périt pas tout entière avec l'empire des Césars ; le clergé catholique conserva le culte, la littérature et les lois de Rome devenue chrétienne depuis plusieurs siècles. La Gaule avait reçu la foi dès les premiers temps de l'ère chrétienne. De nombreux martyrs l'avaient bientôt portée dans toute l'étendue de ce pays. Au Ve siècle, tous les Gallo-Romains, sauf peut-être les habitants de quelques contrées reculées., étaient chrétiens et catholiques. Vaincus par l'ascendant que la civilisation exerce toujours sur la barbarie, et par la puissance des idées religieuses, les conquérants embrassèrent le christianisme que professaient les vaincus. L'ancien culte des Germains qui adoraient, dans leurs forêts, les objets matériels, les dieux visibles à leurs regards : le soleil, la lune, le feu, la terre, les arbres et les fontaines, fut bientôt proscrit (1). L'adoption du culte nouveau devint, pour les Barbares, la cause d'une transformation, qui devait s'accomplir lentement sans doute, mais progressivement à travers les siècles. Le clergé chrétien a fait l'éducation des sociétés nouvelles, nées de l'invasion germanique ; il a fait passer les races du Nord établies sur le sol de l'empire romain, de la barbarie à la civilisation.

Avant d'arriver à ce résultat, il fallut traverser une époque de luttes et d'anarchie, pendant laquelle s'opéra la fusion de la race victorieuse et de la race conquise. Deux peuples en effet se trouvaient en présence sur le sol de la Gaule, pendant la période mérovingienne : le peuple Gallo-Romain, habitué à l'esclavage, épuisé par les exactions du fisc romain, abâtardi par la corruption, et le peuple Franc, livré à toutes les passions brutales qu'enfante la barbarie. Le pouvoir politique n'avait pas la force nécessaire pour maintenir l'ordre dans la société. Barbares comme leurs guer-

(1) Cæs. de bel. Gal. VI, 21. — Tac. de mor. germ. 9, 40. — Anseg. cap. I, 62. — Cap. de Hildebert, en 554 ; de Karloman, en 742, c. 5.

riers, les rois chevelus s'adonnaient eux-mêmes à toutes
sortes de crimes et de brigandages. Les chroniques du temps
sont remplies de drames horribles; on y lit à chaque page
le récit des meurtres et des empoisonnements qui souillè-
rent les princes de cette époque (1). Nulle fixité dans les
institutions sociales : l'administration romaine n'existait plus;
les assemblées du champ de Mars tombaient en désuétude ;
les comtes barbares, gouverneurs des villes et des provinces,
pouvaient sans contrôle s'abandonner à tous les excès de
pouvoir. L'anarchie était au comble ; la barbarie dominait,
et la société semblait près de se dissoudre. Les lumières périssaient : à peine quelques poètes et quelques chroniqueurs
venaient-ils protester, au nom de l'intelligence, contre l'i-
gnorance générale.

Cependant la société n'était pas destinée à demeurer éternellement plongée dans la barbarie où l'avaient entraînée la
décadence romaine et l'invasion des peuples du Nord. La civilisation antique expirait ; la civilisation moderne allait bientôt sortir du chaos. Sur les débris de l'ancien monde, détruit
par l'invasion germanique, le Christianisme allait créer un
monde nouveau.

L'Eglise était en effet la seule puissance qui pût porter
secours aux maux de l'époque, dissiper les ténèbres, adoucir
les mœurs et organiser les sociétés nouvelles. Seule, elle
avait une constitution régulière au milieu de l'anarchie
universelle; seule, elle possédait des lumières au sein de
l'ignorance commune. Elle ne tarda pas à prendre sur cette
société en dissolution une influence considérable; elle acquit cet ascendant que donnent l'intelligence sur l'ignorance,
la règle sur le désordre, la loi sur l'anarchie, la civilisation
sur la barbarie. L'Eglise avait une mission divine à remplir;
elle l'accomplit en répandant dans le monde barbare les lumières de l'Evangile; de pieux missionnaires pénétrèrent
dans les contrées les plus reculées de la Grande-Bretagne

(1) Grégoire de Tours, L. II, c. 42, 43 ; III, 18 ; IV, 43 ; V, 40. — Frédégaire, ch. 42.

et de la Germanie, pour y porter la foi chrétienne. Au milieu des désordres de ce temps, un grand nombre de saints personnages donnèrent au monde les plus admirables exemples.

Les évêques s'assemblaient souvent pour subvenir à tous les besoins de la société. Les Conciles rendaient sans cesse de nouvelles lois, destinées à maintenir l'intégrité de la foi et la pureté de la discipline ecclésiastique, à régler les rapports religieux ou sociaux des hommes soumis à leur juridiction, à purifier les mœurs, à protéger le mariage et l'institution de la famille, à réprimer les brigandages. Bientôt les évêques furent admis dans les conseils des rois barbares ; leur influence sur la société devint plus directe ; ils prirent une part active au gouvernement, et beaucoup de capitulaires furent rendus à leur instigation, à la suite des Conciles.

Ils étaient en outre les défenseurs des cités qu'ils devaient protéger contre les exactions et les abus de toute sorte ; les intérêts des faibles et des opprimés étaient remis entre leurs mains. Ces diverses fonctions qu'ils tenaient de la législation romaine étaient pour eux la source d'une immense et bienfaisante influence (1).

Elle ne s'exerçait pas seulement dans l'ordre politique, mais aussi dans l'ordre intellectuel ; les écoles, établies dans les monastères et dans les évêchés, conservèrent les anciens monuments de la littérature sacrée et ceux de la littérature profane, qui, sans elles, eussent été détruits pendant l'invasion. Les moines soumis généralement à la règle de saint Benoît, se livrèrent avec une admirable ardeur à une double entreprise. Partageant leur temps entre la prière et le travail, ils défrichèrent les forêts et les landes incultes de la vieille Gaule, et préludèrent par de longues études à ces travaux gigantesques qui devaient faire plus tard la gloire de leur ordre. A cette époque, les rares productions de l'esprit hu-

(1) *Cod. Théod.* I, tit. 10, c. 3.

main qui nous apparaissent, sont toutes marquées d'un cachet religieux. Toute la littérature de ce temps se compose de légendes et de vies de saints, ou d'hymnes liturgiques. La pensée religieuse inspire seule les poètes. Les chroniques elles-mêmes prennent un caractère ecclésiastique; la philosophie profane disparaît; la théologie règne seule et devient l'objet de toutes les luttes de l'esprit humain.

Il n'y avait donc alors de force réglée et de puissance intellectuelle que dans l'Eglise. Aussi les princes, qui comprirent les besoins de leur époque, cherchèrent-ils à s'appuyer sur le clergé. Pepin et Charlemagne nous apparaissent toujours environnés d'évêques. Ils furent les défenseurs zélés de l'Eglise et les alliés fidèles des souverains Pontifes; ils travaillèrent avec eux à civiliser les barbares en les faisant chrétiens.

Charlemagne arrêta l'invasion des païens du Nord, et celle des musulmans du Midi; il porta le christianisme jusqu'au fond de la Saxe, et soutint sa cause en Espagne. Il réforma son empire par d'innombrables lois, où l'influence du clergé se montre partout; il établit des écoles pour répandre de tous côtés les lumières du christianisme. Il fut avec l'aide de l'Eglise le créateur de la société moderne. « Charlemagne, a dit M. Guizot, marque la limite à laquelle est enfin consommée la dissolution de l'ancien monde romain et barbare, et où commence vraiment la formation de l'Europe moderne, du monde nouveau. C'est sous son règne et pour ainsi dire sous sa main, que s'est opérée la secousse par laquelle la société européenne faisant volte face est sortie des voies de la destruction pour entrer dans celles de la création » (1).

Tant que la fusion de la race germanique et de la race gallo-romaine ne fut pas accomplie, ces deux peuples obéirent à des législations différentes. Le peuple conquis était

(1) *Histoire de la civilisation en France*, t. II, leçon 20e.

régi par le droit romain ; le peuple conquérant obéissait aux anciens usages qu'il avait suivis de tout temps, dans les forêts de la Germanie. Mais la suprématie, que l'Eglise avait acquise sur la société barbare, devait ajouter à ces deux législations une législation nouvelle, le droit ecclésiastique, et lui donner une importance considérable. Les décrets des papes, les canons des conciles exercèrent sur la société et sur le droit civil une influence immense. Les princes qui voulurent réformer la législation, empruntèrent aux lois de l'Eglise, de nombreuses dispositions. Le droit canonique devint bientôt la règle unique d'une foule de matières ; il régit notamment tout ce qui touche au mariage et à l'organisation de la famille. D'autres parties de la législation furent inspirées par l'esprit du droit ecclésiastique ; il devint une sorte de raison écrite, toujours présente à la pensée du législateur. C'est ainsi que les lois rédigées par les conquérants germains, et même les extraits du droit romain, faits au moyen-âge pour les peuples conquis, portent des traces nombreuses de cette puissante influence.

Nous étudierons les monuments de ces deux législations, dont la fusion a formé le droit français ; nous verrons quelles modifications le droit canonique a apportées au droit romain et aux usages germaniques. On nous permettra de jeter quelquefois un coup d'œil rétrospectif sur les lois primitives de Rome et sur les plus anciennes coutumes barbares ; car la comparaison des époques les plus reculées avec les époques postérieures, peut seule expliquer les transformations opérées dans la législation. Sans la connaissance du passé, on ne saurait comprendre le présent.

CHAPITRE II.

De l'Esclavage. — Influence du droit canonique sur l'état des Serfs.

SECTION I.

ESCLAVAGE ROMAIN.

§ 1.

Droits du maître sur ses esclaves.

Lorsque les Barbares du Nord envahirent les Gaules, la loi romaine régissait ce vaste pays ; elle y consacrait, suivant l'usage de tous les peuples anciens, l'esclavage personnel et le servage de la glèbe. Toutefois, à l'époque de la conquête franque, ces antiques institutions avaient déjà subi, sous l'influence de l'Eglise, de nombreuses modifications, et les lois des empereurs chrétiens avaient adouci d'une manière notable le sort des esclaves.

A la fin du Ve siècle, le maître n'avait plus, en effet, sur les hommes qui dépendaient de lui, cette puissance souveraine dont il avait joui durant les siècles païens. Si l'on remonte à la primitive législation de Rome, on le voit investi d'un pouvoir absolu ; ses esclaves sont sa propriété ; tout ce qu'ils acquièrent lui appartient ; il dispose à son gré de leurs biens et de leurs personnes ; il peut les vendre, les tuer, les torturer. Qu'il les abandonne dans les îles du Tibre, qu'il les livre aux murènes de ses viviers ou aux lions de l'amphithéâtre, la loi païenne consacre toutes ces atrocités, que le Christianisme devait faire disparaître.

Dès l'époque qui précéda le triomphe de la nouvelle religion dans le monde romain, plusieurs empereurs, élevés dans les principes de la philosophie stoïcienne, apportèrent quelques restrictions au droit absolu des maîtres. Les statues des princes devinrent une sauvegarde pour les esclaves maltraités. La loi Pétronia enleva aux maîtres le droit de contraindre ces malheureux à combattre contre les bêtes. L'empereur Antonin punit comme homicide un Romain qui avait donné la mort à l'un de ses esclaves (1).

Tandis que la sagesse antique s'efforçait d'adoucir les lois qui régissaient l'esclavage, saint Paul cherchait à changer les cœurs en prêchant la charité, et l'Eglise redisait après lui :

« Et vous, maîtres , rendez à vos serviteurs ce que l'équité et la justice demandent de vous, sachant que vous avez aussi bien qu'eux un maître dans le ciel » (2).

Mais ennemie des bouleversements sociaux, l'Eglise commandait à la fois, aux serviteurs l'obéissance, aux maîtres la modération :

« L'esclave , disent les constitutions apostoliques, doit obéir à son maître et l'aimer ; le maître doit traiter son esclave avec douceur » (3).

Trois siècles devaient s'écouler au milieu des luttes et des persécutions, avant que ces idées nouvelles pussent triompher des anciens principes. Le règne de Constantin fit enfin passer dans les lois l'esprit de la charité chrétienne. Ce prince rendit en 312 un édit, par lequel le maître qui tue son esclave, l'empoisonne, le déchire, le livre aux bêtes, le brûle vif, ou lui donne la mort dans les tourments, doit être considéré comme homicide. Cette loi qui laissait encore aux maîtres le droit d'user envers leurs esclaves des chaînes, du fouet et de la prison , était cependant pour l'époque un progrès immense » (4).

Nous verrons bientôt les efforts constants de l'Eglise, durant les siècles du moyen-âge, pour adoucir de plus en plus la puissance dominicale.

(1) Dig. I, 6, 2. Ulpien.
(2) S. Paul, ad Coloss. IV, 1.
(3) Const. apost., l. V, c. 11.
(4) L. 9, C. Théod. de emendat. serv. — L. unic. C. Just. eod. tit.

§ 2.

Famille des serfs.

La loi chrétienne bien différente de la loi païenne reconnaît à l'esclave le droit d'avoir une famille. Dans l'ancienne société romaine, le droit civil ne consacrait pas l'union conjugale des esclaves ; le *contubernium* était abandonné au pur droit naturel. L'esclave, en effet, n'était pas une personne aux yeux de l'antique législation des Quirites.

L'Eglise, au contraire, a fait de l'esclave une personne ; elle lui a rendu sa dignité d'homme, et par suite le droit de contracter une union sainte et légale (1), et celui d'avoir une famille. Le premier pas dans cette voie fut fait encore par Constantin, dont les efforts tendirent constamment à corriger la dureté des anciennes lois de Rome. Il défendit de séparer, dans les partages opérés soit par le fisc, soit par les particuliers, les serfs de la glèbe unis par les liens de la famille. Aux termes de ses constitutions, le mari et la femme, le père, la mère et les enfants, le frère et la sœur doivent rester ensemble sous la même main. On ne brisera plus ces liens du sang que la loi va désormais protéger (2).

Si plus tard les seigneurs du moyen-âge viennent à violer ces prescriptions inspirées par le Christianisme, les conciles les remettent en vigueur, et luttent énergiquement pour les faire respecter (3).

§ 3.

Manumission dans les églises.

L'esprit de charité qui animait les premiers chrétiens les poussait à affranchir leurs esclaves. Les évêques et les prêtres devaient être les ministres de ces actes désintéressés. Cons-

---

(1) Décret. Grat. pars II, caus. 30, quest. 2, c. 1.
(2) C. Th. II, 25, 1.
(3) Conc. de Châlons-sur-Saône, en 813, c. 30.

tantin fît encore sur ce point une importante innovation. Une loi de ce grand prince consacra la manumission faite dans les églises, et conféra aux esclaves ainsi affranchis tous les droits des citoyens. A cette époque, les distinctions admises par les antiques lois de Rome entre les diverses classes d'affranchis, *citoyens, latins* ou *déditices,* tombaient en désuétude. L'affranchissement par le *cens* n'était plus en usage. La manumission « *faite dans les saintes églises, dans un but pieux, en présence des évêques,* » était destinée à remplacer cet ancien mode d'affranchissement (1).

La nouvelle institution, que le clergé favorisa de tout son pouvoir, ne tarda pas à se répandre dans l'empire romain. Les conciles d'Afrique demandèrent au prince une loi qui permît aux évêques de ce pays d'affranchir les esclaves dans les églises, et leur accordât ce droit qu'avaient obtenu avant eux les évêques d'Italie (2).

Les lois romaines du moyen-âge conservèrent religieusement cet usage chrétien (3).

C'eût été peu d'affranchir les esclaves, s'ils eussent dû rester, après leur manumission, abandonnés à la volonté arbitraire d'un patron toujours prêt à les faire rentrer dans la servitude. Les conciles prenaient les affranchis sous leur protection et fulminaient l'anathème contre quiconque osait les maltraiter ou les dépouiller (4).

SECTION II.

SERVAGE GERMANIQUE.

§ 1.

Droits du maître sur ses serfs.

L'esclavage existait chez les peuples du Nord. Il avait pour

---

(1) C. Th. IV, 7. — C. Just. L. 1, 2, *de his qui in ecclesiâ.*
(2) Conc. Afric. c. 54. *Dion. exig.*
(3) Anian. interp. IV, 7.—Papian. resp. tit. IV.—*Lex rom. utinensis,* lib. IV, c. 7. — Gaii *Epit.* c. 1.
(4) Conc. d'Agdes, en 506, c. 29. — Vme concile d'Orléans, en 549, c. 7.

sources : la guerre, la naissance et la vente des hommes libres qui se donnaient eux-mêmes en servitude (1). Ces usages n'étaient pas propres à la seule race germanique. Tous les peuples anciens regardaient les vaincus pris à la guerre comme la propriété du vainqueur; partout l'enfant de l'esclave naissait esclave ; partout on voyait l'homme aliéner sa liberté. A Rome, le créancier pouvait, au temps de la loi des douze tables, vendre son débiteur ; dans les Gaules, les plébéiens accablés sous le poids des tributs, grevés de dettes, tourmentés par les vexations, devenaient souvent esclaves des grands (2). Quant aux Germains, ils se donnaient en servitude pour acquitter une dette qu'ils ne pouvaient payer ; les formules anciennes en fournissent de nombreux exemples (3). Souvent encore dévorés par la passion du jeu, ces barbares perdaient, dans une nuit d'orgie, leur fortune et leur liberté (4).

L'esclave germain n'était pas destiné comme l'esclave romain, à servir dans l'intérieur des habitations ; on lui abandonnait les champs que le propriétaire dédaignait de cultiver, estimant que la guerre et la chasse sont les seules occupations dignes d'un homme libre. Attaché à la glèbe, le serf payait à son maître une redevance en troupeaux, ou en blé ; il avait sa demeure particulière et ses pénates (5). On le frappait rarement, mais il n'était pas à l'abri des brusques emportements et des caprices de son maître, « *qui le tuait par colère et non par châtiment* » (6). La vie de l'esclave appartenait donc à celui-ci. Mais le droit canonique devait sur ce point corriger la rudesse des usages germaniques.

L'Eglise protégea la vie des serfs sous la domination franque, comme sous la puissance romaine. Le concile d'Agdes

(1) Tac. *de mor. Germ.*, c. 24.
(2) Cæs. *de bel. gal.* VI, 13.
(3) *Marc. form.* II, 28. — App. 16, 58. — Bignon, f. 26. — Mabillon, f. 2. —*Arvern. form. passim.*
(4) Tac. *de mor. Germ.*, c. 24.
(5) Tac. *de mor. Germ.*, c. 25.
(6) Tac. *de mor. Germ.*, c. 25.

imposait deux ans de pénitence au maître qui avait tué son
esclave, et prononçait l'excommunication contre le coupable
s'il refusait de subir cette peine canonique (1). Le XVIIe concile de Tolède, en 694, privait aussi de la communion pour
deux ans le maître qui avait tué son esclave sans une sentence
du juge (2). Le concile de Worms, tenu au IXe siècle, prononçait encore la même peine (3).

Souvent un esclave, maltraité par son seigneur, se réfu-
giait dans une église ou dans un monastère; les prêtres le
rendaient à son maître, en faisant promettre à celui-ci, qu'il
ferait grâce à l'esclave; souvent aussi le maître se jouait de
ses promesses. Le Ve concile d'Orléans excommunia ceux qui
manquaient ainsi à la foi jurée (4). La loi des Wisigoths, où
l'influence canonique est si fortement empreinte, défendit aux
maîtres de tuer leurs esclaves sans un jugement public, et de
mutiler l'image de Dieu, sous peine d'exil (5).

●

§ 2.

Vente des serfs.

L'esclave était considéré dans l'antiquité comme une marchandise; on pouvait le vendre, le donner, l'échanger comme
une chose mobilière. Pendant les premiers siècles du moyen-
âge, on voit cet usage en pleine vigueur chez les races
conquérantes. Les formules anciennes en fournissent la
preuve (6). Ce fut encore le droit canonique qui porta les
premiers coups à cette coutume barbare. L'Eglise ne voulait
pas qu'on pût imposer aux esclaves chrétiens des actes contraires à leur foi religieuse. De là, ces nombreuses disposi-

(1) Conc. d'Agdes, en 506, c. 62.
(2) XVIIe conc. de Tolède, c. 15.
(3) Conc. de Worms, en 868, c. 38.
(4) Vme conc. d'Orléans, en 549, c. 22.
(5) *Lex Wisig.*, lib. VI, t. 5, § 12 et 13.
(6) *Marc. form.* II, 22. — *App. f.* 21. — *Sirmond. form.* 9.

tions qui défendent de vendre les esclaves, soit à des juifs (1),
soit à des païens (2), et même de les aliéner hors des limites
du royaume de Clovis (3). De là, la faculté de se racheter,
accordée par les conciles aux esclaves chrétiens tombés entre
des mains infidèles (4).

Ces prohibitions ne tardèrent pas à passer dans la législation civile. D'après les capitulaires des princes carolingiens,
il est défendu de vendre les esclaves chrétiens aux juifs et aux
païens (5) ; tout chrétien vendu au mépris de cette prohibition doit rester libre (6).

Malgré ces diverses restrictions, l'usage de trafiquer des
esclaves devait durer encore pendant plusieurs siècles.

§ 3.

Mariage et famille des serfs.

Un des plus grands bienfaits que le droit canonique ait
rendus aux esclaves, c'est de légitimer leurs unions. Il exerça
sur la législation germanique l'influence qu'il avait eue déjà
sur la législation romaine en cette même matière. Il soumit
les serfs aux lois communes sur le mariage, et par là rendit
à leurs unions la dignité de celles des hommes libres. Le concile de Verberie, tenu au VIIIe siècle, défendit à l'esclave
vendu par son maître de prendre une nouvelle épouse.
L'affranchi dut conserver la femme qu'il avait épousée avant
sa manumission (7). Au IXe siècle, un autre concile fit revivre les lois de Constantin sur les partages d'esclaves, et
défendit aux maîtres de séparer le mari et la femme légitimement unis (8).

---

(1) IIIme conc. de Tolede, en 589, c. 15.
(2) Conc. de Reims, en 625, c. 11.
(3) Conc. de Châlons-sur-Saône, en 650, c. 9.
(4) IVme conc. d'Orléans, en 538, c. 13. — Conc. de Mâcon, en 581, c. 15.
(5) *Capit. Anseg.* V, 203; VI, 119, 423. — *Lex Alaman.* tit. 37.
(6) *Cap. Anseg.* VII, 286. — *Lex Burg. addit. sec.*, c. 2.
(7) Conc. de Verberie, en 752, c. 8 et 9.
(8) Conc. de Châlons-sur-Saône, en 813, c. 30.

Charlemagne consacra dans ses capitulaires ces diverses dispositions. Il décida que l'homme libre, qui avait épousé volontairement une femme esclave, ne pourrait plus la renvoyer (1). Le capitulaire de Verberie sanctionna les dispositions du concile tenu au même lieu, et plus tard l'édit de Pitres annula les mariages contractés par les serfs pendant l'invasion des Normands, au mépris d'unions plus anciennes (2). Les capitulaires défendirent enfin de séparer les serfs unis légitimement, lorsque le seigneur avait consenti au mariage (3).

Les premières lois germaniques déployaient une rigueur terrible à l'égard des esclaves qui épousaient des femmes libres. La loi des Lombards prononçait dans ce cas la peine de mort contre l'esclave, et laissait aux parents de la femme le droit de la tuer (4). Chez les Francs, la femme libre qui épousait un serf devenait serve ; ses biens étaient acquis au fisc, et ses parents pouvaient la tuer comme chez les Lombards (5).

Les capitulaires vinrent encore sur ce point adoucir les anciennes rigueurs de la loi. A l'époque carolingienne, les femmes libres, mariées à des serfs du fisc, ne furent plus privées du droit de succéder (6).

§ 4.

Des affranchissements.

Les Germains, à l'époque où Tacite peignait leurs mœurs, affranchissaient leurs serfs, mais ils ne leur communiquaient qu'une liberté imparfaite et peu différente de l'esclavage,

(1) Cap. VI, 95.
(2) Cap. de Verberie, en 752, c, 12, 20. — Cap. de Pitres, c. 31. — Balluze, tome II.
(3) *Anseg. add.* III, c. 54. — Vid. etiam *Leg Lang. cap. add.*, c. 129.
(4) *Lex Rotharis*, c. 222.
(5) Pardessus, cap. extrav. c. 5.
(6) *Anseg.* III, 16. — 3ᵐᵉ cap. de 805, c. 24. — Balluze, tome 1.

sauf dans les tribus régies par des rois (1). Ils employaient
à cet effet diverses cérémonies symboliques. L'affranchissement par la *lance* et la *flèche* faisait monter l'affranchi au
rang des guerriers, et lui conférait tous les droits des hommes
libres. L'affranchissement *par le denier*, qu'on faisait sauter
de la main de l'esclave en présence du roi, signifiait symboli-
quement le rachat de la liberté (2). Cet usage existait encore
au Xe siècle (3). L'esclave pouvait aussi racheter sa liberté en
abandonnant son pécule (4).

L'influence chrétienne devait ajouter à ces divers modes
d'affranchissement une nouvelle espèce de manumission : la
manumission dans les églises. Les Francs, après leur conversion au Christianisme, ne tardèrent pas à adopter cet usage
pratiqué depuis deux siècles déjà dans les contrées qu'ils
venaient de conquérir. Les lois des époques mérovingienne et
carolingienne et de nombreuses formules d'affranchissement
en fournissent une preuve éclatante (5).

Ce mode de manumission offrait aux affranchis d'immenses avantages. Il leur conférait l'ingénuité et la qualité
de citoyens (6). Le clergé leur accordait sous la domination
franque, comme il l'avait fait sous les empereurs romains,
une puissante protection. De nombreux conciles ordonnèrent
aux évêques de défendre les droits des affranchis, et excom-
munièrent les patrons qui, au mépris des admonitions épis-

(1) Tac. *de mor. Germ.*, c. 25.

(2) *L. sal.*, t. 26. — *L. rip.* t. 57. — *Marc. app. form.* 24. — *Alsat. form.* 4.

(3) *Goldastinæ form.* 6, charte de 906.

(4) Marc. app. f. 48.

(5) *Lex rip.*, tit. 58. — Anseg. VII, 31. — Cap. add. ad leg. Bajuv., c. 9.
— Marc. app. f. 13 , 56. — Sirmond. form. 12. — Baluze f. 43. — Les
Anglo-Saxons de l'Heptarchie l'adoptèrent comme les peuples établis sur le
continent. D'après les lois de Withred, roi de Cantorbery (697), l'esclave
affranchi dans l'église est habile à hériter et à participer au wergheld ; il peut
aller partout à son gré ; pas de limites à sa liberté (Lois de Withred, c. 9,
Labbe).

(6) Marc. app., form. 56.

copales, faisaient rentrer les affranchis sous le joug de la servitude (1).

Les procès, où ceux-ci se trouvaient engagés, durent être jugés par les évêques (2).

L'entrée dans les ordres sacrés devint pour les serfs un autre mode d'affranchissement ; mais, pour ne pas préjudicier aux droits des maîtres, l'Eglise défendait d'ordonner l'esclave sans l'autorisation du seigneur dont il dépendait (3).

Dès l'époque de la domination romaine, les conciles avaient pris également sous leur protection les esclaves affranchis par testament (4). C'était un mode solennel de manumission admis par les lois romaines, et que l'influence du droit canonique, si favorable à la liberté de tester, devait introduire chez les peuples d'origine germanique. Un motif religieux animait généralement les maîtres qui affranchissaient leurs esclaves. On trouve souvent dans les anciennes chartes de manumission ces mots consacrés : *pro animæ remedio, pro peccatis meis*, et autres formules analogues (5).

Telles sont les améliorations apportées à l'état des esclaves et des serfs par le droit canonique pendant l'époque franque. On ne saurait nier que d'utiles progrès ne se soient alors accomplis en leur faveur. Dans ces siècles de barbarie, la législation se montrait plus douce pour eux, qu'elle ne l'avait été sous la domination romaine, à l'époque la plus brillante de la civilisation antique.

(1) Conc. de Paris, en 615, c. 5. — Conc. de Reims, en 625, c. 11 ; — Vᵐᵉ concile d'Orléans, en 549, c. 7.

(2) Conc. de Mâcon, en 585, c. 7.

(3) Saint Léon, pape, en 444. — Dec. 1. — Denys-le-Petit.

(4) Concile d'Arles, en 452, c. 33.

(5) *Formulæ veteres, passim.*

CHAPITRE III.

Influence du droit canonique sur l'organisation de la famille.

SECTION I.

DE LA FAMILLE ROMAINE.

§ 1.

Du mariage. — *Célébration.* — *Fiançailles.*

Dans l'ancienne société romaine, les citoyens seuls pouvaient contracter les *justes noces*, qui produisaient la puissance paternelle et donnaient aux époux les titres de *vir* et d'*uxor*, à la femme la qualité de *matrona* ou de *mater familias*. Le mariage était un acte régi uniquement par le droit civil ; ce n'était qu'un simple contrat, formé par le seul consentement, et que la volonté contraire des époux avait le pouvoir de dissoudre. Il n'en fut plus de même après la chute du paganisme. Le mariage avait été élevé par J.-C. à la dignité de sacrement ; l'Eglise l'environna d'une protection toute particulière, et les lois civiles le considérèrent aussi, mais quelques siècles plus tard, comme un acte religieux. Dès le IIe siècle, Tertullien célébrait ainsi le mariage chrétien :

« L'Eglise unit les époux ; l'oblation confirme leur contrat ; les anges le portent au ciel, et Dieu le ratifie ; ils sont deux dans une seule chair ; ils sont une seule chair et un seul esprit. Ils prient ensemble, ils jeûnent ensemble. Ils vivent ensemble dans l'Eglise de Dieu, unis à Dieu, au milieu des tourments et des chagrins de la vie (1). »

Cette union intime ne pouvait souffrir de partage ; aussi l'Eglise proscrivait-elle au concile de Nicée la polygamie, de

_____

(1) Tertull., *ad uxorem.*

tout temps pratiquée en Orient (1). En Occident elle n'eut pas à combattre la même institution, les lois romaines n'ayant jamais admis la pluralité des femmes.

L'Eglise, dès cette époque, environnait le mariage de cérémonies religieuses propres à inspirer aux époux l'idée de sa sainteté. Le prêtre bénissait les fiançailles :

» Sponsus et sponsa, cùm benedicendi sunt a sacerdote, a parentibus vel paranymphis offeruntur (2). »

Le pape Sirice, au IVᵉ siècle, traitait de sacrilége la profanation de la bénédiction des fiançailles (3).

Il y avait un abîme entre la pureté du mariage chrétien, et la dissolution de mœurs qui régnait au sein de la société romaine en décadence. Il était difficile alors de faire passer dans les lois les doctrines de l'Eglise ; aussi le contrat civil et le sacrement de mariage restèrent-ils longtemps distincts. La législation des empereurs chrétiens n'exigea, pour la validité du mariage, aucune condition nouvelle. Il resta, sous leur domination, ce qu'il était au temps de Gaïus et d'Ulpien : un simple contrat consensuel. Entre personnes honnêtes et d'égale condition, le consentement des parties, manifesté devant quelques amis, suffisait pour contracter mariage, s'il n'y avait d'ailleurs aucun empêchement légal. La pompe nuptiale, la dot, la donation n'étaient pas nécessaires pour la validité de l'union conjugale (4). Dans l'usage, la constitution de dot accompagnait cependant le mariage ; une Novelle de Majorien rendit même cette constitution nécessaire pour sa validité (en 458) ; et l'on retrouve cette disposition dans la loi romaine des Bourguignons (5). Mais aucune loi des empereurs d'Occident n'exigea l'emploi des cérémonies religieuses. En Orient au contraire Léon-le-Philosophe décida que la

(1) Conc. de Nicée, vers. ab Arab. lata, c. 24, Labbe. — Voir la dissertation du P. Labbe sur l'authenticité de la version du concile de Nicée, conservée par les Arabes.
(2) Conc. de Carthage, en 398, c. 13.
(3) Sirice, pape, en 385, Dec. 4. — Denys-le-Petit.
(4) C. Théod. III, 7, 3.
(5) Papian. resp., t. 37.

bénédiction nuptiale serait nécessaire pour la validité du mariage. Cette Novelle n'eut toutefois aucune influence sur la législation des peuples occidentaux (1).

§ 2.

Du concubinat.

D'après les lois romaines, le concubinat était une union légale, mais inférieure aux *justes noces*, et qui ne produisait pas les mêmes effets. On pouvait prendre pour concubine une femme de condition réputée vile, quand la loi ne permettait pas de l'épouser. Il était défendu d'avoir à la fois plusieurs concubines, ou d'en prendre une si l'on avait déjà une épouse légitime. Cet usage fut aboli en Orient par l'empereur Léon-le-Philosophe ; mais il survécut en Occident à la chute de la domination romaine. Il subit, comme les *justes noces*, une transformation sous l'influence chrétienne.

Les théologiens distinguèrent en effet deux sortes de concubinat (2) : le concubinat légitime qui était un véritable mariage, quoiqu'il ne produisît pas les effets civils ordinaires, et le concubinat illicite, que le langage moderne flétrit sous le nom de *concubinage*.

Le premier concile de Tolède permit d'admettre à la communion tout homme vivant avec une concubine, pourvu qu'il n'en eût qu'une et n'eût pas en même temps une épouse, (*uxor*) (3). Cette sorte d'union, qui avait lieu entre personnes de condition différente, existe encore de nos jours en Allemagne sous le nom de *mariage morganatique* ; elle renferme le sacrement de mariage, comme l'union capable de produire tous les effets civils (4).

Le concubinage illicite fut au contraire combattu par

(1) Léon. Nov. 89.
(2) Fleury, *Hist. eccles.*, tom. VI, vocab., v° concubine.
(3) 1er conc. de Tolède, en 400, c. 17.
(4) Pothier, *Contrat de mariage*, n°s 6 et suiv.

l'Eglise, dès les premiers siècles. L'homme qui avait eu une concubine ne pouvait pas entrer dans les ordres sacrés (1). Le pape saint Léon décidait que l'on pouvait renvoyer la concubine pour prendre une épouse légitime : *quia aliud est concubinatus, aliud est matrimonium.* La concubine illégitime est appelée dans les anciens textes *fornicaria (quæ questum facit)* (2).

Le nom d'épouse légitime (*uxor*) ne s'appliquait toutefois qu'à la femme ingénue qui avait reçu une dot et avait été honorée d'un mariage public (*ingenua et dotata legitimè, et publicis nuptiis honestata*) (3). La commune intention des parties, l'*affectus maritalis*, distinguait le concubinat licite, de l'union illicite.

§ 3.

Empêchements de mariage.

La législation de Rome ne permit jamais le mariage entre parents en ligne directe, ni entre frères et sœurs. Ces unions, que la sensualité orientale avait introduites en Perse, furent toujours considérées comme incestueuses par les peuples occidentaux. Avant le règne de Claude, le mariage n'était pas permis non plus entre l'oncle et la nièce, la tante et le neveu. Cet empereur, pour épouser Agrippine, fit rendre un sénatus-consulte qui permettait le mariage entre l'oncle paternel et la nièce, fille du frère ; mais il resta prohibé entre l'oncle et la nièce, fille de la sœur.

Sous l'influence chrétienne, les prohibitions de mariage pour cause de parenté furent étendues. Constantin proscrivit, en 339, le mariage entre l'oncle et la nièce, la tante et le

(1) Can. apost. 17. — Conc. d'Orléans, en 538, c. 9.

(2) Ducange, *Gloss.*, v° *concubina.*

(3) Saint Léon, pape, 444. — Dec. 18, 19, Denys-le-Petit. — Decret. Grat., pars II, caus. 22, quest. 3, c. 11 et 12.

neveu, sans distinction, sous peine de mort (1). Constance, en 355, prohiba les mariages entre beaux-frères et belles-sœurs (2), que le concile de Néocésarée avait déjà condamnés en 314 (3). Théodose alla plus loin ; il défendit les mariages entre cousins germains (4) ; mais Honorius restreignit cette prohibition, et permit le mariage entre cousins, dans le cas où le prince l'aurait autorisé par un rescrit (5). Les enfants nés de ces unions défendues furent considérés comme bâtards et privés du droit de succéder. Les extraits de la législation romaine, faits au moyen âge, conservèrent fidèlement ces diverses prohibitions (6).

Aux empêchements de mariage pour cause de parenté naturelle ou civile, l'Eglise ajouta bientôt d'autres empêchements provenant soit de la parenté spirituelle, soit de la différence de religion, soit enfin de l'état des personnes engagées dans les ordres sacrés.

Le concile de Nicée prohiba le mariage : 1o entre la personne baptisée et son parrain ou sa marraine ; 2o entre la personne baptisée et les enfants du parrain ; 3o enfin entre la personne baptisée et les enfants de la marraine.

Le parrain et la marraine furent considérés comme père et mère spirituels de la personne baptisée, et les enfants de l'un ou de l'autre comme frères et sœurs spirituels de cette personne (7).

Un concile, tenu à Rome en 324, condamne les mariages contractés par les prêtres, diacres et sous-diacres, après leur entrée dans les ordres (8).

Plusieurs conciles prohibèrent le mariage entre les chré-

---

(1) L. 1, C. Theod., *de incest. nupt.*
(2) C. Theod., *eod. tit.*, l. 2.
(3) Conc. de Néocésarée, c. 2. — Conc. d'Orléans, en 511, c. 18.
(4) L. 3, C. Theod., *de incest. nupt.*
(5) L. 1, C. Theod. — *Si nupt. ex rescrip.*
(6) Anian. interp. loc. cit. — *Lex rom. utin.*, lib. III, c. 12. — Gaii *Epit.*. tit. 4.
(7) Conc. de Nicée, vers. arab. c. 21, 23.
(8) Conc. de Rome, en 324, c. 8, 19.

tiens et les infidèles. Le concile de Calcédoine défendit aux clercs d'épouser des femmes juives, hérétiques ou païennes, à moins que la partie infidèle ne promît d'embrasser la religion catholique (1) ; celui de Carthage, tenu en 419, alla plus loin et défendit aux clercs de marier leurs enfants à des infidèles ou à des hérétiques (2). Le concile d'Agdes reproduisit la même défense et l'étendit à tous les chrétiens (3).

La prohibition d'épouser des juifs fut consacrée par la législation impériale et conservée par les lois romaines du moyen âge (4).

§ 4.

Du divorce.

Le divorce était permis par les lois de Rome païenne. A l'époque où régnait la sévérité des mœurs primitives, cette faculté présentait peu d'inconvénients ; elle fut longtemps admise par la législation avant de l'être par l'usage. Mais avec la corruption qui s'introduisit dans Rome après la conquête du monde, les divorces devinrent très fréquents, et bientôt les femmes romaines comptèrent leurs années par le nombre de leurs maris.

Le christianisme, qui cherchait avant tout à purifier les mœurs et à régulariser l'état de la famille, devait combattre le divorce. On lit en effet dans l'Evangile :

« Qui dimiserit uxorem suam et duxerit aliam, mæchatur, similiter et qui dimissam duxerit, mæchatur (5). »

Conformément à cette parole du livre saint, les canons apostoliques défendirent, sous peine d'excommunication, de

(1) Conc. de Calcédoine, en 451, c. 14.
(2) VIIme conc. de Carthage, c. 21.
(3) Conc. d'Agdes, en 506, c. 61.
(4) C. Theod., liv. III, t. 7, c. 2. — Anian. *Interp. eod. loc.* — *Lex rom. utin.* III, 7. — IX, 4,
(5) S. Matt., c. 19.

renvoyer sa femme ou d'épouser une femme répudiée (1).
C'était attaquer, dans sa racine même, l'un des abus les plus
funestes qui entraînaient vers sa chute la société romaine en
décadence.

Les pères de l'Eglise s'élevaient avec force contre le
divorce ; les conciles le poursuivaient de leurs anathèmes.
Saint Augustin s'adressait en ces termes aux chrétiens de
son temps :

« Il ne vous est pas permis d'épouser des femmes dont les
premiers maris vivent encore ; et vous femmes, vous ne pou-
vez pas prendre pour époux des hommes dont les premières
épouses vivent encore. Ces mariages sont adultères, non par
la loi du siècle, mais par la loi du ciel (2). »

Le concile d'Arles se bornait à conseiller aux jeunes
gens qui avaient renvoyé leurs femmes pour cause d'adultère, de garder la continence (3).

Les conciles d'Afrique imposaient une pénitence canonique aux époux divorcés qui contractaient de nouvelles unions,
et les exhortaient à se réconcilier ou à rester dans la chas-
teté. Ils demandaient aux empereurs une loi contre le
divorce (4). Le pape Innocent déclarait adultère l'union contractée par un homme divorcé ou par une femme répudiée
du vivant du premier conjoint (5). Le concile in Trullo défendait aux hommes de répudier leurs femmes, aux femmes
de se séparer de leurs époux (6). Le concile d'Agdes ne
permettait pas aux hommes de renvoyer leurs femmes avant
le jugement de l'évêque (7). Les conciles d'Angers, de Tours,
de Vannes, tenus au Ve siècle, prononçaient l'excommunication contre tous ceux qui épousaient des femmes mariées,

(1) Can. apost., c. 48.
(2) S. August., lib. IV, homil. 49.
(3) Conc. d'Arles, en 314, c. 10.
(4) Conc. d'Afrique, c. 102. — Denys-le-Petit.
(5) Innocent, pape, 404. — Dec. 26. — Denis-le-Petit.
(6) Conc. in Trullo, c. 79.
(7) Conc. d'Agdes, en 506, c. 25.

du vivant de leur ancien époux (1). Il est peu de conciles, parmi ceux qui furent tenus à cette époque, qui n'aient combattu le divorce.

Cet usage, fruit de la corruption des mœurs, était tellement commun dans cette société en décadence et encore à moitié païenne, que les empereurs chrétiens n'osèrent le prohiber. Ils se bornèrent à le restreindre. Sous Constantin, la faculté jusqu'alors illimitée de divorcer fut réduite à quelques cas déterminés. La femme ne put plus demander le divorce contre le mari que pour les trois causes suivantes : Homicide, magie, violation de tombeaux.

Le mari put demander le divorce contre sa femme pour adultère, proxénétisme ou magie. Hors de ces cas le divorce fut défendu : la femme qui divorçait sans motif légal devait perdre sa dot, et subir la peine de la déportation. De même le mari qui répudiait sa femme sans cause perdait tous ses biens qui devaient passer à la femme, lorsqu'elle avait prouvé son innocence (2). Mais les lois sont impuissantes quand les mœurs sont mauvaises ; ces sages prohibitions furent bientôt abrogées. En Occident, Honorius, en 421, multiplia les cas de divorce ; Théodose-le-Jeune abolit les peines portées contre cette coutume par ses prédécesseurs, et rétablit l'ancien droit sur cette matière (3). Justinien fit de même en Orient. Le divorce par consentement mutuel et sans justes motifs persista donc dans la législation, malgré les anathèmes de l'Eglise. A l'époque mérovingienne, il était en pleine vigueur. La 56e formule de Mabillon nous montre deux époux, qui, ne pouvant vivre ensemble, se séparent d'un commun accord, et se reconnaissent réciproquement le droit de contracter chacun de son côté une nouvelle union (4). Il est impossible de ne pas reconnaître ici l'influence de l'an-

(1) Conc. d'Angers, en 453, c. 6 ; — de Tours, en 461 ; — de Vannes, en 460.
(2) C. Theod. III, tit. 16, c. 1 et 2.
(3) Theod.-le-Jeune, nov. 17.
(4) Mabillon form. 56. — Voir aussi Sirmond, f. 19. — Just. nov. 140.

cien droit romain, dont les dispositions avaient persisté malgré les efforts contraires de l'Eglise. Toutefois la restriction imposée par Constantin à la faculté de divorcer, demeura dans les lois romaines de l'époque barbare; mais elle n'y dut rester qu'à l'état de lettre morte (1).

La législation n'a pas en effet, dans les temps d'anarchie, l'unité qui la caractérise aux époques d'organisation régulière. Après la chute de l'empire romain et l'invasion des Barbares, le désordre régna longtemps dans les mœurs et dans les lois.

§ 5.

Des secondes noces.

L'Eglise n'a jamais proscrit les secondes noces; mais dans les premiers siècles elle les frappait d'une certaine défaveur. Celui qui avait eu deux épouses ne pouvait entrer dans les ordres sacrés (2). Une pénitence était imposée aux laïques qui contractaient un second mariage (3). La discipline de l'Eglise orientale prohibait même les troisièmes noces (4); mais en Occident elles n'étaient pas défendues. Saint Paul avait permis en effet les seconds et subséquents mariages sans distinction :

« La femme est liée, écrivait cet apôtre aux Corinthiens, tant que son mari est vivant; mais si son mari meurt, elle est libre; qu'elle se marie à qui elle voudra, pourvu que ce soit selon le Seigneur (5). »

Les secondes noces étaient donc permises aux chrétiens, mais on cherchait à les en détourner.

---

(1) Anian. *Interp.*, *loc. cit.* — *Lex rom. utin.* III, 16. — Papian. resp. t. 23. — Edict. Theodorici, c. 54. — Voir aussi *Lex Burg.*, tit. 34.

(2) Can. apost., c. 17. — Léon, pape, Dec. 2. — Denys-le-Petit.

(3) Conc. de Néocésarée, en 314, c. 3.

(4) S. Bazil. epist. III.

(5) S. Paul ad Corinth. VII, 39.

L'ancienne législation romaine reposait sur des principes tout différents. Auguste avait fait tous ses efforts pour favoriser les seconds mariages ; les lois Julia et Pappia Poppœa avaient été rendues dans ce but.

Les empereurs chrétiens restreignirent, au contraire, la faculté de convoler en secondes noces. Constantin abolit les lois Julia et Pappia ; il enleva aux gens mariés le droit de *revendiquer les caduques* (1).

La femme ne pouvait contracter mariage que dix mois après le décès du mari, sous peine d'infamie (2) ; Théodose décida que la veuve, qui se remarierait avant ce terme, perdrait tout ce que son premier mari lui avait donné, soit par donation nuptiale, soit par testament. Ces biens devaient appartenir aux enfants, et à défaut d'enfants, aux plus proches héritiers du mari (3). Dans le cas même où la femme ne se remariait qu'après le délai légal, et n'encourait pas l'infamie, elle devait, d'après les constitutions de cet empereur, laisser à ses enfants la propriété des biens qu'elle tenait de son mari, et ne pouvait garder pour elle que l'usufruit de ces mêmes biens (4). Théodose II et Valentinien étendirent au mari veuf les peines portées déjà contre la veuve, en cas de secondes noces (5). Ces dispositions persistèrent dans les lois romaines de l'époque barbare (6).

§ 6.

Puissance maritale et paternelle.

A l'époque où l'on vit commencer l'influence du christianisme sur la législation romaine, l'ancienne puissance

(1) L. 1, C. Theod., *de infirm. pœn. cœlib.* — C. Just., *eod. tit.*
(2) C. Theod., L. 1, *de sec. nupt.*
(3) C. Theod. III, t. 8, c. 1 et 2.
(4) C. Theod. III, t. 9, c. 1.
(5) L. 5, C. *de sec. nupt.*
(6) Anian. interp. — *Lex rom. utin,* III, 8. — Papian. resp. t. 18.

paternelle et maritale du droit quiritaire avait reçu plus d'une atteinte.

Dès le temps de Gaïus, la puissance maritale, la *manus* qui mettait la femme et toute sa fortune sous la puissance absolue du mari, tombait en désuétude (1). Le mariage libre, favorisé par la dissolution des mœurs, était presque le seul en usage ; à cette époque, on était loin du temps où le rigide Caton s'élevait contre l'indépendance des femmes de Rome. Le régime dotal commençait à s'organiser; la loi Julia en avait jeté les bases, et Justinien devait plus tard compléter cette législation. En réalité, lors de la chute de l'Empire, le droit civil ne reconnaissait point de puissance maritale; les époux vivaient sous le même toit, sans lien, sans rapports légaux et comme étrangers l'un à l'autre.

Entre la dureté de l'ancienne *manus*, qui faisait presque de la femme une chose mobilière, et anéantissait en quelque sorte sa personnalité, et l'extrême licence produite par le désordre des mœurs et consacrée par la dernière législation de Rome, le christianisme devait introduire un terme moyen dans l'organisation de la famille. Sous son influence, nous verrons naître une nouvelle puissance maritale, fondée sur l'affection réciproque, puissance toute de douceur et de protection, et qui, sans soumettre la femme à l'esclavage de la *manus* antique, établit dans le mariage les rapports de subordination nécessaires à toute association bien réglée.

« Que la femme soit soumise à son mari comme au Seigneur, disait saint Paul, car le mari est le chef de la femme, comme le Seigneur est le chef de l'Eglise (2). »

Mais dans les pays où le droit romain resta pleinement en vigueur pendant le moyen-âge, les mœurs seules devaient rendre au mariage sa dignité ; car le régime des biens dotaux et paraphernaux était peu favorable au rétablissement de la puissance maritale. La législation coutumière nous fournira au contraire, dans la période suivante, l'exemple de la puis-

(1) Gaïus, *Comment.*, lib. I, § 108 et s.
(2) S. Paul, voir l'épître de la messe du mariage.

sance maritale nouvelle, telle que le christianisme l'a organisée.

Quant à la puissance paternelle, cette base antique de la famille romaine, cette institution toute de droit civil et propre aux seuls citoyens, si elle existait encore au Ve siècle, elle n'avait plus toutefois son ancienne rigueur. L'introduction des pécules castrans et quasi-castrans, et la législation de Constantin sur les biens provenant aux enfants, de la ligne maternelle, restreignirent singulièrement les droits du père sur la fortune de l'enfant.

Les lois de l'Eglise ne s'occupèrent pas des biens des enfants, mais elles établirent la puissance paternelle sur sa véritable base; elles la dépouillèrent du caractère odieux que lui avait donné la législation païenne; elles firent disparaître le droit absolu qu'avait le père sur la vie et sur la liberté de l'enfant.

Déjà la loi *Cornelia de sicariis*, et une constitution d'Alexandre-Sévère avaient enlevé au père le droit de disposer de la vie de son enfant, et prononcé la peine de l'homicide contre celui qui, sans jugement, commettrait cette action (1); déjà Dioclétien avait défendu de vendre les enfants, de les donner, et de les mettre en gage (2), lorsque le christianisme vint proclamer le véritable caractère de la puissance paternelle. Elle a pour but, suivant la doctrine de l'Eglise, l'éducation physique et morale de l'enfant; elle doit perdre le caractère rigoureux que l'ancienne loi lui avait imprimé :

« Enfants, obéissez à vos pères et à vos mères, en ce qui est suivant le Seigneur..... Vous, pères, n'irritez pas vos enfants, mais ayez soin de les bien élever, en les encourageant et en les instruisant suivant le Seigneur (3). »

« Le père, d'après les constitutions apostoliques, doit châtier son fils, si besoin est, mais il ne doit pas le tuer (4). »

(1) Dig. L. 2, *Ad leg. Corn. de sicar.* — C. Just, VIII, 47, 3.
(2) L. 1, C. Just., *de patrib. qui.*
(3) S. Paul, *ad Ephes.*, ep. VI, v. 1 et 4.
(4) Const. apost., lib. V, c. 10.

« Il est impossible d'accorder que les pères aient le droit de faire mourir leurs enfants nouveaux-nés, disait Lactance, car c'est là une très grande impiété ! Dieu fait naître les âmes pour la vie et non pour la mort (1). »

Il en fut de ces principes comme de beaucoup d'autres : bien des siècles s'écoulèrent avant qu'ils pussent triompher des idées païennes ; les mœurs résistèrent, et les variations que les lois subirent à ce sujet montrent combien il était difficile de vaincre les anciens usages. Sous les empereurs chrétiens, si les pères n'avaient plus le pouvoir de tuer arbitrairement leurs enfants (2), la loi leur permettait encore de vendre leurs nouveaux-nés dans le cas d'une extrême misère. Constantin n'avait pas osé détruire cet usage ; il s'efforça seulement de le restreindre, et fit distribuer des secours aux malheureux, que la misère contraignait à faire ce triste trafic. Ce prince décida que le père qui exposait son enfant perdrait la puissance paternelle, et que, s'il voulait racheter l'enfant, il serait obligé de donner à la personne qui l'avait recueilli un esclave de même valeur (3). Plus tard, Valentinien punit comme homicide le père qui exposait son enfant (4) ; Théodose rendit aux enfants exposés le droit de recouvrer la liberté sans indemnité pour l'acheteur (5). Enfin, Valentinien III revint à la législation de Constantin, moins favorable à la liberté, mais plus propre à conserver la vie des malheureux exposés par leurs parents.

L'Eglise, plus sévère que les empereurs, s'élevait toujours contre cet usage barbare ; le concile de Bazas, tenu au Ve siècle, défendit d'exposer les enfants (6) : mais, malgré les anathèmes de l'Eglise, la coutume de vendre et d'exposer les nouveaux-nés, ce dernier reste de l'ancienne puissance

(1) Lactance, lib. VI, *Divin. instit.*, c. 20.
(2) L. 1, C. Theod. *de parricidiis*, Constit. Constantin.
(3) C. Theod., L. I, *de his qui sanguinolentos*.
(4) L. 2, C. Just., *de infant. expos.*
(5) L. *unic.* Cod. Theod. *de patrib. qui.*
(6) Concile de Bazas, en 442.

paternelle qui faisait presque de l'enfant la propriété du père, se prolongea pendant le moyen-âge. Favorisée par la misère des temps, elle dura bien des siècles après la chute de la *patria potestas* du droit civil. La *Lex romana utinensis* reproduit en effet les dispositions de l'édit de Constantin sur l'exposition des nouveaux-nés, et atteste les efforts faits par le clergé pour protéger la vie des enfants abandonnés. L'usage s'introduisit de faire intervenir l'évêque; il donnait une charte à la personne qui avait recueilli l'enfant; la loi permettait à celle-ci de le garder à son gré comme esclave ou comme ingénu (1). Si l'acquéreur le vendait dans des régions lointaines, d'où le père ne pût plus le faire revenir en le rachetant, il était condamné à une amende envers le fisc (2). Les formules de l'époque mérovingienne viennent enfin attester la persistance de l'usage barbare de vendre les enfants durant cette période. La onzième formule de Sirmond offre sur ce point des détails curieux. La personne qui avait trouvé un enfant exposé, devait chercher le père de cet enfant; si ses recherches restaient vaines, elle pouvait le vendre au bout de trois jours (3).

Dans ces siècles de barbarie, d'anarchie et de misère, la loi était souvent impuissante pour l'amélioration de la société; aussi ne faut-il pas s'étonner de voir subsister pendant longtemps un usage si peu conforme aux principes du christianisme. Il devait plus tard être repoussé par la jurisprudence de l'époque féodale.

Le christianisme apporta une autre restriction aux effets de la puissance paternelle. Durant l'antiquité païenne, le père pouvait disposer de l'honneur de sa fille, comme il disposait de sa vie. Les empereurs chrétiens combattirent cet usage, dont l'immoralité nous révolte. Constantin décida, en effet, que les ecclésiastiques pourraient racheter les filles vendues à des lieux de débauche; et Théodose-le-Jeune, que

---

(1) *Lex rom. utin.*, lib. V, c. 7, 8.
(2) *Nov. Valentiniani*, tit. XI. — *Lex rom. utin.*, XVIII, 10.
(3) Sirmond. form. 11, — Voir aussi Mabillon, form. 48.

le chef de famille qui contraindrait sa fille ou son esclave à se livrer à la prostitution, serait privé de toute puissance sur elle (1).

SECTION II.

DE LA FAMILLE GERMANIQUE.

§ 1.

Du Mariage. — Achat de la femme. — Morgengab. — Dotarium.

Chez les peuples du Nord, avant leur conversion au christianisme, la femme était considérée comme une chose dont on peut trafiquer; elle était, à leurs yeux, une véritable marchandise; les parents la vendaient réellement au mari. Tacite, en parlant des présents de noce usités chez les Germains, en a singulièrement altéré le caractère véritable (2). Des traces nombreuses de cet usage barbare se retrouvent dans les chants et dans les lois des peuples septentrionaux. Les Sagas en parlent souvent. Les lois anglo-saxonnes renferment de singulières dispositions qui en fournissent la preuve :

D'après les lois d'Æthelbirth, l'homme qui a séduit une femme mariée doit *en acheter une à ses propres frais* et la fournir au mari (*propriâ pecuniâ mercetur*) (3). Ces mêmes lois ordonnent d'*acheter les jeunes filles à prix d'argent* (4).

Les lois d'Ina, roi des Anglo-Saxons de l'Occident, à la fin du VIIᵉ siècle, consacrent encore la même coutume :

« *Si quis fœminam mercetur, det pecuniam* (5). »

Cet usage, quelque barbare qu'il nous paraisse, était un

(1) C. Theod., lib. XV, t. 8, c. 1, 2.
(2) Tac. *de mor. Germ.*, c. 18.
(3) Lois d'Æthelbirth, fin du VIᵐᵉ siècle, c. 32. — Canciani, t. IV, *Leges in Angliâ conditæ.*
(4) *Loc. cit.*, c. 76.
(5) *Leges Inæ*, c. 31, *loc. cit.*

premier moyen de régulariser l'union conjugale ; il était préférable au rapt, si fréquent chez les peuples barbares.

Des traces nombreuses de l'ancien usage se retrouvent à l'époque mérovingienne et carolingienne, et viennent attester la rudesse primitive des mœurs germaniques. Dans les royaumes anglo-saxons, jusqu'au Xe ou XIe siècle, le législateur ne tenait aucun compte du consentement de la femme ; la vente des femmes ne fut prohibée qu'au XIe siècle, sous le règne de Canut (1). Le même usage existait sur le continent. La loi des Saxons, rédigée sous Charlemagne, fait expressément mention de l'achat de la femme (2). La loi salique rappelle aussi cet usage sous la rubrique : « De eo qui filiam alterius *acquisierit* et se retraxerit (3). » Le mariage contracté par le *sou* et le *denier* est le dernier reste de l'usage d'acheter la femme ; c'est un symbole qui le rappelle encore d'une manière frappante. Clovis et Clotilde, suivant le récit de Frédégaire, se marièrent ainsi. La même coutume est souvent mentionnée dans les anciennes formules (4).

L'achat de la femme, dans sa crudité primitive, disparut promptement chez les peuples barbares établis sur le continent. Il ne pouvait subsister longtemps, en présence des usages contraires de la race vaincue, chez laquelle le mariage se contractait par le consentement des deux époux, sous la sanction des lois de l'Église, qui élevait le mariage bien au-dessus d'un achat. Les Barbares, en se convertissant au christianisme, adoptèrent nécessairement le mariage chrétien. Un concile, tenu à Rome en 743, défendit de prendre une femme avant de l'avoir fiancée, et les fiançailles, cérémonie usitée chez les anciens Romains, étaient

(1) Lois d'Edmond (940-946), c. 1. — Lois de Canut, c. 72.
(2) *Lex Sax.*, t. 18, § 1 et 2 ; — t. 10, § 1.
(3) *Lex Sal. emend.*, tit. 70. On lit cependant dans certains manuscrits : *quæsierit*, et non *acquisierit*.
(4) Bignon, form. 5. — Lindinbrog, form. 75. — L'achat de la femme se retrouve chez tous les peuples barbares des cinq parties du monde. Tous les peuples anciens l'ont pratiqué. (Voir Kœnigswarther, *Etudes historiques sur le développement de la société humaine*).

devenues, sous l'influence chrétienne, un acte religieux (1).
Le concile de Verberie ordonna que tous les mariages se
fissent publiquement (2).

Dans la plupart des lois rédigées pendant les VIe, VIIe et
VIIIe siècles, on ne retrouve plus l'achat de la femme avec sa
rudesse originaire ; le mari achète seulement aux parents
de celle-ci le *mundium* ou tutelle de la femme pour une
somme d'argent, formalité qui rappelle la *coemptio*, par
laquelle la femme romaine tombait sous la *manus* du mari.
Cet achat du mundium avait lieu non seulement pour la
jeune fille, mais encore pour la veuve.

Outre le prix nuptial payé par l'époux aux parents de
l'épouse, appelé *meta* chez les Lombards, *vittemon* chez les
Bourguignons (3), et dont une partie fut bientôt attribuée à
celle-ci par les lois de l'époque mérovingienne, le fiancé
faisait à sa future un présent de noces en objets mobiliers
ou immobiliers, qu'on appelait *morgengab* (don du matin,
pretium virginitatis) (4).

Avec le progrès de la civilisation chrétienne, l'état de la
femme alla toujours en s'améliorant; elle acquit une dignité
nouvelle, et l'idée de l'achat disparut de plus en plus. Une
part fut attribuée à l'épouse dans le prix nuptial ; cette part
se confondit avec le morgengab et devint une vraie donation
nuptiale. Ce fut l'origine du douaire, institution qui devait
avoir une si grande importance dans la législation du moyen-
âge (5).

---

(1) Conc. de Rome, en 743, c. 7.
(2) Conc. de Verberie, en 755, c. 25.
(3) Les Gallois le nommaient *Amobyr.*
(4) Le morgengab se retrouve chez les Grecs, sous le nom de θώρετρην; chez
les Gallois, sous celui de *Cowyll.*

(5) Le douaire est souvent appelé *dos* dans la législation du moyen-âge ;
mais cette expression inexacte ne doit pas le faire confondre avec la dot des
pays de Droit écrit. Dans ces contrées, il était remplacé par la donation *propter nuptias*, sorte de contre-dot apportée par le mari ; elle devait égaler la
dot constituée par la femme.
Les jurisconsultes distinguaient la donation *propter nuptias*, qui rappelle
l'ὑποβόλον grec, et le *sponsalium*, sorte d'arrhes que le fiancé donnait à la fiancée,

On retrouve dans les dispositions des lois germaniques sur ce sujet, une double tendance ; c'est tantôt l'idée de l'achat qui prédomine, et tantôt c'est celle d'une vraie donation nuptiale. Cette confusion d'idées est l'effet de l'influence chrétienne qui vient modifier les anciens usages barbares ; c'est la transition du droit païen au droit chrétien.

Dans les lois qui ont le mieux conservé la rudesse primitive des anciennes traditions, la position de la femme est plus précaire, l'idée de l'achat est moins effacée. Ainsi, d'après la loi salique, le second mari paie le *reipus* aux parents du premier, qui, d'après la loi, avait la tutelle de la veuve (1).

D'après la loi lombarde, le fiancé paie une somme aux parents de la fiancée pour l'achat de la *meta* (mundium) ; il paie aussi la meta pour la veuve (2). D'après la loi saxonne, le fiancé paie 300 sous aux parents pour le mariage, et en cas de rapt, 600 sous (3). D'après la loi des Bourguignons, le mari qui survit à sa femme ne peut réclamer le *prix* (*pretium*) qu'il a payé pour elle ; le vittemon appartient en partie aux plus proches parents de la femme (4).

A côté de ces dispositions, restes de la barbarie païenne, on trouve dans les mêmes lois des droits accordés à la femme et qui attestent le progrès de la législation, l'influence du droit romain et celle des idées chrétiennes sur le mariage. En voici quelques exemples. D'après la loi salique, la femme qui se remarie emporte les objets à son usage et les deux tiers de la dot donnée par le mari, lorsqu'elle n'a pas d'enfant ; si

---

dans ces pays, en vue du mariage; mais beaucoup de chartes les confondent. (*Petri except.*, L. I, c. 43, 44. — Ducange, *Gloss. v° Maritagium*).

Le douaire est d'origine germanique, mais le nom que nous lui donnons est venu du Droit romain; de *dos* on a fait *dotarium*; puis dans les langues modernes *doario, dower, douaire*. Le droit canonique appelle aussi *dos* le douaire de la femme.

(1) La loi salique décrit la curieuse procédure usitée dans ce cas. (*L. Sal. ant.* t. 44. — *L. Sax.* t. 7, § 3).

(2) *Lex Langobard.* Rotharis, c. 179, 183, 187.

(3) *Lex Sax.*, t. 6, c. 1.

(4) *Lex Burg.*, tit. 14, c. 3; tit. 66.

elle a des enfants du premier mari, ils gardent la dot (1).
Il y a loin déjà de cette disposition au prix d'achat d'une
époque plus reculée ; il s'agit évidemment d'un avantage fait
à la femme et aux enfants nés du mariage. Sous les Carolingiens, un capitulaire abolit le *reipus* et décida que, pour
épouser une veuve, on n'accomplirait plus les cérémonies
de la loi salique, mais qu'on l'épouserait du seul consentement des parents (2). L'achat de la femme n'existait plus,
et celui du mundium tendait à disparaître.

D'après la loi ripuaire, la femme doit garder ce que le
mari lui a constitué par acte ; si rien ne lui a été donné,
elle prend 50 sous pour sa dot, le morgengab et le tiers des
produits de la collaboration (3). La loi des Allamans et celle
des Bavarois donnent aussi à la femme le droit d'emporter
la dot qu'elle a reçue (4). La loi des Burgondes donne à la
femme l'usufruit du prix nuptial, et le tiers en toute propriété (5). D'après la loi des Lombards, elle garde son
morgengab et son *faderfium*, en cas de secondes noces (6);
le mari, toutefois, ne peut rien donner à la femme au-delà
du morgengab et de la meta (7).

La loi des Wisigoths, où l'influence romaine et canonique
se fait plus sentir que dans les autres lois barbares, donne
à la femme le droit de disposer par testament de sa donation
nuptiale, lorsqu'elle n'a pas d'enfants (8). La loi des Saxons
elle-même accorde aussi un droit d'usufruit à la femme sur
sa donation nuptiale; ce droit est plus ou moins étendu,
suivant qu'elle a eu ou non des enfants (9).

(1) Pardessus, *cap. extrav.*, c. 7.
(2) Cap. de 819. — *De interp. leg. sal.*, c. 8. — Canciani, t. II, p. 176.
(3) *Lex Rip.*, t. 37.
(4) *Lex. All.*, tit. 55. — *Lex Bajuv.*, t. 14, c, 7.
(5) *Lex Burg.*, t. 14, t. 24, t. 66.
(6) *Lex Langob. Rotharis*, c. 182.— On sait que le *faderfium* désigne, dans
les lois lombardes, l'apport de la femme. Les anciennes coutumes françaises
l'appellent *maritagium*.
(7) *Lex Langob. Luitprand*, lib. VI, c. 49.
(8) *Lex Wisig.*, lib. III, tit. 1, c. 2.
(9) *Lex Sax.*, t. 8.

Toutes les lois germaniques de l'époque barbare attestent donc l'amélioration apportée à l'état de la femme ; si elles conservent des traces nombreuses de la position précaire et misérable à laquelle elle était réduite avant la conversion des peuples du Nord au christianisme, d'un autre côté les avantages qu'elles lui accordent montrent que le législateur commençait à la considérer comme la compagne, et non plus comme l'esclave et la propriété de l'homme.

Les formules de donation qui nous sont restées attestent aussi cette transformation ; l'achat primitif ne s'y retrouve plus. D'après elles, on donne à la femme et non plus à ses parents ; l'époux veut assurer l'existence de son épouse ; il ne paie plus le prix d'une marchandise ; le mariage chrétien s'établit ; la famille se constitue sur de nouvelles bases (1).

L'influence du christianisme sur la transformation du mariage se retrouve encore dans la protection accordée par les lois à la liberté du consentement de la femme. D'après la loi des Burgondes, le mariage se contractait avec le libre consentement de la femme (2). Un édit de Clother, rendu vers 560, défendit de contraindre par l'autorité du roi les filles ou les veuves à se marier contre leur volonté (3). Le même édit, pour protéger la vie monastique, défendit d'épouser les personnes engagées dans les vœux religieux. Les capitulaires de Charlemagne défendent d'épouser les femmes malgré elles (4). Nous verrons plus loin les nombreuses dispositions des lois germaniques destinées à réprimer le rapt, cet acte brutal par lequel les barbares se procurent l'objet de leurs désirs.

(1) Marc. II, 15, app. 37. — Bignon, form. 5. — Andegav. form. 1, 39, 53. — Lindinbrog, f. 75. — Goldastin, f. 11.

(2) *Lex Burg.*, t. 52.

(3) Edit de Clotaire, c. 7, 8. — Balluze, t. 1.

(4) Anseg. VII, 470.

§ 2.

Monogamie. — Concubinat. — Célébration du mariage.

Les Germains n'avaient qu'une femme ; les chefs seuls pratiquaient la polygamie (1). César nous apprend que le même usage existait chez les chefs gaulois (2). Dans cet état, la position de la femme est difficile à distinguer de celle de la concubine. Les historiens nous représentent plusieurs princes mérovingiens entourés de femmes ou de concubines. En 566, Chilpéric répudia les siennes pour épouser Galswinthe (3). Dagobert eut plusieurs femmes successivement et cumulativement (4).

L'Eglise s'efforçait cependant de corriger la dépravation des mœurs barbares. Un concile tenu à Rome en 856, défendait d'avoir à la fois deux femmes, ou une femme et une concubine simultanément (5). Le pape Jean VIII décidait la même chose ; le pape Nicolas exigeait que la femme fût fiancée par l'anneau et reçût la bénédiction du prêtre et une dot (6). Le concile de Trébur définissait ainsi le mariage et le concubinat ; le premier est accompagné d'une constitution de dot ; il se célèbre publiquement et se contracte entre des parties ingénues et d'égale condition ; toutes choses qui ne se retrouvent pas dans le concubinat (7). Le concile d'Arles voulait également qu'il y eût une dot, pour que l'union contractée fût un véritable mariage : « *Nullum sine dote fiat conjugium*, » disaient les Pères de ce concile (8).

(1) Tac. *de mor. Germ.*, c. 18.
(2) Cæs. *de bel. Gal.*, liv. VI, c. 18, 19.
(3) Greg. Turon., liv. IV, c. 26, 27, 28.
(4) Fredeg., 58, 59, 60.
(5) Conc. de Rome, en 853, c. 37.
(6) Jean VIII, Dec. 198. — Nicolas, Dec. 18. c. 4, continuateur de Denys-le-Petit.
(7) Conc. de Trébur, en 895, c. 38.
(8) Conc. d'Arles, en 524.

On trouve la même disposition dans la loi des Wisigoths qui exige, en vue de la dignité du mariage, qu'il y ait *dot* (douaire) apportée par le mari à la femme, et publicité; sans ces deux conditions, il n'y a pas de mariage (1).

Ces diverses prescriptions ont laissé des traces nombreuses dans la législation des princes mérovingiens, et surtout dans celle des Carolingiens. Plusieurs d'entre eux ont proscrit la polygamie et combattu le concubinat, tandis que les mœurs admettaient l'une et l'autre coutume, et que les princes eux-mêmes les suivaient fréquemment. Jetons un coup d'œil rapide sur ces différentes lois.

L'édit d'Athalaric, roi des Ostrogoths, décide que, si un homme marié vient à prendre une concubine ingénue, du vivant de sa femme, la concubine doit devenir esclave avec ses enfants; si la concubine est déjà esclave, elle reste abandonnée à la vengeance de l'épouse (2).

Le capitulaire de Verneuil, en 755, en exigeant la publicité du mariage, distinguait le mariage du concubinat (3). Un capitulaire de Pepin, roi d'Italie, ordonnait de séparer de sa concubine l'homme marié qui avait à la fois femme et concubine (4). Une loi de l'empereur Lothaire, ajoutée à la loi lombarde, défendit, comme le droit canonique, d'avoir à la fois soit deux épouses, soit une épouse et une concubine (5).

Les formules anciennes attestent aussi que les Francs distinguaient, au IXe siècle, l'épouse de la concubine, et que l'usage obligeait le mari de doter la femme pour que le mariage fût légal (6).

Les capitulaires de Charlemagne veulent qu'il ne se fasse pas de mariage sans dot ni publicité (7). Ils proclament

(1) *Lex Wisig.*, lib. III, t. 1, c. 9.
(2) Edict. Athal., c. 7 (526—534).
(3) Cap. de Verneuil, c. 15. — Balluze, t. I.
(4) Cap. de Pepin, c. 34. — Balluze, t. 1.
(5) *Leges Lotharii, ad leg. Lang. add.*, c. 93.
(6) Marc. App. form. 52. — Sirmond. form. 16.
(7) Anseg., cap. VI, c. 133. — VII, 105.

le mariage d'institution divine ; ils exigent que les premières noces soient bénies par le prêtre (1) ; ils défendent aux gens mariés d'avoir des concubines (2). Le mariage et le concubinat sont nettement distingués l'un de l'autre ; le *mysterium nuptiale*, qui caractérise le premier, ne se trouve pas dans le second ; on peut quitter sa concubine pour prendre une épouse ; le fils de la concubine n'hérite pas de son père (3).

§ 3.

Empêchements de mariage.

Chez les races barbares, on songe peu à la pureté de mœurs qui doit protéger l'union conjugale. Les lois barbares primitives n'avaient rien réglé sur les empêchements pour cause de parenté. Le plus ancien texte de la loi salique n'en fait pas mention (4). Chez certaines tribus bretonnes, les parents, les frères, les pères, les fils vivaient avec les femmes de leurs parents dans une communauté et une promiscuité qui contrastent singulièrement avec nos mœurs modernes (5).

L'influence canonique devait protéger la pureté des mœurs et faire admettre par les Barbares de nombreuses dispositions contre l'inceste.

La discipline ecclésiastique présente sur cette matière quelques variations pendant l'époque qui nous occupe. Les papes, fermes défenseurs de la sainteté du lien conjugal, prohibèrent le mariage à tous les degrés de parenté, plus sévères sur ce point que ne l'avaient été les conciles des premiers siècles de l'Eglise. Grégoire-le-Jeune, pape en 715, prohibait le mariage :

(1) Anseg., VI, 230, 327. — VII, 463.
(2) Cap. VI, 433. — VII, 336.
(3) Cap. VII, 59, 60.
On trouve aussi, dans les lois anglo-saxonnes, des dispositions destinées à protéger l'unité de l'union conjugale. — Canut-le-Grand, au XIme siècle, défendit d'avoir à la fois épouse et concubine. —(Lois de Canut, c. 51, Labbe).
(4) Pardessus. — Loi Salique (texte I).
(5) Cæs, de bel. Gal., V, 14.

1o En ligne directe, entre tous les parents ;

2o En ligne collatérale, entre les frères et sœurs, l'oncle et la nièce, le cousin et la cousine, le *cognat* et la *cognate ;*

3o Entre les beaux-frères et belles-sœurs, la marâtre et le beau-fils, le beau-père et la bru ;

4o Entre le père et la marraine de l'enfant baptisé, parents spirituels (1).

Un concile tenu à Rome, en 721, décida que le mariage était incestueux dès que les époux étaient parents ou alliés, à quelque degré que ce fût (2). Le pape Léon IV prohibait également le mariage à tout degré de parenté (3) ; un concile tenu à Rome, en 853, renouvela cette discipline (4) ; le pape Jean VIII la maintint (5) ; Odon, archevêque de Cantorbéry, la mit en vigueur dans la Grande-Bretagne, au Xe siècle (6). Le deuxième concile de Tolède l'avait adoptée dès le VIe siècle, en déclarant qu'il y avait inceste dans toute union entre parents, tant que la parenté pouvait être connue (7).

D'autres conciles, moins sévères, permettaient le mariage entre parents éloignés. Le concile d'Orléans, tenu en 511, se bornait à prohiber les mariages entre beaux-frères et belles-sœurs (8). Le concile d'Auvergne, tenu en 535, ne défendait le mariage qu'entre les cousins germains et les parents plus rapprochés (9). Le troisième concile d'Orléans, tenu en 538, n'étendait pas plus loin ses prohibitions (10).

Si maintenant nous parcourons les monuments de la législation civile, nous verrons les législateurs prohiber

---

(1) Grégoire-le-Jeune, Dec. 4—9. — Continuateur de Denys-le-Petit.

(2) Conc. de Rome, en 721.

(3) Léon IV, en 847, Dec. 4. — Continuateur de Denys-le-Petit.

(4) Conc. de Rome, en 853, c. 38.

(5) Jean VIII, lettre 198.

(6) Odon, Constit., c. 7. Labbe.

(7) IIme conc. de Tolède, en 531, c. 5. — Voir aussi le concile d'Agdes, en 506, c. 61 ; et celui de Worms, en 868, c. 30.

(8) Conc. d'Orléans, en 511, c. 11.

(9) Conc. d'Auvergne, en 535, c. 12.

(10) IIIme conc. d'Orléans, en 538, c. 7. — Voir aussi le concile de Paris, en 557, c. 4, et celui de Mayence, en 813, c. 54.

partout les unions incestueuses, mais dans des limites plus restreintes que celles fixées par les papes et par les conciles de Rome.

L'ancienne loi salique n'avait rien établi sur les mariages entre parents (1) : un édit de Childebert, rendu en 595, combla cette lacune et prohiba le mariage entre beau-frère et belle-sœur, oncle et nièce, tante et neveu, beau-fils et marâtre. Les évêques furent chargés par la loi d'empêcher les incestes. Les contrevenants devaient être chassés du palais, leurs biens confisqués et donnés aux héritiers ; la peine de mort était prononcée contre celui qui épouserait la femme de son père (2). Karloman, en 743, ordonna de nouveau aux évêques d'empêcher les unions incestueuses (3). Le capitulaire de Verberie, en 742, prohiba le mariage dans les quatre premiers degrés de parenté ou d'alliance ; on devait séparer tous les gens déjà mariés et parents entre eux à l'un des trois premiers (4). Le capitulaire de Metz, rendu en 756, défendit toute union entre les parents spirituels (5). La loi salique corrigée prohibe le mariage entre les parents aux quatre premiers degrés, et les alliés aux trois premiers (6). La loi des Allamans renferme une disposition toute semblable (7). La loi ripuaire prononce la peine de l'exil contre les incestueux (8). La loi des Burgondes prononce une amende contre l'homme incestueux, et condamne la femme à devenir serve du roi (9). La loi des Wisigoths, de toutes les lois barbares la plus conforme au droit canonique, prohibe le mariage jusqu'au sixième degré de parenté (10).

(1) Pardessus, loi Sal.. texte 1.
(2) Edict. Khildebert, c. 2. — Ball., t. I.
(3) Karlom. cap., c. 3. — Ball., t. I.
(4) Cap. de Verberie, en 742, c. 1, 10, 11, 12, 18.
(5) Cap. de Metz, en 756, c. 6. — Voir aussi capit. de Compiègne, en 757, c. 1 et 2, 12, 19.
(6) *Lex Sal. emend.*, tit. 14, c. 16.
(7) *Lex Allam.*, t. 39.
(8) *Lex Rip.*, t. 69, c. 2.
(9) *Lex Burg.*, t. 36.
(10) *Lex Wisig.*, liv. III, t. 5, c. 1.

La loi des Lombards va moins loin ; elle prohibe le mariage entre les alliés en ligne directe, et en ligne collatérale, seulement entre les beaux-frères et belles-sœurs (1). Un capitulaire de Charlemagne, fait pour les Lombards, ordonne aux évêques de châtier les incestueux, et prononce contre les coupables la confiscation de l'alleu (2). Un capitulaire de Lothaire prohibe le mariage entre parents jusqu'au degré de cousin germain (3).

La loi des Frisons, réformée sous Charlemagne, déclare nuls les mariages incestueux et ordonne de séparer les époux (4). La loi des Saxons, enfin, punit l'inceste d'une amende proportionnée à la dignité du coupable (60 sous pour le noble, 30 sous pour l'homme libre, 15 sous pour le lite) (5).

Les capitulaires de Charlemagne abondent en dispositions contre l'inceste (6). Ils prohibent le mariage entre tous les parents jusqu'au quatrième degré ; entre les parents spirituels, les alliés en ligne directe, l'oncle et la nièce, la tante et le neveu (7). D'autres capitulaires vont plus loin ; les uns prohibent le mariage jusqu'à la cinquième et sixième génération (8), les autres jusqu'au degré où l'on peut hériter (9) ; un autre capitulaire jusqu'au septième degré (10) ; un autre, enfin, entre tous consanguins (11). Un capitulaire, rendu pour les Lombards sous le règne de Lothaire (824), défendit d'épouser la tante, la cousine et même toute parente *de*

(1) *Lex Langob. Rotharis*, c. 185.
(2) *Cap. add. ad leg. Lang.*, c. 5. — Canciani, t. 1, p. 149.
(3) *Cap. add. ad leg. Lang.*, c. 98, 99. — Canciani, t. I, p. 194 et suiv. — Voir aussi Capit. de Louis II, c. 8.
(4) *Lex Fris. Add.*, t. 3, c. 77.
(5) Cap. *de part. Sax.*, c. 20. — Canciani, t. III.
(6) Cap. I, 104. — V, 165, 304. — VI, 410, 419, 421. — **VII**, 435.
(7) Cap. V, 9.
(8) Cap. V, 166, 167, 168.
(9) Cap. V, 310.
(10) Cap. VI, 80, 130. — Add. III, 123.
(11) Cap. VI, c 327.

patriâ cognatione, et toute alliée veuve d'un cognat (1). Le droit civil, après mille variations qui attestent la prodigieuse instabilité des institutions des premiers siècles de notre histoire, arrivait enfin à la rigueur du droit canonique sur cette matière importante (2).

Le droit canonique eut également une grande influence sur les dispositions des lois barbares relatives au rapt ; il en fit un empêchement au mariage. Le rapt était fréquent chez les races du Nord ; leurs chants populaires l'attestent, et de nombreuses dispositions des lois des premiers siècles le montrent également, car la défense prouve le fait. Dans l'état sauvage, l'homme achète ou ravit sa compagne. Régler l'achat de la femme et proscrire le rapt furent les premiers essais d'organisation sociale tentés par les législateurs pour arracher leurs peuples à la barbarie. Nous avons vu l'influence exercée par l'Eglise sur le premier point ; il faut maintenant passer au second.

Le concile d'Ancyre, tenu en 314, avait décidé qu'une fille fiancée à un homme et enlevée par un autre, devait être rendue à son premier fiancé (3). Le concile de Calcédoine, tenu en 451, avait prononcé contre les clercs coupables de rapt ou de complicité de rapt, la peine de la déposition ; contre les laïques, celle de l'excommunication (4). Les conciles tenus durant la période barbare conservèrent cette discipline (5).

Les lois édictées durant les premiers siècles de notre histoire réprimèrent le rapt conformément aux canons, et la multiplicité des dispositions qu'elles renferment sur cette matière prouve combien ce fait était fréquent dans la société

(1) *Cap. add. ad. leg. Lang.*, c. 12. — Canciani, t. I.
(2) Tandis que la législation des peuples du continent réprimait l'inceste, les lois des Anglo-Saxons de l'Heptarchie négligeaient ce sujet. Mais au Xme siècle, les lois d'Edouard et de Gutturn prohibèrent le mariage entre frères consanguins (*Leg.* Edward et Gutturn, c. 4, Labbe).
(3) Conc. d'Ancyre, en 314, c. 10.
(4) Conc. de Calcédoine, en 451, c. 14.
(5) Conc. de Meaux, en 845, c. 65. — Conc. de Verneuil, en 844, c. 6.

barbare. Le rapt est puni en général d'une composition pécuniaire, que le ravisseur doit payer soit aux parents, soit à la fille elle-même ; c'est une indemnité pour le préjudice porté au *mundium* du père ou du tuteur *(mundoald)* ; c'est, pour le coupable, le moyen d'échapper à la vengeance de la famille outragée (1). D'après la loi salique, le ravisseur paie la composition aux parents ; mais s'il est lide ou *puer regis*, il doit subir la peine de mort (2). La loi ripuaire prononce aussi l'amende contre l'homme libre, et la peine de mort contre l'esclave ravisseur (3) ; la loi des Ostrogoths porte la peine de mort contre le rapt (4) ; la loi des Allamans veut que le ravisseur rende la fille ravie et paie une composition (5). D'après la loi des Burgondes, si le ravisseur ne pouvait payer la composition, il restait à la merci des parents de la fille, qui pouvaient à leur gré disposer de sa personne (6). La loi des Wisigoths interdisait le mariage entre le ravisseur et la personne ravie (7) ; d'après la loi saxonne, au contraire, celle de toutes les lois germaniques où le caractère barbare est resté le plus fortement empreint, le ravisseur devait acheter la fille, pour 300 sous, après avoir payé la composition au père et au fiancé (8). Toutes les lois barbares, en un mot, ont puni le rapt.

Les capitulaires de Charlemagne et de ses successeurs renferment aussi de nombreuses dispositions contre ce crime. Ces princes, dont les lois subirent l'influence du droit canonique bien plus profondément que celles de leurs prédécesseurs, ne se bornèrent pas à prononcer des peines pécuniaires contre le rapt ; ils édictèrent aussi des peines afflictives.

(1) Marc. form. II, 16. — Lindinbrog form. 82.
(2) Pardessus, loi Sal., texte I, tit. 13. — Voir aussi édit de Clotaire, en 560, c. 7. — Balluze, t. I.
(3) *Lex Rip.*, t. 34.
(4) Edict. Theodorici, c. 17.
(5) *Lex Allam.*, tit., 51, 52. — *Vid. etiam Leg. Bajuv.*, t. 7, c. 6, 7, 16. — *Lex Lang. Rotharis*, c. 187. — *Lex Werinorum*, tit. 10, c. 1.
(6) *Lex Burg.*, tit. 12.
(7) *Lex Wisig.*, L. III, t. 3, c. 1.
(8) *Lex Sax.*, t. 10, c. 1.

Le mariage fut défendu entre le ravisseur et la personne ravie; les canons des conciles d'Ancyre et de Calcédoine contre le rapt passèrent textuellement dans la loi civile (1). On prohiba le mariage entre le ravisseur et la personne ravie, dans le cas même où les parents donneraient leur consentement (2). Les lois des princes carolingiens renferment une foule de dispositions semblables sur cette matière (3).

Nous terminerons ce sujet par quelques mots sur un autre empêchement de mariage introduit par le droit canonique. Nous avons vu déjà que l'engagement dans les ordres sacrés et la profession dans un ordre religieux, faisaient obstacle au mariage. L'Eglise, sous la domination germanique, maintint cette discipline, établie dès l'époque des empereurs et consacrée déjà par la législation romaine (4). Elle défendit également d'épouser des juifs et des hérétiques (5).

Ces dispositions furent adoptées par les rois francs. Un édit de Clotaire, rendu en 560, défendit d'épouser les religieuses; un autre édit du même prince, en 595, renouvela cette prohibition, déclara le mariage nul, et prononça la peine de mort contre le ravisseur (6). Ces dispositions sont souvent reproduites dans les capitulaires de Charlemagne et dans ceux de Louis-le-Pieux (7).

§ 4.

Du divorce.

A l'époque où la femme achetée par le mari devenait en

(1) *Vide sup.*, et aussi Anseg. cap. I, 98, 99; — IV. 17, 22, — V, 106, 224, 225, 238; — VI, 96.

(2) Cap. VII, 395.

(3) Cap. 819, *add. ad. Leg. Sal.*, c. 4, 9.— Cap. de Verneuil, sous Charles-le-Chauve, c. 6. — Balluze, t. II. — Edit de Pitres, en 864, c. 2. — Balluze, t. II. — Capit. *add. ad leg. Lang. Ludov. pius*, c. 17. — Lothar, c. 51. — Ludov. II, c. 3. — Canciani, t. I, p. 182 et suiv.

(4) IIIᵐᵉ Conc. d'Orléans, en 538, c. 7.

(5) IIIᵐᵉ Conc. d'Orléans, c. 13. — IIIᵐᵉ Conc. de Tolède, en 589, c. 15.

(6) Edit de Clotaire, en 560. c. 7. — Edit de 597, c. 18. — Balluze, t. I.

(7) Anseg., cap. I, 100. — VI, 411, 424. — Cap. d'Aix-la-Chapelle, en 816, c. 25. — Balluze, t. 1.

quelque sorte sa propriété, le divorce par consentement mutuel ne pouvait trouver place dans la législation. Mais souvent le mari répudiait sa femme ; nous en voyons de nombreux exemples dans les historiens de l'époque mérovingienne. Caribert, roi de Paris, répudia Ingoberge pour épouser Méroflède ; en 566, Chilpéric répudia ses femmes pour épouser Galswinthe (1) ; Dagobert épousa et répudia plusieurs femmes (2) ; Charles-Martel répudia Gertrude pour épouser Alpaïde ; plus tard, Henri l'Oiseleur renvoya Hatburge. L'inconstance naturelle aux Barbares explique suffisamment ces faits (3).

Mais à côté de la répudiation par le mari seul, l'influence du droit romain, qui avait toujours conservé le divorce par consentement mutuel, malgré les édits des premiers empereurs chrétiens, fit pénétrer cet autre usage dans les mœurs franques. On put se séparer d'un commun accord et prendre un autre conjoint ou une nouvelle épouse. On en trouve des exemples nombreux dans les formules anciennes (4).

L'Église cependant, tout en permettant aux époux de vivre séparés, si des motifs graves ne leur permettaient pas de demeurer ensemble, lutta contre la corruption des mœurs sous les princes mérovingiens comme sous les empereurs romains, pour maintenir l'indissolubilité du mariage, et défendit aux époux séparés de former de nouvelles unions. Plusieurs conciles tenus durant cette période rappelèrent l'ancienne discipline

(1) Greg. turon. IV, 26, 27, 28.

(2) Fredeg., 58, 59, 60.

(3) La répudiation faite par le mari seul se trouve aussi dans les lois galloises d'Hoël-Dha, au Xe siècle. Le mari qui veut répudier sa femme, doit, après l'avoir renvoyée, la reprendre encore pendant neuf jours. Si après ce temps d'épreuve, il la renvoie de nouveau, la femme a le droit d'accepter un autre époux ; mais le premier mari peut la reprendre encore, pourvu qu'il la saisisse avant qu'*elle ait mis le pied dans le lit de son second mari*. (Lois d'Hoël-Dha, en 940, Labbe).

On trouve dans la très ancienne coutume de Bretagne une disposition qui rappelle indirectement celle-ci : la femme gagne son douaire à *mettre le pied au lit du mari*, dit le texte de la coutume. (T. A. C. ch. 33.)

(4) Marc. form. II, 30. — Sirmond, f. 19. — Mabillon, f. 56.

ecclésiastique, que nous avons déjà fait connaître (1). Les papes et les évêques usaient de l'arme si terrible de l'excommunication, pour empêcher les rois de divorcer. Nicolas Ier faisait tous ses efforts pour réconcilier Lothaire et Theutberge; Jean VIII rappelait, dans une lettre adressée à Ederède, archevêque d'Angleterre, les anciennes prohibitions de l'Eglise; saint Germain excommunia Caribert, à cause de son divorce.

Si maintenant nous parcourons les monuments de la législation barbare, nous verrons les efforts faits par les princes pour combattre le divorce et la répudiation.

L'ancienne rédaction de la loi salique n'avait rien fixé à cet égard (2). La loi salique corrigée impose une amende de 200s à celui qui épouse une femme du vivant du mari. La loi ripuaire prononce la même peine (3). D'après la loi des Allamans, le mari qui renvoie sa femme doit lui rendre ce que la loi lui donne, et en outre 40s de composition (4). La loi des Burgondes autorise le mari à renvoyer sa femme dans les trois cas déterminés par la loi romaine; mais si elle n'a commis aucun des délits prévus par cette loi, il doit rendre le double du prix nuptial. La femme ne peut quitter son mari sous peine d'être noyée dans la boue *(in luto necetur)* (5). Cette disposition atteste toute la rudesse des mœurs barbares et la sévérité primitive du mundium germanique, trop adouci peut-être par les différents historiens du droit ancien. La loi des Wisigoths renferme contre le divorce de sévères dispositions : la femme répudiée ne peut prendre un autre époux sous peine d'être livrée avec lui au pouvoir du premier mari. Le mari ne peut

---

(1) Voir les conciles cités plus haut (sect. 1, § 4), et ceux d'Agdes, en 506; d'Hirsfeld, en 673, c. 10; — le XIIe concile de Tolède, en 681, c. 8.

(2) Elle avait seulement puni d'une amende le ravisseur de la fiancée d'autrui (Pardessus, Loi Sal., texte 1).

(3) *Lex Sal. emend.,* t. 14, c. 12. — Pardessus, Loi Sal. texte V. — *Cap. extrav.,* c. 40. — *Lex rip.,* t. 35.

(4) Cap. *add. ad leg. Allam.,* c. 30. — Voir aussi *Lex Bajuv.,* t. 7, c. 14.

(5) *Lex Burg.,* t. 34.

renvoyer sa femme que pour cause d'adultère; le divorce par consentement mutuel est proscrit; le mari qui renvoie sa femme sans cause et par dédain, perd la dot, et est puni de l'exil (1). La loi des Lombards punit aussi celui qui renvoie sa femme sans motif; il doit payer 200ˢ au roi, et autant aux parents de la femme (2).

Sous les premiers Carolingiens, le divorce ne fut pas proscrit d'une manière absolue. Il resta permis, dans certains cas, d'épouser une seconde femme du vivant de la première (3). Le capitulaire de Verneuil, rendu en 742, permettait au mari, dont la femme avait machiné la mort, de la renvoyer et d'en prendre une autre. La même loi permettait au mari, qui avait suivi son seigneur à la guerre, sans espoir de revenir au foyer domestique, de prendre une nouvelle femme dans le pays où il allait; mais elle n'accordait pas le même droit à la femme ainsi abandonnée, qui devait rester dans le veuvage (4).

Sous le règne de Charlemagne, la législation devint plus sévère sur ce sujet. Elle reproduisit fidèlement les idées canoniques qui n'avaient pénétré qu'imparfaitement dans les lois plus anciennes. Le divorce fut prohibé d'une manière absolue; il fut défendu à tout époux séparé de contracter une nouvelle union, du vivant du premier conjoint (5). Epouser une personne mariée du vivant du premier époux, c'est, d'après la législation de Charlemagne, commettre un adultère (6). Il fut défendu de renvoyer sa femme avant le jugement de l'évêque (7).

Après le règne de ce prince, ses successeurs continuè-

(1) *Lex Wisig.*, lib. III, tit. 6, c. 1, 2.
(2) *Lex Lang. Grimoald*, c. 6.
(3) Cap. de Verneuil, c. 5.
(4) Cap. de Verneuil, c. 9.
(5) *Cap. add. ad leg. Lang. Carol. mag.*, c. 41. — Anseg., cap. 1, 42. — V, 8, 21, 79, 300. — VI, 63. — Cap. d'Aix-la-Chapelle, en 789, c. 42. — Balluze, tome I.
(6) Anseg. VII, 73.
(7) Cap. VII, 305.

rent de combattre le divorce. Un capitulaire de 829 soumit à la pénitence publique l'homme qui, après avoir renvoyé sa femme, ou l'avoir tuée sans motif, en prenait une seconde (1).

Durant cette période, il existe un contraste frappant entre les mœurs et la législation ; celle-ci réprime le divorce, tandis que les mœurs l'admettent, et que les princes qui le condamnent, en donnent eux-mêmes de fréquents exemples. Cette différence entre les lois et les mœurs et cette lutte du législateur contre un usage dont il ne peut triompher, sont la preuve du désordre qui régnait dans la société barbare (2).

§ 5.

Des secondes noces.

Si l'on doit accepter sans restriction les paroles de Tacite, les Germains voyaient les secondes noces d'un œil défavorable ; elles étaient même interdites dans certaines tribus (3). Chez les Hérules et chez les Scandinaves, les femmes ne pouvaient contracter de secondes noces ; on brûlait ou l'on ensevelissait la veuve avec le cadavre de son mari. Il n'en était pas de même dans la tribu des Francs Saliens ; la procédure du *reipus* atteste au contraire que l'usage des secondes noces existait chez eux. Il était en vigueur également chez les Lombards (4).

Toutefois, soit sous l'influence des idées particulières aux

(1) III° cap. de Worms, en 829, c. 3. — Balluze, tome I. — Remarquons que ce capitulaire laisse au mari le droit de tuer sa femme, s'il existe un motif ; nouvelle preuve à l'appui de notre assertion sur la rigueur primitive du *mundium* marital.

(2) Au X° siècle, les lois anglo-saxonnes prohibèrent le divorce. Le roi Edgard décida que l'homme divorcé qui épouserait une seconde femme du vivant de la première, serait privé de la sépulture ecclésiastique (*Leges Edgard, de Confessione*, c. 18, Labbe).

(3) Tac. *de mor. Germ.*, c. 19.

(4) *Lex Sal.*, tit. 44. — *Lex Lang. Rotharis*, c. 182.

peuples germaniques, soit plutôt sous l'influence du droit romain et du droit canonique qui jetaient une certaine défaveur sur les seconds mariages, les lois barbares ont mis quelques restrictions à la faculté de contracter en secondes noces. Un capitulaire de 769 ordonna de déposer les prêtres qui avaient eu plusieurs femmes (1). Les premières noces durent seules recevoir la bénédiction nuptiale interdite pour les secondes (2).

§ 6.

Du mundium marital et paternel.

La femme, d'après le droit germanique, est toujours en tutelle ; fille, elle est soumise au mundium de son père, de ses frères ou de ses parents ; épouse, au mundium de son mari ; veuve, à celui des parents de son époux défunt (3).

Parlons d'abord de la puissance maritale. La loi des Burgondes donne au mari sur la personne et sur les biens de sa femme un pouvoir absolu (4). D'après les anciennes coutumes anglo-normandes, la femme n'a aucun droit sur son douaire durant la vie du mari ; celui-ci peut disposer d'une manière absolue de la femme elle-même, et de tout ce qui appartient à celle-ci (5). Le mari, d'après l'ancien droit féodal allemand, est tuteur et maître de sa femme (*der Frauen Vogt und Meister*) ; d'après le Miroir de Souabe, la femme ne peut aliéner ni disposer sans le consentement du mari, qui seul est propriétaire à l'égard des tiers (6).

(1) Cap. de 769, c. 5. — Ball. tome I.
(2) Anseg. VI, 327. — La collection de Benoît Lévite reproduit même la disposition de la discipline de l'église orientale, qui prohibait les troisièmes noces (VII, 406).
(3) *Lex Sal.*, t. 44. — Pardessus, texte I. — *Lex Lang. Rotharis*, c. 205.
(4) *Lex Burg. add. prim.*, t. 13.
(5) *Quia cùm mulier ipsa plenè in potestate viri sui de jure sit, non est mirum si tàm dos quàm mulier ipsa, et cæteræ omnes res ipsius mulieris plenè intelliguntur* (Glanville, lib. VI, c. 3).
(6) Miroir de Saxe et Miroir de Souabe. — Voir M. Laboulaye, *Condit. civile et polit. des Femmes*, p. 138.

Le mundium germanique est un droit tellement absolu qu'il a pour effet de soumettre à la puissance du mari tous les enfants de la femme, nés depuis le mariage, lors même que, d'après la nature, ils n'appartiendraient pas au mari. D'après la loi des Allamans, lorsqu'une femme a été enlevée, les enfants issus de cette union adultère appartiennent au mari et non au père; s'ils viennent à mourir, le père naturel est obligé de payer pour eux le wergheld au mundoald (1). Il est difficile de pousser plus loin les effets de la puissance maritale. La postérité de la femme appartenait au mari, comme les enfants d'une esclave appartenaient au maître de celle-ci. Ce sont deux applications d'un même principe.

Un autre usage vient attester encore la rigueur du mundium marital. On sait qu'à la mort du mari, la femme, au lieu de retourner sous la tutelle de ses propres parents, passait sous le mundium des parents de son défunt mari (2).

D'après la loi saxonne, la tutelle de la veuve appartenait au fils né de la première femme du défunt. La femme devenait donc en quelque sorte la propriété du mari; les héritiers de celui-ci héritaient d'elle, comme de tout autre objet provenant de la succession.

Il appartenait au droit canonique de corriger ces antiques rigueurs. Nous les verrons s'effacer dans la législation de l'époque féodale. L'abolition du *reipus* par Louis-le-Pieux fut un premier pas fait dans cette voie (3).

Le mundium que le père exerçait sur ses enfants, n'était pas moins absolu que son pouvoir marital. Il pouvait, d'après l'ancien droit germanique, disposer seul de la volonté de sa fille, et la marier comme il le voulait. Le prix d'achat fixé par les lois barbares, et que le fiancé devait

_____

(1) *Lex Allam.*, t. 51. — Dans la législation actuelle, au contraire, la maxime *pater is est quem justæ nuptiæ demonstrant*, n'est qu'une présomption légale, dont l'effet cesse en présence de l'impossibilité prouvée (C. Nap., art. 312).

(2) *Lex Sal.*, t. 44. — *Lex Lang. Rotharis*, 205. — *Lex Sax.*, t. 7, c. 2 et 5.

(3) Cap. de 819, *add. ad leg. Sal.*, Canciani, tome II.

payer au père pour acheter la fille ou le mundium sur elle, en fournit la preuve. Le wergheld dû au père en cas de rapt l'atteste également (1).

Cette rigueur primitive fut adoucie par les capitulaires; la transformation, que le christianisme avait opérée dans la nature du mariage germanique, devait amener un adoucissement au droit absolu du père. Le capitulaire de Compiègne, rendu en 757, vint en effet protéger la liberté du mariage contre les excès de la puissance paternelle. Il décida que la fille mariée par son beau-père contre sa volonté pouvait quitter son mari, et en prendre un autre du consentement de sa propre famille (2).

D'après les anciens usages des peuples du Nord, le père disposait non seulement de la volonté de son enfant d'une manière absolue, mais il disposait même de sa vie. On posait au pied du père l'enfant qui venait de naître, et si ce maître absolu détournait les yeux, et refusait de jeter ses regards sur cette faible créature, l'enfant était abandonné (3). On vendait fréquemment les enfants ; les formules anciennes en fournissent plusieurs exemples (4). La loi des Wisigoths, en défendant de vendre, donner ou mettre en gage les enfants, et en décidant que l'acquéreur qui achèterait un enfant perdrait le prix fourni, vient attester aussi l'existence de cet usage barbare (5). L'édit de Pitres en fait foi également : il décide que l'acheteur d'un enfant recevra une indemnité, mais que l'enfant vendu restera libre (6).

Les rois francs combattirent l'atroce coutume d'exposer les enfants. Un capitulaire de 744 décida que la personne qui avait trouvé un enfant exposé pouvait le garder en sûreté, si l'enfant n'était pas réclamé dans le délai de dix jours. Si plus tard le père venait réclamer son enfant, il devait

---

(1) *Lex Sax.* t. 6, c. 1.
(2) Cap. de Compiègne, en 757, c. 4. — Balluze, tome I.
(3) Michelet, *Origines du Droit français*, liv. I.
(4) Sirmond, form. 11. — Mabillon, form. 48.
(5) *Lex Wisig.*, l. V, t. 4, c. 12.
(6) Edit de Pitres, en 864. — Balluze, tome II, titre 36.

être considéré comme homicide (1). C'était une première restriction apportée au droit absolu du père de famille.

Charlemagne s'efforça de changer la nature du pouvoir paternel, en lui donnant la sanction religieuse. Le capitulaire d'Aix-la-Chapelle ordonne aux enfants le respect et l'obéissance envers leurs parents, *suivant le précepte du Décalogue* (2).

Le mundium germanique était donc primitivement, ainsi que l'attestent ces usages dont les lois barbares nous ont conservé la trace, un droit d'une extrême dureté. La législation des princes chrétiens en modifia les effets, comme nous venons de le voir. Ils changèrent la nature de ce droit rigoureux, et donnèrent à la puissance paternelle et maritale un caractère de moralité conforme aux enseignements chrétiens. La loi chrétienne a adouci la puissance paternelle en lui imprimant un cachet religieux. Elle a fait du mundium germanique un pouvoir protecteur pour la femme et pour l'enfant; elle lui a donné ce caractère particulier qu'il n'avait pas au temps du paganisme, et dont on a souvent méconnu la véritable origine.

CHAPITRE IV.

Des testamens. — Influence du droit canonique sur les dispositions à titre gratuit.

Les Germains, avant leur établissement dans les Gaules, ne connaissaient pas le testament : « *heredes tamen successoresque sui cuique liberi, et nullum testamentum,* » Ta dit-cite (3). Ils ne connaissaient pas d'autres héritiers que les héritiers du sang. Cette absence complète de testament se

(1) Cap. de 744, c. 1. — Balluze, tome I. — Anseg. VI, 144. — Voir aussi les exemples cités plus haut, même chap., sect. I, § 6.
(2) Cap. de 789, c. 67. — Aix-la-Chapelle. — Balluze, tome I.
(3) Tac. *de mor. Germ.*, c. 20.

retrouve dans les lois barbares les plus fidèles à l'esprit germanique. La loi des Frisons reste muette à cet égard ; la loi des Saxons défend expressément de faire la tradition de son bien à un étranger pour déshériter l'héritier du sang (à moins qu'on ne donne au roi ou à l'Eglise) (1).

Le droit romain, bien différent des usages germaniques, entoure le testament des dispositions les plus favorables. Dans Rome primitive, le droit de tester était absolu. C'était la conséquence rigoureuse de la puissance dont la loi civile avait investi les pères de famille. Les restrictions apportées plus tard au droit de tester par la jurisprudence, par l'édit du préteur et par les constitutions impériales, n'avaient rien changé au principe du droit de succession à Rome , principe d'après lequel la succession testamentaire passait toujours avant la succession *ab intestat.*

« Quidquid legassit super pecunia , tutelave suæ rei, ità jus esto......

« Si *intestato* moritur, cui suus heres nec sit, adgnatus proximus familiam habeto. »

Tels étaient les principes posés par la loi des Douze-Tables (2) , et conservés par la législation postérieure.

. L'Eglise obéissait au droit romain ; elle s'efforçait d'en faire admettre les principes par les nouveaux conquérants. Elle protégea donc d'une manière efficace l'institution des testaments contre les barbares toujours prêts à infirmer les dispositions de dernière volonté que les héritiers n'aimaient pas à accomplir. L'influence du clergé sur cette matière nous paraît avoir été double : elle s'est exercée directement par les décisions des conciles relatives aux dons faits aux églises ; elle s'est exercée d'une manière indirecte par les

---

(1) *Lex Sax.*, t. 15, c 2. — Les anciennes lois de l'Heptarchie, rendues sous Ætelbirth et ses successeurs, sont muettes au sujet des testaments. On en trouve la première mention dans les lois de Canut (*Leges in Angliâ conditæ.* Canciani, tome IV).

(2) *Lex* XII *Tab.* V.

efforts du clergé pour faire passer les dispositions de la loi romaine dans les usages barbares.

Nous voyons en effet, au VIme et auVII^{me} siècles, les conciles protéger les dispositions testamentaires. Le IVme concile d'Orléans, tenu en 541, ordonnait aux héritiers légitimes de respecter tout ce qui avait été laissé aux églises et aux pontifes par acte régulier (1). Le concile de Reims, tenu en 625, exclut de la communion jusqu'à restitution, tous ceux qui détiennent les choses données ou léguées par leurs parents à l'Église (2). La jurisprudence des pays de droit écrit sanctionna les donations faites aux églises, et décida que l'héritier qui s'était refusé à acquitter un legs pieux devait le restituer au double (3). Ces décisions de la loi canonique et de la jurisprudence civile, destinées à protéger les dispositions de dernière volonté, prouvent évidemment que l'usage des testaments persista dans les Gaules après la conquête germanique, et que le droit romain y resta en vigueur.

Le droit romain exigeait, pour la validité des testaments, des formalités que le droit canonique simplifia plus tard. Le testament, d'après la loi romaine, devait, à peine de nullité, être fait en présence de cinq ou de sept témoins, et présenté à la curie de la cité où vivait le *de cujus* (4). Il devait être signé par le testateur et par les témoins (5).

Une Novelle de Valentinien introduisit le testament olographe, c'est-à-dire le testament écrit et signé de la main du testateur sans l'assistance des témoins requis par les anciennes lois (6).

Ces deux sortes de testaments passèrent dans les lois

(1) Concile d'Orléans, en 541, c. 14.

(2) Concile de Reims, en 625, c. 10.

(3) *Petri except.* I, 61.

(4) Cod. Theod., IV, t. 4, c. 1, 4, 5. — Aniani *interp.* — *Lex Rom. utin.,* IV, 4.

(5) *Nov. Theod.,* t. 9. — *Lex Rom. utin.,* XVII, c. 9.

(6) *Valent. nov.,* t. 4, c. 2. — *Lex Rom. utin.,* XVIII, c. 4.

romaines du moyen-âge, et persistèrent sous la domination des Barbares (1).

Les chartes montrent, comme les canons et les lois, que le clergé conserva toujours l'usage du testament romain. On vit, en effet, durant la période barbare, un grand nombre d'évêques tester conformément à la loi romaine. A la fin du Ve siècle, Perpétue, évêque de Tours, lègue ses biens aux pauvres par testament olographe ; au VIe, Remigius, archevêque de Reims (mort en 533) ; le comte Rogerius en Poitou ; au VIIe siècle, Bertram, Hadoïndus ; à la fin du VIIe, Erminthrude ; au VIIIe siècle, Cæsarius, évêque d'Arles, Aredius en Limousin (mort en 785), testèrent d'après le droit romain (2).

L'influence de l'Eglise porta ses fruits. Les peuples germaniques, d'abord ennemis du testament, l'admirent ensuite dans leurs lois. Toutefois, leur répugnance pour les dispositions de dernière volonté se manifeste souvent dans l'ancien droit teutonique. Le testament resta prohibé longtemps en Allemagne et en Suisse ; il ne pénétra que lentement dans la législation barbare, et souvent sous le déguisement de la donation à cause de mort. Un examen rapide des lois germaniques démontrera cette vérité.

D'après la loi salique, la personne qui veut se choisir un héritier, doit employer les formalités de *l'affatomie* ; elle doit, en présence du graff et de trois témoins, jeter une baguette sur le donataire qui, pour se mettre en possession de l'héritage qu'on vient de lui céder, doit donner ensuite dans sa nouvelle demeure un festin à trois convives (3). Il y a loin de ces cérémonies et de ce symbolisme tout germanique à l'institution d'héritier faite avec la simplicité du droit romain dans son dernier état.

---

(1) *Papian. respons.*, t. 45. — *Aniani interp.*, *loc. cit.* — *Lex Rom. utin.*, *loc. cit.* — *Edict. Theod.*, c. 28.

(2) Savigny, *Histoire du Droit romain au moyen-âge*, tome II, chap. 9, § 38 et suiv. — *Testamentum S. Remigii*, archives de Reims, tome I.

(3) *Lex Sal. ant.*, t. 46. — Pardessus, texte I.

Dans la loi ripuaire, rédigée sous le règne du roi Dagobert, l'influence canonique et romaine se fait plus sentir.
Celui qui meurt sans enfants, peut adopter pour héritier qui
bon lui semble, et lui laisser toute sa fortune, soit par tradition réelle, soit par acte écrit (1). D'après la loi des Allamans, l'homme libre peut donner son bien à l'Eglise par
charte, en présence de six ou de sept témoins ; on doit
déposer la charte sur l'autel ; la donation est irrévocable ;
nul ne peut en arrêter l'exécution, quelle que soit sa dignité ;
les héritiers doivent l'accomplir de tout point (2). L'influence
du droit canonique se révèle ici dans le privilége accordé à
l'Eglise, mais cette loi déguise le testament sous la forme de
la donation. La loi des Bavarois présente des dispositions
presque identiques à celles-ci ; mais, en outre, on y trouve,
à côté de la donation, le véritable testament. Le mari peut
laisser sa fortune à sa femme par donation ou par *testament ;*
elle la garde, pourvu qu'elle ne se remarie pas (3). L'ancienne
loi des Burgondes était muette au sujet des donations ; la loi
réformée sous Gondebaud donne au père le droit de disposer
d'une partie des biens qu'il a acquis ; les donations et les
testaments doivent être faits en présence de trois, cinq ou sept
témoins ; la mère peut donner par testament les ornements
à son usage (4). A côté de ces dispositions, où l'influence
romaine se fait sentir, on voit se manifester aussi le principe
de la co-propriété germanique ; le père n'a, comme chacun
de ses enfants, qu'une part dans la fortune patrimoniale, et
c'est de cette part seule qu'il peut disposer (5).

Les Wisigoths, chez lesquels l'influence du clergé était
immense, admirent de bonne heure les trois sortes de testaments connus des Romains : le testament solennel, le testa-

---

(1) *Lex rip.,* t. 48 et 49.
(2) *Lex Allam.,* t. 1.
(3) *Lex Bajuv.* t. 1, c. 1. — Concile de Bavière, en 772, c. 6. — *Lex Bajuv.*
t. 14, c. 9, § 3.
(4) *Lex Burg.,* t. 1, t. 14, c. 7 ; — t. 43 ; — t. 51.
(5) *Lex Burg.,* t. 1, t. 14, c. 5.

ment olographe et le testament nuncupatif. Le testament doit être publié dans les six mois, en présence d'un prêtre et des témoins qui ont assisté à l'acte (1). Le testateur qui meurt sans enfants, peut disposer de ses biens d'une manière absolue, sans que la ligne collatérale puisse rien y prétendre, et même, s'il a des enfants, il peut avantager l'un d'eux ; il peut faire des legs pieux ; il peut exhéréder pour des causes graves (2).

La loi des Lombards admit l'exhérédation , en défendant de l'employer sans motifs graves (3). Ce peuple connut, dès une époque reculée, les donations soit entre-vifs, soit à cause de mort, mais il exigeait pour leur validité les solennités du *thinx* (acte public), ou les formalités du *launechid* (tradition symbolique) (4). Le véritable testament paraît inconnu aux Lombards. Les lois d'Astolphe (vers 750) étendirent la faculté de disposer. Elles obligent les enfants à accomplir les manumissions et les legs faits par leur père, soit malade, soit en santé. Si le testateur n'a pas eu le temps d'affranchir ses esclaves de son vivant, il peut charger un prêtre de les affranchir après sa mort. L'affranchissement se fait, soit devant l'autel, soit par thinx (5). La loi lombarde permet au père d'avantager son fils d'une part d'enfant; s'il n'a pas de fils, il peut avantager une de ses filles (6).

Sous Charlemagne, la loi lombarde consacrait la donation à cause de mort, faite sous condition résolutoire. Le donateur était encore obligé, pour se choisir un héritier, d'opérer de son vivant la tradition de son hérédité (7). Louis-le-Pieux confirma le droit de donner *pro animæ salute*, soit à l'Eglise, soit à un proche, soit à tout autre, en présence de trois

(1) *Lex Wisig.*, l. II, t. 5, c. 12, 14. 16.
(2) *Lex Wisig.*, l. IV, t. 2, c. 20; — t. 5, c. 1.
(3) *Lex Lang. Rotharis*, c. 168. — *Luitprand.*, l. I, c. 5.
(4) *Lex Lang. Luitprand.*, l. VI, c. 19.
(5) *Lex Lang. Aistolph.*, c. 3.
(6) *Lex Lang. Luitprand.*, l. VI, c. 60. — *Lex Aistolph.*, c. 4.
(7) Cap. *add. ad leg. Lang.*, c. 78, 79, 95. — *Canciani*, t. 1, p. 149 et suiv·

témoins; cette formalité remplie, l'héritier ne pouvait plus rien réclamer (1).

Quelle que fût la répugnance des peuples du Nord à admettre la faculté de disposer à cause de mort, la loi des Thuringiens permit cependant à l'homme libre de faire la tradition de son héritage à qui bon lui semblait (2). La loi des Saxons, tout en défendant au chef de famille d'opérer la tradition de son hérédité en faveur d'étrangers et au préjudice de l'héritier, permit de la donner à l'Eglise ou au roi (3). On voit avec quelles difficultés le testament s'introduisait chez les races germaniques.

L'influence du droit canonique se montre plus clairement dans les capitulaires des rois francs, destinés à modifier les anciens usages. Ils attestent le progrès de la société, tandis que les anciennes lois barbares sont l'expression plus fidèle des vieilles coutumes germaniques.

Une constitution de Clotaire II, en 595, parle des testaments dans le sens véritable du mot :

« Si quelqu'un meurt *intestat*, ses héritiers lui succèderont suivant la loi » (4).

Il semble qu'ici la succession testamentaire passe avant la succession ab intestat comme dans le droit romain. Sous Charlemagne l'influence canonique est évidente dans les lois relatives à la faculté de disposer.

D'après la législation de ce prince, les donations faites à cause de mort sont toujours inspirées par une pensée pieuse. C'est le but que la loi propose partout au donateur. On peut donner soit à l'Eglise, soit à son parent, soit à tout autre, en présence de témoins capables, en fournissant caution de l'investiture; l'héritier dès lors ne peut rien réclamer. L'indivision même ne fait pas obstacle à la donation. On fait la tradition de son bien, à condition qu'on le reprendra en cas

---

(1) Cap. *Ludov. II, add. ad. leg. Lang.*, c. 14. — Canciani, tome I.
(2) *Lex Werinorum*, t. 13, c. 1.
(3) *Lex Sax.*, t. 15, c. 2.
(4) Clotaire, édit de 595, c. 4. — Balluze, tome 1.

de survie (1). Le capitulaire de 803 prend pour exemple le cas où un soldat partant pour la guerre donne ses biens à une personne, qu'il trouve morte à son retour ; le donateur reprend alors les biens qu'il avait cédés. C'est presque l'exemple cité dans les Institutes de Justinien (2). Ce mode de disposer n'est pas sans doute le testament, c'est la donation à cause de mort sous clause résolutoire. Mais à côté de ces dispositions on en trouve d'autres relatives aux testaments. La loi ordonne aux héritiers de respecter les dernières volontés des mourants ; l'héritier qui n'observe pas les dispositions du testateur, est privé de tout ce que le défunt lui a laissé (3). Les capitulaires reconnaissent au père le droit d'exhéréder, mais ils lui recommandent d'en user avec modération ; et si des orphelins ont été dépouillés de l'hérédité paternelle par suite de manœuvres frauduleuses, cette injustice doit être réparée (4). Un capitulaire de Louis-le-Pieux modifia la loi salique et fit admettre la donation à cause de mort dans la législation du peuple franc, qui ne connaissait d'abord que la cérémonie symbolique de l'affatomie dont nous avons parlé plus haut (5).

Mais déjà l'usage, plus prompt que les lois, avait fait pénétrer chez les Francs les diverses manières de disposer soit par testament, soit par donation, soit entre-vifs, soit à cause de mort, consacrées par la législation romaine. Les formules anciennes attestent la coutume qui s'introduisit à cet égard chez les peuples conquérants après leur établissement sur le sol des Gaules. Elles nous montrent de nombreuses donations faites à des églises ou à des abbayes (6); des dona-

(1) Anseg:, cap. I, 135. — Voir aussi cap. IV, 19 et V, 235.

(2) Cap. 803 *add. ad leg. Sal.*, c. 6. — Voir Inst. Just., l. II, t. 7, § 1.

(3) Anseg. cap. VII, 327. — *Add.* III, c. 87.

(4) Cap. II. 31.

(5) Cap. 819, *add. ad leg. Sal.*, c. 6. — Balluze, tome I.

(6) Marc. form. I, 15; II, 1, 5. — App. 40, 41. — Bignon, f. 20. — Sirmond, f. 1, 2, 3, 6, 7, 35, 36. — Balluze, f. 27. — Lindinbrog, f. 17, 18, 19, 20, 25, 26. — Form. Alsat. 1, 2. — Form. Goldast, 34 à 57; 58 à 76.

tions entre époux (1) ; des donations faites aux enfants des donateurs (2), sans parler des donations nuptiales faites par les fiancés à leur fiancée en faveur du mariage, dispositions dont nous nous sommes occupés déjà, en traitant de la famille germanique. Ces formules prouvent que le testament était usité chez les Francs au VIIe siècle, et que les pères de famille l'employaient dès lors, soit en appelant à succéder à leurs alleux, leurs filles contrairement à la loi salique (3) ; soit en partageant leur succession entre leurs enfants et leurs petits-enfants issus d'une fille prédécédée, conformément à l'édit de Childebert (4) ; elles fournissent des exemples de testaments rédigés conformément aux lois romaines et déposés à la curie, suivant les dispositions du Code Théodosien (5). Elles offrent aussi des exemples de donations faites soit *a die præsente*, soit à cause de mort, sous condition suspensive. Un mari, d'après une formule du Xe siècle, donne ses biens à sa femme, pour le cas où elle lui survivrait (6).

L'intention manifestée par les testateurs de corriger la loi salique, montre que le testament n'était pas pratiqué seulement par les sujets gallo-romains des princes mérovingiens, mais encore par les Francs eux-mêmes. Partout les expressions employées par les auteurs de ces actes divers, la formule presque universelle *pro remedio animœ*, viennent attester l'influence du clergé et des idées religieuses sur l'introduction de ces diverses manières de disposer dans la législation des peuples germaniques.

(1) Marc. form. I, 12; II, 7, 8. — Sirmond, f. 17, 18. — Mabillon, f. 40. — Lindinbrog, f. 50.

(2) Marc. f. II, 9, 11, 13. — App. f. 35, 47, 49, 52. — Bignon, form. 9, 11. Sirmond, f. 21, 23. — Mabillon, f. 36. — Lindinbrog, f. 57.

(3) Marc. f. II, 12.

(4) Marc. f. II, 10. — Sirmond. f. 22. — Lindinbrog, f. 55. — Edit de Childebert, en 595, c. 1. — Balluze, tome 1.

(5) Marc. f. II, 17, 37, 38. — App. f. 54, 55. — Balluze, f. 28. — Arvern. form. — Lindinbrog, f. 73.

(6) Bignon, form. 9, 11, 16, 17. — Sirmond, f. 21. — Balluze, f. 27. — Lindinbrog, f. 17. — Goldast., f. 13. — Voir aussi Marc. app. f. 49.

CHAPITRE V.

**De la possession de la prescription. — Protection accordée
à la possession par le droit canonique.**

§ 1.

De la possession.

Le droit canonique a toujours accordé une grande protection à la propriété, et à la possession qui en est la conséquence et l'expression : « Tu ne déroberas pas, » a dit le
Décalogue; de là tous les anathèmes portés contre ceux
qui s'emparent du bien d'autrui. Ennemie des vengeances
privées et des troubles qu'elles engendrent, l'Eglise a toujours défendu d'user de violences envers celui qui possède.
Toutefois, si, durant la période qui nous occupe maintenant,
le droit canonique n'a pas été sans quelque influence sur
la partie du droit civil qui règle les effets de la possession,
cette influence a été bien moins considérable que pendant la
période suivante.

Du VIᵐᵉ au XIᵐᵉ siècle, l'Eglise lance l'anathème contre
ceux qui détiennent injustement les biens ecclésiastiques ou
laïques; elle les prive de la communion jusqu'à parfaite
restitution (1).

L'ancien droit canonique protège, non seulement la propriété, mais aussi la simple possession, notamment lorsqu'il
s'agit de prononcer entre deux évêques qui se disputent le
même évêché, ou de décider des contestations relatives aux
biens des églises, ou de juger les procès pendants entre des
clercs. Le concile de Nicée défendit aux évêques de s'empa-

(1) VIIᵉ conc. de Carthage, en 419, c. 5. — Denys-le-Petit. — IIIᵉ conc.
de Paris, en 557, c. 1. — IIᵉ conc. de Bragues, en 563, c. 25. — Conc. de
Vienne, en 892, c. 1. — Cap. de 744, c. 8. — Balluze, tome I.

rer de l'évêché d'autrui avant la mort du titulaire ; le concile d'Antioche leur défendit de se mettre en possession des églises vacantes (1) ; Innocent I, dans une lettre à Florentinus, évêque de Tibur, décida que, lorsque deux évêques se disputaient un siége, toutes choses devaient rester dans leur ancien état, *pristino statu*, jusqu'à la décision du pape (2). D'anciennes décrétales ordonnent aussi de rendre à l'évêque, dépouillé de son évêché, et avant tout jugement, tous les biens dont il a été privé ; avant cette restitution, on ne peut ni le condamner s'il est accusé, ni écouter les témoins et les accusateurs, ni même le traduire devant le synode. Cette restitution doit être complète, et s'appliquer sans exception à tous les biens qui lui ont été ravis (3). Le jugement ne peut être prononcé contre l'évêque qu'après la restitution effectuée ; il ne suffit pas qu'elle ait été ordonnée (4).

La même maxime s'étendait aux procès entre les clercs ; le droit canonique exigeait que les biens litigieux fussent, en cas de dépossession, remis dans l'état où ils étaient avant le procès (5). Au VIIme siècle, le concile de Châlons en faisait l'application aux biens d'église, et défendait aux plaideurs de s'emparer de ces biens avant la décision du litige (6).

On a souvent cru voir dans ces diverses décisions l'origine de nos actions possessoires, et surtout celle de la réintégrande, et de la maxime : *spoliatus ante omnia restituendus* ; mais cette opinion, réfutée par plusieurs savants de nos jours, ne peut plus se soutenir maintenant (7). Il est évident que ces différents textes s'appliquent spécialement à la possession

(I) Conc. de Nicée, *vers. ab arab.*, c. 50, Labbe. — Conc. d'Antioche, en 341, c. 16, Labbe.

(2) Innocent I, pape, en 404. — Dec. 36. — Denis-le-Petit.

(3) *Decretum Gratiani,* pars II, caus. 2, quest. 2, c. 3. — Caus. 3, quest. I, c. 3.

(4) *Id.* pars II, caus. 3, quest. 1, c. 2, 3.

(5) *Decret. Grat., pars* II, caus. 11, q. 1, c. 50.

(6) Conc. de Châlons-sur-Saône, en 650, c. 6.

(7) Molitor, *De la Possession.* — *Etudes sur les actions possessoires,* par M. de Parieu.

des charges ecclésiastiques et des biens d'église, et qu'ils n'ont pas cette généralité nécessaire pour établir une théorie des actions possessoires. Cette vérité paraîtra plus clairement, lorsque nous aurons parcouru la législation de l'époque barbare sur ce sujet.

Les monuments de la législation romaine publiés au moyen-âge ont conservé en effet l'ancien système romain sur la possession. En étudiant ces monuments, on ne trouve pas qu'une influence nouvelle en ait modifié l'esprit.

A Rome, la possession était protégée par une procédure spéciale appelée *interdit* (*inter duos edictum*). Si quelqu'un possédait un immeuble, et si cette possession n'était entachée d'aucun vice (*nec vi, nec clàm, nec precario ab adversario*), il pouvait, dans l'année du trouble, intenter contre celui qui l'avait troublé, l'interdit *uti possidetis* (1). Le préteur rendait une décision par laquelle il était défendu de faire obstacle à la possession de celui qui l'avait obtenue, et si l'adversaire venait la troubler au mépris de cette prohibition, le préteur alors donnait une action contre lui à la personne dont la jouissance avait été troublée (2). L'interdit était accordé à celui qui était en possession au moment du trouble ; on n'exigeait pas que cette possession eût duré déjà pendant un temps déterminé.

L'interdit *uti possidetis* était destiné à protéger la possession des immeubles ; celle des meubles était protégée par l'interdit *utrubi*, qui s'accordait à celui qui avait possédé le plus longtemps pendant la durée de l'année. Si quelqu'un était violemment dépossédé, il avait, pour se faire remettre en possession, recours à l'interdit *undè vi* (3). Il fallait, comme pour l'interdit *uti possidetis*, qu'il fût intenté dans l'année de la dépossession ; le préteur l'accordait à celui qui était en possession au moment de la violence. On n'imposait aucune condition de durée à cette possession. Il

(1) Instit. IV, 15, § 5. — Dig. 43, 17, 1, prœm.
(2) Gaii comm. IV, cap. 14.
(3) Dig. 43, 16, 1, prœm, f. 2, Ulp. — Inst. *loc. cit.*

suffisait, pour pouvoir agir par l'interdit *undè vi*, qu'on fût en possession au moment de la spoliation, et qu'on eût été violemment dépossédé.

Les interdits avaient tous un caractère commun ; ils étaient personnels. Le trouble porté à la possession du demandeur ne donnait lieu qu'à une action personnelle dirigée contre l'auteur du trouble : « *Interdicta omnia licet in rem videantur concepta, vi tamen ipsâ personnalia sunt* » (1). D'où la conséquence nécessaire, que l'interdit ne pouvait s'exercer contre le tiers détenteur, mais seulement contre l'auteur de la dépossession (2). Le caractère de personnalité des interdits persista longtemps ; il ne disparut qu'au XIIIme siècle sous l'influence du droit canonique.

Il n'en fut pas de même de la procédure usitée dans l'ancien droit romain pour l'exercice de cette sorte d'actions. La chute du système formulaire, à la fin du IIIme siècle, entraîna celle de la procédure spéciale des interdits. Il devint inutile d'obtenir du préteur cette première sentence, qui constituait l'interdit proprement dit ; et toute personne troublée dans sa jouissance ou violemment dépossédée put intenter directement l'action qui découlait de l'interdit sans la sentence préalable du préteur (*seu actionibus quæ pro his interdictis exercentur*) (3). La forme tomba en désuétude, mais, à part cette différence, les interdits restèrent au moyen-âge, ce qu'ils avaient été dans l'antiquité ; les mêmes conditions furent exigées pour leur exercice ; leur nature resta toujours la même. C'est ce qu'atteste une décrétale dont nous aurons à parler plus loin (4).

Nous devons rappeler toutefois qu'une constitution de Théodose avait modifié les effets de l'interdit *unde vi*, dans le but d'arrêter les spoliations si fréquentes lors de la chute de

(1) Dig. 43, 1, *de interd.*, l. 1, § 3, f. 2, Ulp.
(2) Dig. 43, 17, l. 3, § 10.
(3) Inst. IV, 15, prœm.
(4) Conc. de Latran, en 1215, c. 39. — Grég. IX, Décretal., L. II, t. 13, c. 18.

l'empire romain, comme à toutes les époques de troubles et de décadence.

Ce prince décida que celui qui s'emparait violemment d'un immeuble devait le restituer. Si l'immeuble était à lui, il devait en perdre la propriété ; si l'immeuble ne lui appartenait pas, il devait, outre la restitution, payer à la personne spoliée le prix de la chose (1). Cette constitution passa dans les monuments du droit romain du moyen-âge (2) ; elle était encore en vigueur en Provence au XIe siècle (3). Elle semble avoir inspiré une disposition des capitulaires, d'après laquelle celui, qui expulse violemment le possesseur, perd sa chose; le spolié doit être remis en possession et conserver en sûreté l'objet litigieux (4). On y lit même que celui, qui a envahi le bien litigieux avant le jugement, doit être privé de ce qu'il a pris; et, s'il perd le procès, rendre un espace égal (5). Il est défendu de se mettre enpossession de la chose d'autrui avant la sentence définitive (6).

La loi romaine maintint pendant le moyen-âge la distinction de la possession et de la propriété ; mais les Francs, barbares encore, ne faisaient pas cette distinction. La loi salique se borne à décider qu'en cas de contestation sur la propriété d'un objet, il doit, pendant le litige, rester déposé entre les mains d'une personne étrangère au débat (7). Pour comprendre une distinction abstraite, comme celle de la possession et de la propriété, il faut une certaine culture intellectuelle ; elle ne peut être saisie que par un peuple déjà avancé en civilisation. Les nations modernes devaient, à une époque postérieure, l'emprunter à la législation romaine et canonique.

(1) Constit. Valentinian., Theod. et Arcad., Cod. VIII, 4, 7.
(2) Theodorici edict., c. 10.
(3) *Petri except.* L. III, c. 11.
(4) Cap. Anseg. VI, 161, 353.
(5) Cap. VII, 325.
(6) Cap. 806, c. 6. — Balluze, tome 1.
(7) *Lex Sal. emend.*, t. 64, c. 2, *de Charoëna.* — *Lex Sal. ant.*, t. 61, c. 1.

§ 2.

De la prescription.

Les peuples barbares ne peuvent connaître les prescriptions de longue durée. Une chose les frappe surtout : c'est le fait de la possession ; aussi le confondent-ils avec la propriété, et leurs lois, lorsqu'elles commencent à faire cette distinction, n'imposent à la prescription qu'une très courte durée. A Rome, du temps de la loi des Douze-Tables, les fonds de terre se prescrivaient par deux ans de possession (1); les autres biens par un an. Cette durée était nécessaire aussi pour acquérir par l'usage (*usu*) la puissance maritale (*manus*). Avec la marche de la civilisation, on exigea pour prescrire un temps plus long. Les prescriptions provinciales furent de dix ans entre présents, de vingt ans entre absents. D'abord simples exceptions destinées à repousser le demandeur en revendication, elles devinrent ensuite des moyens d'acquérir la propriété et finirent par remplacer l'usucapion ancienne (2). La prescription de trente ans, extinctive des actions, prit naissance sous les empereurs (3); elle devint aussi un moyen d'acquérir, et reçut, à l'égard des biens d'église, une nouvelle extension : on ne put prescrire contre l'Eglise que par quarante ans de possession (4). La prescription de trente ans fut l'œuvre de Théodose ; Anastase établit celle de quarante ans. Cette longue prescription resta dans la législation romaine. Nous la retrouvons, du VIe au XIe siècle, en Bourgogne, en Italie, en Provence et dans le royaume des Wisigoths (5).

---

(1) *Lex* XII *Tab.* VI.

(2) Dig. 44, 1. — 44, 3, 3. — Cod. VIII, 36. — Inst. II, 6, prœm. — *Petri except.* III, 10.

(3) *Nov. Valent.*, t. 18.

(4) Cod. VII, 39, l. 8, *prœm. de prescript.* XXX *vel* XL *annorum.*

(5) *Breviar. Alaric*, lib. XVIII. — *Valentin. nov.*, t. 8. — *Papian. resp.* t. 31. — *Lex rom. utin.* XVIII, 7. — *Edict. Theodor.*, c. 12. — *Petri except.* III, 10.

Le droit canonique admit les diverses prescriptions du droit romain ; elles se trouvent consacrées dans les monuments de cette législation, dès le Ve siècle. Le pape Gelase écrivait à cette époque aux évêques de Dardanie, qu'on ne devait pas inquiéter ceux qui avaient possédé paisiblement pendant trente ans (1). Le droit canonique, en reproduisant sur ce point la législation romaine, devait seulement exiger la condition de bonne foi avec une rigueur que le droit romain n'avait pas. Il admit à la fois la prescription de dix ans entre présents et de vingt ans entre absents, avec titre et bonne foi ; la prescription de trente ans, la prescription spéciale de quarante ans contre les biens d'église (2), et enfin une prescription plus longue encore, celle de cent ans contre l'église romaine ; c'était un privilége tout particulier qu'il lui accordait (3).

Ces différentes dispositions du droit romain et du droit canonique n'ont pas été sans influence sur la législation des temps mérovingiens. Il est fort douteux que les Germains, avant l'époque de l'invasion, connussent la prescription. Si les récits de César et de Tacite sont exacts, ces peuples n'avaient pas encore de propriétés fixes et perpétuelles ; ils vivaient dans une sorte de communisme. Les tribus barbares changeaient souvent leurs demeures, s'arrêtaient dans les forêts, se dispersaient dans les champs, s'établissaient auprès des cours d'eau, suivant leur caprice ; les familles se partageaient les terres, et ces possessions précaires ne duraient qu'une année (4).

Après l'invasion, les Germains se partagèrent les vastes terres du fisc romain, les *latifundia* qu'ils venaient d'enlever aux vaincus. Toutefois les forêts, les montagnes, les pâturages restèrent communs dans le pays conquis, comme dans la patrie des conquérants. Dans cet état de communisme, on le

(1) *Gelasii epist.*, fin du Ve siècle. Labbe.
(2) *Decret. Grat.*, pars II, caus. 13, quest. 2, c. 1 ; caus. 16, quest. 3, c. 16.
(3) *Id.* pars II, caus. 16, quest. 3, c. 17.
(4) *Cæs. de bell. Gal.*, VI, 22. — Tacit. *de mor. Germ.*, c. 16, 26.

conçoit aisément, la prescription n'avait pas de raison d'être. Mais une fois établis dans des demeures stables, une fois propriétaires dans un pays, dont les anciens maîtres avaient longtemps adoré le dieu Terme, les vainqueurs durent admettre la prescription, cette patronne du genre humain, cette protectrice de la propriété. Quelle durée dut avoir la possession pour opérer une mutation de propriété? Quelle fut à cet égard l'influence du droit canonique? Nous n'avons pas, pour résoudre ce double problème, de documents bien précis.

Cependant il est facile de reconnaître, dans l'établissement de la prescription d'après la législation germanique, une double tendance, l'une romaine et canonique, l'autre barbare. Cette observation servira peut-être à concilier les systèmes opposés émis sur ce point par les savants de nos jours. D'après les uns, les Francs, par une fausse interprétation de la loi salique, ont admis la *prescription annale*, d'origine germanique (qu'il ne faut pas confondre avec la *possession annale*) (1). D'après les autres, ce peuple n'a pas connu d'autre prescription que celle qu'il emprunta au droit romain sous l'influence du clergé (2).

Il y a, suivant nous, du vrai dans ces deux systèmes. La tendance naturelle de tous les peuples barbares, lorsqu'ils veulent déterminer le temps nécessaire pour la prescription, c'est de lui assigner une courte durée ; leur esprit inquiet et turbulent, préoccupé surtout des faits extérieurs et matériels, incapable de saisir les abstractions du droit ne saurait s'accommoder d'une prescription de longue durée. Les *Assises de Jérusalem* et la plupart des chartes communales et des coutumes locales des XIe, XIIe et XIIIe siècles, dans lesquelles le système germanique est si fortement empreint, admettent la prescription annale. La loi salique ne parle pas, il est vrai, de la prescription des biens par la possession d'un an ; mais ce

---

(1) Voir les *Etudes historiques sur la possession*, par M. de Parieu; — et le titre 48 de la loi Salique : *de migrantibus*.
(2) *De l'Origine de la possession annale*, par M. V. Smith.

terme était nécessaire à l'étranger pour acquérir dans une *villa* germaine le droit de jouir des biens communs, et de demeurer en sûreté dans l'endroit où il était venu s'établir (1). Or, dans le système germanique, il y a une corrélation intime entre la durée nécessaire pour acquérir le droit de bourgeoisie dans une commune et celle de la prescription. C'est ce qu'on trouve dans presque toutes les chartes communales que nous aurons occasion de citer plus loin. Il semble donc, sinon certain, du moins vraisemblable, que l'usage de la prescription annale tendit à s'établir après la conquête chez le peuple franc. On en trouve d'ailleurs quelques traces. Un capitulaire de Lothaire, en 824, permettait, dans le cas de deux ventes successives d'un même objet, au second acquéreur, mis en possession de prescrire par un an contre le premier acquéreur qui n'avait pas possédé (2). Les formules anciennes ajoutent une durée d'un an à la prescription romaine de trente ans ; d'où vient cette singulière modification, si ce n'est de l'addition de la durée nécessaire pour prescrire d'après les usages barbares à celle de la prescription romaine (3)? Le terme d'un an se retrouve souvent dans la législation germanique ; les biens du forbanni devaient être confisqués après un an de contumace ; c'est une prescription d'un an au profit du fisc (4).

Il n'est donc pas impossible que, suivant le système du savant auteur des *Etudes sur la possession*, la prescription annale n'ait été souvent en usage chez les Germains établis sur le sol des Gaules. Mais à côté de cette tendance toute germanique, qu'on ne doit pas méconnaître, il faut constater

---

(1) *Lex Sal. ant.*, t. 45, *de migrantibus.* — *Lex Sal. emend. : De eo qui villam alterius.*

Les lois galloises admettent aussi la prescription par un an de possession ; tout en ne donnant au possesseur que le simple titre d'*usufruitier*, elles déclarent *morte* l'action intentée contre lui, après qu'il a possédé sans trouble pendant un an et un jour (*Leges Wallicæ,* II, 17, 6).

(2) Balluze, tome II, p. 335, tit. V, c. 17).

(3) Marc. app., f. 33.

(4) Cap. de Charlemagne. — Pasquier, *Recherches*, liv. IV, ch. 32.

la double influence du droit romain et du droit canonique, influence qui se montre à nos yeux d'une manière plus précise et avec un caractère d'évidence incontestable. Les capitulaires des rois francs nous en fournissent en effet de nombreuses preuves.

Un édit de Childebert I, rendu en 557, admet la prescription de trente ans, mais pourvu qu'il y ait bonne foi. Ici l'influence canonique vient évidemment se mêler à l'influence romaine, et apporter au droit impérial une profonde modification (1). Un autre édit, rendu en 595, sous Childebert II, décida qu'entre présents celui qui avait possédé un immeuble sans contestation pendant dix ans ne pouvait plus être dépossédé (2) ; l'influence des évêques soumis au droit romain peut seule expliquer cette disposition toute romaine. Un capitulaire de 819 défendit de prescrire les choses possédées par violence. D'après cette loi, celui qui a envahi la *villa* d'autrui ne peut la détenir ; il doit la rendre, ou prouver son droit de propriété ; le temps ne saurait légitimer sa possession (3).

La loi des Burgondes admet la prescription de trente ans comme l'édit de Childebert ; mais elle en diffère en ce qu'elle n'exige pas comme cet édit la bonne foi, elle reproduit purement le droit romain (4). La loi des Wisigoths admet aussi la prescription de trente ans contre les actions ; mais pour prescrire le *sors* du Goth ou du Romain, il faut quarante ans (5). Celle de trente ans se retrouve, à l'effet d'acquérir la propriété, dans la loi des Lombards; mais ici la condition de bonne foi est exigée comme dans le droit canonique (6). La possession de trente ans ne saurait rendre propriétaire,

---

(1) Edict. Childebert, en 557. Labbe. — Voir aussi Sirmond, form. 40. Elle parle de la prescription de trente ans, mais sans exiger la bonne foi.

(2) *Cap.* Childeb., en 595, c. 3. — Balluze, tome I.

(3) *Cap. de interp. leg. Sal.*, c. 9. — Canciani, tome II, p. 176.

(4) *Lex Burg.*, t. 79.

(5) *Lex Wisig.*, L. IX, t. 2, c. 1, 2, 3.

(6) *Lex Lang. Grimoald*, c. 4, — *Luitprand.*, lib. VI, c. 1.

d'après la loi lombarde, celui qui possède en vertu d'une charte fausse ; même au bout de ce temps, il doit restituer, et le légitime propriétaire doit rentrer dans son bien (1). Les anciennes lois lombardes reconnaissaient une prescription dont la durée était de cinq ans, et à laquelle les lois d'Astolphe substituèrent celle de trente ans (2). Nouvelle preuve à l'appui de ce que nous avons avancé sur la brièveté du temps exigé pour prescrire sous l'ancien droit germanique.

Les capitulaires de Charlemagne rappellent la prescription romaine de dix, de vingt et de trente ans, et décident qu'on ne peut prescrire contre l'Eglise que par quarante ans (3). Mais l'Eglise et le fisc peuvent acquérir par une possession non interrompue de trente années ; passé ce temps, le demandeur ne serait plus admis à prouver contre le possesseur son droit de propriété (4). Tel est le droit commun des capitulaires. D'après cette législation, on peut prescrire par trente ans, pourvu que la possession ait été paisible. Si elle a été troublée, on doit faire un examen attentif du droit du demandeur (5).

Il est donc constant que de nombreux efforts furent faits par les princes mérovingiens et carolingiens pour donner à la possession et à la propriété une protection efficace, pour faire pénétrer dans les lois germaniques le système des lois romaines et canoniques, avec leurs prescriptions de longue durée, si nécessaire pour assurer dans une société la stabilité des institutions et la fixité de la propriété. Il est constant aussi que cette législation modifiait, conformément au droit canonique, les anciennes dispositions du droit romain, en se mon-

(1) *Luitprand.*, VI, c. 62.

(2) Aistolph., c. 9. — Voir aussi les constitutions d'Arechis, prince de Bénévent, c. 15. — Canciani, tome I, p. 260.

(3) Anseg., cap. V, 389. — Un capitulaire, de 801, permet au contraire de les prescrire par trente ans. — (Cap. de 801, c. 17. — Balluze, tome I, p. 358).

(4) Cap. de Worms, en 829, c. 8. — Balluze, tome I.

(5) Cap. d'Aix-la-Chap., pour les Saxons, t. V, Labbe.

trant plus sévère sur les conditions exigées pour prescrire : la bonne foi et la possession paisible. Toutefois ces efforts furent longtemps vains ; la législation romaine ne triompha pas dans les coutumes primitives du moyen-âge, et nous verrons, durant l'époque féodale, dominer le système de la prescription annale. La civilisation des IXe et Xe siècles n'était pas encore assez avancée pour comprendre et pour adopter la sagesse des lois romaines et canoniques. Cette tranformation ne devait arriver que plusieurs siècles après l'époque barbare.

CHAPITRE VI.

Théorie générale des obligations. — Du prêt à intérêt.

§ 1.

Des obligations en droit romain.

L'obligation, d'après la législation romaine, est un lien de droit, par la nécessité duquel on est obligé de fournir quelque chose conformément aux lois de la cité. Dans l'ancien droit romain, on avait recours à des cérémonies symboliques et à des paroles solennelles pour former ce lien de droit *(nexus)*; l'obligation se contractait *per æs et libram* (1), ou par stipulation : *quidquid lingua nuncapassit, ità jus esto*, disait la loi des Douze-Tables. Avec la marche de la civilisation on employa l'écriture, et l'on eut des contrats formés *litteris ;* plus tard encore, la jurisprudence valida certains contrats, quoique formés par le seul consentement ; tels furent la vente, le louage, le mandat, la société. Ces divers contrats, auxquels il faut ajouter ceux qui se formaient par la chose même *(re),* furent longtemps les seuls que le droit civil ait reconnus, protégés et munis d'une action pour les faire exécuter en justice.

Le droit romain n'a jamais admis, comme l'a fait depuis la législation moderne, que l'accord de deux volontés puisse produire un contrat, quelle que soit la manière dont il ait été exprimé, quelle que soit la forme, pourvu que cette convention ne soit pas contraire aux lois. Chez les Romains, il fallait que la convention eût été reconnue et nommée par le droit civil ; sans cela elle ne produisait ni obligations, ni action ; elle n'était qu'un simple pacte non obligatoire.

---

(1) Cet usage tomba en désuétude longtemps avant celui de la stipulation.

La jurisprudence romaine corrigea un peu cette rigueur de l'ancien droit civil. Elle établit que les conventions accessoires qui s'ajoutent aux contrats de bonne foi *(pacta adjecta)* et font corps avec eux, formeraient une obligation accessoire dont on poursuivrait l'exécution par l'action même du contrat principal (1).

Le droit prétorien munit d'actions certains pactes formés par le seul consentement ; tel fut le pacte de *constitut*. On admit aussi que, lorsqu'une convention, non obligatoire d'après le droit civil, avait été exécutée par l'une des parties, et que l'autre se refusait à l'exécuter, la première pouvait obliger la seconde, soit à lui payer des dommages-intérêts par l'action *in factum* ou *prescriptis verbis* (2), soit à lui restituer la chose livrée au moyen de la *condictio causâ datâ, causâ non secutâ* (3).

Tels furent tous les contrats innommés que Paul ramenait à ces quatre catégories : *do ut des, do ut facias, facio ut des, facio ut facias* (4).

Les constitutions impériales munirent aussi certains pactes d'actions, et il fut admis que les obligations introduites par le nouveau droit, lorsqu'elles n'auraient pas été pourvues d'une action spéciale, produiraient la *condictio ex lege* (5). On nomma pactes légitimes ceux que le droit impérial rendait ainsi obligatoires ; la donation et la constitution de dot sont des pactes légitimes.

La jurisprudence, les préteurs et les empereurs avaient donc ajouté successivement des contrats nouveaux à la liste si courte de l'ancien droit. Le vieux formalisme romain avait peu à peu cédé du terrain ; avec la suite des temps, certains pactes purent valoir, quoiqu'ils n'eussent été formés ni par la chose elle-même, ni par les paroles sacramentelles de la

---

(1) Dig. 2, 14, *de pactis*, l. 7, § 5.
(2) Dig. 19, 5, *de prescrip. verbis*, l. 22, Gaïus.
(3) Dig. 12, 4, *de condictione causd datâ, causâ non secutâ*.
(4) Dig. 19, 5, *de prescrip. verb.*, l. 5 *præm*.
(5) Dig. 12, 2, *de condic. ex lege*, l. 1.

stipulation. Toutefois, les pactes que le droit nouveau n'avait pas munis d'action restèrent sous le nom de *pactes nus* dans leur ancien état; ils ne produisaient pas une obligation civile, mais seulement une obligation naturelle; ils n'étaient pas protégés par une action, mais seulement par une exception (1); ils pouvaient aussi servir de base à une novation; enfin il était défendu de réclamer comme indu, ce que l'on avait payé en vertu d'un tel pacte.

En un mot, malgré les diverses modifications apportées à l'ancien droit, la législation romaine n'admit jamais ce principe si formel de la législation moderne en matière d'obligations : « les conventions sont la loi des parties. » A Rome, pour que la convention soit la loi des parties, il faut que cette convention ait été sanctionnée, nommée et munie d'une action par le droit civil ou prétorien, par la jurisprudence ou par les constitutions impériales.

Le système du droit romain se retrouve dans la législation du moyen-âge, gardienne des anciennes traditions, et qui n'osait innover sur des matières où pourtant l'état de la société aurait dû apporter de profondes modifications. L'*Interprétation des sentences de Paul* distingue encore entre les pactes et les stipulations; le pacte nu est celui qui s'est formé sans stipulation; il n'engendre pas d'action (2). Ce principe resta longtemps en vigueur; le droit écrit l'admettait encore au XIe siècle (3).

Cependant la législation romaine n'exigeait plus que les stipulations renfermassent les anciennes formules; au IVe siècle, une constitution de Constance les avait abolies d'une manière générale pour tous les actes juridiques. Dès lors, il suffit, pour la validité de la stipulation, que l'une des parties fît une demande, et l'autre, une réponse conforme, quels qu'en

(1) Dig. II, 14, *de pactis*, l. 7, § 5.
(2) Paul., interp. II, 14. — Cod. Hermog. *de pactis, frag.* 1. — Dioclet. et Maxim. constit.
(3) *Petri except.* II, 12.

fussent les termes (1). Plus tard, en Orient, une constitution de Léon devait détruire d'une manière complète ce qui restait de l'ancienne rigueur des formules usitées dans les stipulations (2).

§ 2.

Notion de l'obligation d'après le droit canonique.

Tandis que le droit romain se dégageait avec peine de son formalisme antique, le droit canonique, inspiré par les notions de justice et de bonne foi qu'il est venu appliquer dans le monde, posait en principe : que l'accord des volontés oblige les parties contractantes, et que les conventions doivent être observées, indépendamment des rigueurs du droit civil. Dès le IVe siècle, le Ier concile de Carthage menaçait des censures ecclésiastiques ceux qui, au mépris de leurs promesses, n'observaient pas les simples pactes nus (3). A la fin du VIe siècle, Grégoire-le-Grand décidait que la ratification rend valides les pactes qui ne l'étaient pas d'abord (4). Le même pape ordonnait aux juges de veiller avec soin à ce que les promesses fussent exécutées par leurs auteurs (5). Il accordait à la volonté humaine une grande puissance, et décidait que les pactes intervenus entre les parties avaient le pouvoir de détruire les droits nés, soit de la loi, soit de la prescription, soit de toute autre source (6).

C'était une révolution complète essayée par le droit canonique en faveur de la bonne foi et de la volonté humaine. Il laissait de côté le vieux formalisme romain pour donner à la raison de l'homme la part qu'elle doit avoir dans la forma-

---

(1) Cod. II, 58, 1.

(2) Inst. *de verb. oblig.*, § 1.

(3) Decret. Greg. IX, lib. 1, t. 35, c. 1. — Conc. Carth., c. 12.

(4) Decret. Greg., l. I, t. 35, c. 2. — Greg-Mag., L. VII, *epistola*, 60.

(5) Decret. Greg., *loc. cit.*, c. 3. — Greg-Mag., L. VIII, ep. 38.

(6) Decret. Greg., L. I, t. 36, c. 1. — Greg.-Mag., *anno* 591.

tion des conventions et du lien de droit qu'elles produisent. Mais ces doctrines spiritualistes ne pénétrèrent pas dans la législation civile durant l'époque barbare. Le droit civil conserva, au contraire, une partie de son ancienne rigueur et sa classification compliquée des contrats.

§ 3.

Des contrats d'après le droit germanique.

Les Barbares ne connaissaient pas les distinctions savantes du droit romain sur les contrats; ils étaient plus frappés des faits extérieurs et matériels, que des conceptions abstraites de l'esprit; ils ne comprenaient rien non plus aux théories spiritualistes du droit canonique. Pour eux, en ce qui touche les contrats et les obligations, le droit se trouvait tout entier dans les faits extérieurs et dans un symbolisme qui frappait leurs sens. C'est après plusieurs siècles seulement qu'ils devaient adopter les maximes du droit romain et les modifications que le droit canonique apportait tous les jours à cette législation. On en trouve cependant quelques traces dans les lois barbares; elles offrent sur ce sujet, comme sur une foule d'autres, un singulier mélange d'idées germaines, romaines et canoniques; elles présentent sur ce point une étrange confusion.

La loi salique reconnaît le pouvoir de la parole donnée; celui qui s'est engagé et qui ne paie pas doit être traduit devant le *graff;* par l'ordre de ce magistrat, le créancier se rend chez son débiteur par trois fois avec sept rachimbourgs, et saisit ensuite les biens de celui-ci (1).

La donation, d'après la même loi, s'opère non par la simple volonté des parties, mais par la cérémonie symbolique de la baguette, et du festin donné par le donataire à trois convives (2).

---

(1) *Lex Sal. antiq.*, t. 50. — Pardessus, texte I.
(2) *Lex Sal. antiq.*, t, 46. — Pardessus, texte I.

La loi ripuaire, moins ancienne que la loi salique, admet une sorte d'obligation formée par serment, conformément au droit canonique ; la preuve de son existence se fait par le serment des cojurateurs (1). La loi des Bavarois ordonne d'observer les pactes ou *placita,* pourvu qu'ils soient prouvés par trois témoins (2). Un concile tenu en Bavière, sous Tassillon, en 772, défendit de révoquer les donations faites aux églises (3). La loi des Allamans nous offre l'exemple d'une donation opérée par charte, déposée sur l'autel ; c'est à l'influence du clergé qu'il faut attribuer ce mode de contracter par charte, inconnu d'abord aux Barbares (4).

La loi des Wisigoths décidait que les pactes faits par écrit *justement* et légitimement, ne pouvaient être changés, mais devaient être accomplis, à moins qu'ils ne fussent honteux ou entachés de violence (5).

Mais ce qui caractérise surtout les contrats dans le vieux droit germanique, c'est l'emploi des symboles matériels. Les conventions sont plutôt un fait accompli, que l'accord de deux volontés donnant naissance à une obligation. Si l'on parcourt en effet les formules de Marculf, on verra que l'idée d'obligation, considérée comme lien de droit naissant de l'accord de deux volontés, est presque étrangère à leur auteur. La vente, la donation, l'échange sont constatés comme des faits accomplis et non comme des conventions. L'acte porte qu'on a vendu, livré, échangé, mais non pas qu'on *s'engage* à faire telle ou telle chose ; l'idée d'un engagement, d'un acte de la volonté humaine, distinct de son accomplissement projeté, ne pouvait être saisie par des barbares. Pour eux, le contrat c'est le fait même, ce n'est pas l'accord des deux volontés. Voici comment les formules de Marculf définissent la vente : « Licet empti venditique con-

---

(1) *Lex Rip.,* t. 66.
(2) *Lex Bajuv.,* t. 15, c. 13.
(3) *Lex Baj. — Concil. Bajuv.,* c. 6. — Canciani, tome II.
(4) *Lex Allam.,* t. 1.
(5) *Lex Wisig.,* L. IV, t. 5, c. 2, 5, 7, 9.

tractus *solâ pretii adnumeratione* et *rei ipsius traditione* consistat, ac tabularum aliorumque documentorum ad hoc tantùm interponatur instructio, ut fides rei factæ et veri ratio comprobetur (1). »

La vente n'est donc pas l'accord de deux volontés, suivant le droit barbare ; c'est simplement la réunion de deux faits accomplis : une tradition de propriété opérée d'une part, un paiement d'espèces effectué d'autre part. Toutes les formules relatives à la vente reproduisent la même idée ; la vente est un double fait, rien de plus (2).

Il en est de même des donations ; la donation, pour les Barbares, est un fait et non un engagement. Dans aucune des formules anciennes, le donateur ne *s'engage* à livrer la chose ; dans toutes, il déclare donner présentement (3) ; et plus souvent encore, il déclare avoir déjà opéré la tradition de la chose (4). Cette tradition s'accomplit par un fait sensible et symbolique, *per festucam et andelangum, per cespitem* (5).

La même observation s'applique aux échanges ; on ne s'engage pas à livrer telle chose à telle personne, à condition qu'elle livrera telle autre chose en échange ; on constate une double tradition déjà faite (6). Partout le fait accompli ; nulle part la volonté donnant naissance à un lien de droit ; partout aussi le symbolisme. On plaçait souvent sur la charte de donation les objets destinés à la cérémonie symbolique : le couteau, la baguette noueuse, le rameau, et le donateur la remettait, ainsi couverte de ces objets, entre les mains du

---

(1) Marc. form. II, 19.

(2) *Vid.* Marc. form. L. II, 19, 20, 21, 22. — Append. f. 14, 19, 21. — Bignon, f. 2, 3, 19. — Sirmond, f. 5, 8, 9, 10, 37, 43. — Lindinbrog, f. 127. — Goldastin, f. 29, 30, 31, 32, 33.

(3) Marc. f. II, 1, 3, 4, 6, 7, 8, 13. — App. form. 40. — Bignon, f. 16, 17.

(4) Marc. L. I, f. 12, 13, 14, 15. — App. f. 43, 57. — Balluze, f. 30. — Goldast., f. 34-57.

(5) Lindinbrog, f. 18, 57, 127, 152.

(6) Marc. L. II, f. 23, 24. — App. f. 17. — *Alsaticæ form.* 10.

donataire. De cette manière, la tradition se trouvait opérée (1).

Il ne faudrait pas se laisser égarer toutefois par des vues trop systématiques, et si les formules anciennes ne s'attachent en général qu'au fait sensible, on les voit aussi s'appuyer quelquefois sur l'intention des parties contractantes.

Dans les capitulaires de Charlemagne, les dispositions relatives à la vente et à la donation se rapprochent des lois romaines sur le même sujet ; le symbolisme s'efface peu à peu ; et s'il persiste encore dans les usages, les lois lui accordent moins d'importance. On exige seulement, pour la validité de la tradition et de la donation, la présence de témoins capables (2). La vente entraîne l'obligation pour le vendeur de garantir l'acheteur contre les vices cachés de la chose, s'il ne les a pas déclarés ; s'il les a déclarés, il n'est pas tenu de garantir (3). Celui qui a vendu la chose d'autrui est obligé de la rendre et d'en fournir en outre une autre semblable ; s'il ne peut la restituer, il doit en donner deux semblables (4). Les capitulaires valident les conventions sans s'arrêter aux subtilités du droit romain. Les pactes ou *placita* faits légitimement et par écrit, doivent être observés, pourvu qu'ils soient datés (5). On trouve toutefois une influence toute romaine dans une disposition d'après laquelle, de deux donataires d'une même chose par acte écrit, celui qui a été mis en possession doit être préféré au donataire dont le titre est plus ancien, mais qui n'a pas été mis en possession (6).

Il résulte de tout ceci que, durant l'époque barbare, deux systèmes différents se trouvaient en présence en matière d'obligations, comme dans toutes les autres matières juridiques : le système romain, qui subsistait encore avec ses

(1) *Formulæ italicæ*, Canciani, tome II, p. 477. — M. S. de Vésone.
(2) Anseg., cap. L. 1, c. 135. — IV, 19. — Cap. 819, *add. ad leg. Sal.*, c. 6. — Cap. 803, c. 6. — Balluze, tome 1, p. 388.
(3) Anseg., cap. L. V, c. 372.
(4) Cap. V, 365.
(5) Cap. VI, 149, 346.
(6) Cap. VII, 362.

distinctions savantes et subtiles, et le système germanique, où dominait le symbolisme, d'après lequel on tenait plus compte des faits extérieurs et sensibles que des actes de la volonté humaine. Mais au-dessus de ces deux systèmes, le droit canonique, plus largement spiritualiste, s'appuyait sur le droit romain, le prenait pour base et le modifiait en le dégageant de ses subtilités pour le rendre plus conforme à l'équité. Toutefois, à l'époque où nous sommes parvenus, ses grands principes n'étaient pas encore passés dans la législation, et les anciens systèmes demeuraient divisés par de profondes différences.

§ 4.

Du prêt à intérêt. — Lutte de l'Eglise contre l'usure.

Parmi les divers contrats, il en est un, le prêt d'argent, dont l'Eglise s'est beaucoup occupée, qu'elle a souvent combattu et proscrit d'une manière plus ou moins complète. Il faut jeter un coup d'œil sur la législation qu'elle a fait naître sur ce point.

Le *mutuum* est un contrat par lequel on remet à quelqu'un une certaine quantité de choses *quæ pondere, numero, mensurâve constant,* pour qu'il en devienne propriétaire, et à condition qu'il rendra une même quantité de choses de même nature et de même qualité (1). En matière de prêt d'argent, l'usage était chez les Romains, comme chez nous aujourd'hui, d'exiger que le débiteur payât une somme en sus du sort principal, sous le nom d'intérêt (*fenus*, τόκος, ἡμιολία). Le taux de l'intérêt de l'argent, au temps de la République, était très élevé. Souvent les plébéiens, ruinés par les patriciens, leurs créanciers, se révoltaient contre eux; la retraite du peuple sur le mont Sacré n'eut pas d'autre cause. Du temps de Cicéron, l'intérêt de l'argent était fixé à 1 pour 100

(1) Inst. III, 14, prœm.

par mois (12 pour 100 par an), ce que l'on appelait alors *centesima usuræ*.

Les Pères de l'Eglise s'élevèrent avec une grande force contre l'usure, qu'ils proscrivaient au nom de la morale chrétienne :

« L'usure, s'écriait saint Bazile, est une fille maudite de la cupidité et de l'attachement aux biens (1). »

« Ne devenez pas, par vos usures déguisées, l'auteur de la misère publique, en égorgeant ceux qui s'adressent à vous, trompés par l'amorce d'un faux soulagement que vous leur offrez (2). »

« Est-il plus criminel, disait saint Augustin, d'arracher de force les richesses d'un homme opulent que d'égorger un pauvre par l'usure (3)? »

L'Eglise, toutefois, pendant plusieurs siècles, s'abstint de proscrire solennellement l'usure ou le prêt à intérêt, car ces deux termes sont synonymes dans la langue du droit canonique. Elle se borna à flétrir l'usure par la bouche de ses prédicateurs; elle l'interdit aux clercs; mais durant les cinq premiers siècles de l'ère chrétienne, elle ne formula pas de défense générale contre ce contrat. Voici les dispositions les plus anciennes qui concernent cette matière.

Les canons apostoliques interdisent aux clercs de prêter à intérêt sous peine de déposition (4). Les anciens conciles d'Arles, de Laodicée, de Nicée, de Carthage, renferment une semblable disposition (5). A une époque un peu moins reculée, et sous la domination barbare, du Ve au IXe siècle, nous voyons encore d'autres conciles prohiber le prêt à inté-

---

(1) S. Bazil., *homil. in avaros.*

(2) S. Bazil., *homil.* VI.

(3) Decret. Grat., pars II, caus. 14, quest. 3, c. 11. — S. August., *ad Macedon. ep.* 54.

(4) *Can. apost.*, c. 44.

(5) Concile d'Arles, en 314, c. 12; — de Laodicée, c. 5; — de Nicée, c. 17; — de Carthage, en 419, c. 5.

rêt, mais seulement aux clercs, comme les conciles plus anciens (1).

Cependant, dès le Ve siècle, les pontifes de Rome se montrèrent plus sévères. Le pape saint Léon défendit aux *clercs* et aux *laïques* de prêter à usure, soit dans le nom propre du prêteur, soit sous celui d'autrui. Il menaçait, comme les conciles, les clercs contrevenants de la déposition (2). Quelques conciles adoptèrent cette discipline ; tels furent : celui de Reims, tenu en 813, et le VIe concile de Paris, tenu en 829; ils proscrivirent le prêt à intérêt en termes généraux, et sans distinguer entre les clercs et les laïques (3).

Ces prohibitions plus ou moins générales, portées par le droit canonique contre le prêt à intérêt, devaient en provoquer de semblables de la part des pouvoirs laïques. Nous voyons, au VIe siècle, Justinien abaisser en Orient le taux de l'intérêt de l'argent, et proscrire l'anatocisme ou perception des intérêts nouveaux produits par les intérêts accumulés ; mais il laissa subsister le prêt à intérêt (4).

Nous voyons aussi en Occident les princes combattre les abus de l'usure, qui avait été l'une des plaies de la société romaine. Déjà, sous la domination des empereurs, une constitution de Constantin, qu'on retrouve dans les lois du moyen-âge, avait défendu de percevoir, en matière de prêt d'argent, au-delà de la centésime (12 % par an), sous peine de perdre le capital ; et en matière de prêt de denrées, au-delà de trois mesures pour deux (5). C'est encore un intérêt fort élevé dans ce cas, puisqu'il équivaut à 50 %.

---

(1) Conc. d'Arles, en 462, c. 14; — de Tours, en 461, c. 13; — d'Orléans, en 538, c. 27 ; — de Worms, en 868, c. 69. — Constit. de S. Martin de Brague, c. 62. Labbe.

(2) Léon, pape, 444, déc. 3, 4, 5. — Denys-le-Petit. — Voir aussi un décret du pape Gélase. — Decret. Gratian., pars II, caus. 14, quest. 4, c. 1.

(3) Conc. de Reims, c. 32; — de Paris, c. 53.

(4) Cod. Just. IV, 32, *de usuris*, L. 26, § 1. — L. 28.

(5) Cod. Théod. II, t. 32, c. 1. — *Lex rom. utin.* II, 32. — Edict. Théodoric, c. 134.

Ces restrictions montrent quelle était alors la profondeur du mal.

La loi des Wisigoths se rapprocha beaucoup de la loi romaine, et permit de prêter à raison de 1ˢ pour 8ˢ de capital (12 ½ %) (1).

Les capitulaires reproduisirent les dispositions du droit canonique contre l'usure. Un capitulaire d'Aix-la-Chapelle, en 789, défendit aux clercs de prêter à intérêt sous peine de déposition; et, sans interdire formellement ce contrat aux laïques, il jeta le blâme contre ceux qui prêtaient (2). Sous le règne de Lothaire, une prohibition plus générale et plus formelle fut prononcée : « *que personne ne prête à usure* », lisons-nous dans le capitulaire d'Ollonne (3). D'autres dispositions des capitulaires renferment une prohibition aussi absolue, et défendent aux *clercs* et aux *laïques* de prêter à intérêt (4). Ailleurs, le législateur défend aux clercs le prêt à intérêt d'une manière absolue, et ordonne aux évêques d'empêcher les laïques de prêter, autant que cela sera possible (5). Lothaire, en 824, décidait que l'usurier, qui continuerait à prêter après avoir été averti par l'évêque, serait puni par le comte (6). Les capitulaires définissent en outre l'usure, comme le droit canonique. Elle consiste, suivant eux, à prendre plus qu'on n'a fourni, quelle que soit la chose donnée (7).

Du reste, pendant la période mérovingienne, le prêt sans intérêt fut en usage; une des formules de Mabillon nous en fournit un exemple. Le débiteur reçoit la somme et s'engage à la rendre à telle époque; en cas de retard, il promet de la rendre au double; c'est une simple clause pénale :

---

(1) *Lex Wisig.*, L. V, t. 5, c. 8.

(2) Cap. 789, c. 5 et 33. Labbe.

(3) Cap. d'Ollonne, en 866, c. 5. — *Add. ad leg. Lang.* — Canciani, t. 1.

(4) Cap. V, 38; VII, 53.

(5) Cap. VI, 204.

(6) Cap. *Lothari, imp.*, 824, t. 3, c. 19. — Ball. tome II.

(7) Cap. I, 119. — IVᵉ cap., de 806, c. 12 et 17.

mais aucune stipulation d'intérêt (fenus), dans le sens où nous l'entendons, ne s'y trouve jointe (1).

Ainsi la tendance constante du droit canonique durant cette période, a été de restreindre le prêt à intérêt. Interdit d'abord aux clercs, il l'a été ensuite aux laïques eux-mêmes par les lois de l'Eglise ; les lois civiles ont obéi à la même tendance, et porté successivement de nombreuses condamnations contre l'usure (2).

§ 5.

Du contrat de précaire.

Il est un autre contrat dont il est souvent question dans les monuments de la législation du moyen-âge ; c'est le pacte de précaire, qui dut son origine à la législation canonique, et qu'il ne faut pas confondre avec le pacte prétorien du même nom. Le droit canonique s'occupe du précaire, non pour le combattre, comme le prêt à intérêt, mais au contraire pour favoriser son développement. Souvent un propriétaire cédait à une église ou à un monastère tout ou partie de ses biens, à condition que l'église ou le monastère lui abandonnerait la jouissance de certains biens ecclésiastiques. Il était défendu de les aliéner à perpétuité ; mais on pouvait les céder pour un temps et de cette manière. Ce pacte devait être fréquent ; on en trouve dans les formules une foule d'exemples (3).

(1) Mabill., form. 59.

(2) Les lois Anglo-Saxonnes du XIe siècle renferment des dispositions sévères contre l'usure. — Edward-le-Confesseur ordonna de chasser les usuriers de son royaume.

(*Leges in Angliâ conditœ*, Edw. conf., c. 37. Canciani, tome IV).

(3) Marc. form. II, 5.—App. form. 41.—Bignon, f. 20.— Sirmond, form. 6, 7. — Lindinbrog, f. 19, 20, 25, 26. — Alsat. form. 1, 2. — Goldast., f. 58-76.

CHAPITRE VII.

De la procédure. — Influence du clergé sur les institutions judiciaires.

SECTION Iʳᵉ.

PROCÉDURE ECCLÉSIASTIQUE.

§ 1.

Juridiction des évêques sur les clercs.

Dès les premiers temps du christianisme, les apôtres établirent, dans les villes qui avaient reçu leur enseignement, des évêques (ἐπίσκόποι) chargés d'administrer les sacrements, de maintenir la pureté de la foi catholique, et de surveiller les mœurs des chrétiens. Cette juridiction dut s'exercer d'une manière toute spéciale sur les clercs chargés d'assister les évêques dans l'exercice de leurs fonctions; ceux-ci devinrent les juges naturels de leur clergé. Les plus anciens monuments de la législation canonique leur reconnaissent cette qualité. Les constitutions apostoliques en effet recommandent aux évêques de juger avec équité et impartialité (1). Les conciles défendirent même aux clercs d'avoir recours à la juridiction séculière. Le concile d'Antioche défendit aux clercs déposés par un synode d'en appeler à l'empereur (2). Le concile de Rome, en 325, leur interdit de plaider devant les juges laïques; le concile de Calcédoine voulut que les affaires des clercs fussent portées devant l'évêque, et que les procès intentés contre les évêques fussent jugés par le synode provincial et par le pri-

(1) Const. apost., L. II, c. 51.
(2) Conc. d'Antioche, en 341, c. 13.

mat (1). Le concile de Carthage, en 419, alla plus loin encore : il défendit aux évêques de s'adresser aux juges séculiers, sous peine de déposition, au criminel; et sous peine de perdre, au civil, le gain de leur procès (2). Ces dispositions des premiers conciles qui créèrent aux évêques sur les clercs et aux primats et aux métropolitains sur les évêques une juridiction spéciale, se retrouvent après la chute de la domination romaine dans les décisions des conciles postérieurs (3).

Les lois civiles reconnurent et consacrèrent cette juridiction des évêques et des primats sur les clercs. Les empereurs romains déclarèrent obligatoire la juridiction des évêques dans toutes les matières ecclésiastiques et dans tous les procès relatifs aux clercs (4). Après l'invasion germanique, les princes mérovingiens et carolingiens suivirent l'exemple des empereurs romains et confirmèrent le droit qu'avaient les évêques de connaître des contestations élevées entre clercs (5), et de juger les ecclésiastiques accusés (6). Quant aux causes pendantes entre des hommes investis de fonctions publiques et des hommes d'église, elles devaient être décidées par un juge public assisté d'hommes d'église (7).

La juridiction épiscopale avait plusieurs degrés; du jugement de l'évêque on appelait à celui du métropolitain ou du primat ; du jugement du primat à celui de l'évêque de Rome,

(1) Conc. de Calcédoine, en 451, c. 4; — de Carthage, en 419, c. 19.

(2) Conc. de Carthage, en 419, c. 12. — Denys-le-Petit.

(3) Conc. de Vannes, en 465, c. 9. — IVᵉ Conc. d'Orléans, en 541, c. 20; — de Macon, en 581, c. 7 et 8; — de Francfort, en 794, c. 39.

(4) Cod. Théod., L. XVI, t. 11.

(5) Edit de Clotaire, en 595, c. 4. — Anseg., cap. I, 28. — Cap. de Francfort, en 794, c. 28.

(6) Anseg., cap. V, 36 ; — VI, 111. — Edit de Clotaire, c. 4. — Cap. de Verneuil, en 755, c. 18. — Cap. de 789, c. 27. — Cap. de Francfort, en 794, c. 4.

(7) Edit de Clotaire, c. 5.

chef de toute l'Eglise. Le pape faisait alors juger de nouveau l'affaire par ses légats qui devaient siéger avec les évêques (1).

§ 2.

Juridiction des évêques sur les laïques.

Durant les premiers siècles de l'Eglise, les évêques exercèrent non seulement sur les clercs, mais encore sur les laïques, une juridiction volontairement acceptée par ceux-ci et toute de conciliation. Les fidèles redoutaient les tribunaux laïques, d'où partaient les sentences de mort qui venaient frapper tant de chrétiens. Ils trouvaient d'ailleurs les contestations judiciaires contraires à la charité évangélique, et, suivant le conseil de saint Paul, ils aimaient mieux prendre les évêques pour arbitres de leurs différends que de paraître devant les tribunaux (2). Les évêques devinrent ainsi les arbitres ou les juges ordinaires de toutes les contestations qui divisaient les chrétiens.

Après la conversion des empereurs romains au christianisme, cet usage reçut la sanction des lois civiles. De nombreuses lois romaines confirmèrent la juridiction déjà exercée en fait par les évêques, tant sur les clercs (3) que sur les laïques. D'après une loi de Constantin, rendue en 331, les sentences des évêques doivent être observées, quelle que soit la qualité des parties et l'objet du litige. Toute cause peut être portée au jugement de l'évêque, sur la demande de l'une des parties et malgré l'autre. Cette loi tendait à dépouiller, au profit de la juridiction ecclésiastique, les juges séculiers de toute autorité ; la juridiction de ces derniers serait devenue totalement illusoire. Aussi, les successeurs de Constantin changèrent cette disposition. Honorius et Arcadius,

(1) Conc. de Sardique, en 347, c. 3, 7, 16, 17.
(2) S. Paul *ad Corinth.*, VI, 4.
(3) Cod. Théd., L. XVI, t. 11.

en 398, rendirent à la juridiction des évêques sur les laïques son caractère d'arbitrage volontaire (1). D'après une No- velle de Valentinien III, en 452, les laïques peuvent se sou- mettre au jugement de l'évêque, en se liant par un compro- mis, mais cette juridiction n'a rien d'obligatoire.

A cette juridiction volontaire, les évêques en ajoutèrent bientôt une autre forcée. Ils devinrent, au IVe siècle, *défen- seurs* des cités ; ils furent à ce titre chargés de protéger les citoyens contre les vexations, et investis du droit de re- chercher et de punir les malfaiteurs (2). Toutefois ce pou- voir ne s'étendait pas à tous les crimes ; car, d'après plu- sieurs lois romaines, les procès criminels intentés contre les laïques, et même contre les clercs, devaient être jugés par les juges ordinaires (3).

La juridiction épiscopale fut reconnue par les capitulai- res, comme elle l'avait été par les lois romaines. Ils confir- mèrent la juridiction exercée par les évêques sur les clercs et sur les laïques (4).

L'évêque, d'après les capitulaires, est le protecteur na- turel des veuves, des orphelins et des pauvres. Conformé- ment aux dispositions des conciles, il doit connaître de leurs causes ; c'est plutôt une charge qui lui était imposée dans l'intérêt des faibles, qu'un privilége qu'on lui accorde (5).

Le droit, qui appartenait alors à tous les grands proprié- taires d'alleux ou de fiefs, de rendre la justice aux hom- mes de leurs domaines, devint aussi une cause d'extension pour la juridiction épiscopale sur les laïques. Ils devinrent, ainsi que les abbés des monastères, seigneurs féodaux dans les terres de l'Eglise, et à ce titre ils exercèrent la juridic-

(1) Cod. Théod. XVI, t. 11, c. 1. Honorius. — Cod. Just. I, 4, 7.
(2) C. Théod. I, t. 10, c. 3. — *Lex rom. utin.* I, c. 10. — Cassiodor. form.. *pars secunda*, f. 11.
(3) Cod. Théod. XVI, t. I, c. 23, t. 11. — *Lex rom. utin.* XVI, c. 1, 4.
(4) Cap. VI, 366.
(5) Cap II, 33; — III, 2; — cap. de 805; — cap. de Verneuil, en 755, c. 23. De là vint sans doute l'usage qui rendit, au moyen-âge, les tribunaux ecclésiastiques compétents en matière de douaire.

tion seigneuriale sur leurs colons et sur leurs tenanciers (1).
Les rois, dès l'époque mérovingienne, accordaient souvent
aux églises le droit de juger sur les terres dépendantes d'elles, et de percevoir les amendes imposées aux coupables
(*freda*), à l'exclusion des juges laïques (2).

La juridiction épiscopale était donc fort étendue pendant
l'époque barbare ; elle s'était accrue depuis la chute de l'empire romain. Elle s'appliquait, non seulement aux causes
spirituelles, mais encore, en plusieurs cas, aux causes temporelles ; les clercs et même, dans certains cas, les laïques
en étaient justiciables.

§ 3.

Formes de la procédure.

Rien de plus simple que la procédure ecclésiastique durant
les premiers siècles de l'Eglise. Au civil, comme au criminel,
le demandeur faisait citer par un libelle, le défendeur devant
l'évêque (3). En matière criminelle, l'accusateur était aussi
une personne privée, qui citait en son propre nom l'accusé
devant le juge ecclésiastique. Il devait souscrire le libelle
d'accusation et se soumettre à la peine du talion (4). Le ministère public n'existait point encore ; les tribunaux ecclésiastiques, comme les tribunaux laïques, n'avaient point de
magistrat chargé de la poursuite des crimes. La législation
romaine et la législation germanique laissaient aux familles
victimes d'un crime, le droit d'en poursuivre la répression.
Si le clerc, sommé de comparaître devant son évêque, refusait d'obéir à la citation, et demeurait contumace, on le

(1) Cap. de 806, c. 1. — Balluze, tome I.
(2) Marc. form. II, 3, et une foule de chartes. (Voir la collection de Brec-
quigny, et celles des Bénédictins. *Passim*).
(3) Decret. Grat., pars II, caus. 2, quest. 8, c. 1.
(4) Decret. Grat., pars II, caus. 2, quest. 8, c. 4. — Sirmond, form. 29.

déposait après trois sommations restées sans effet (1). Quant à l'accusateur, il devait être examiné, et il n'était pas admis à former sa plainte, lorsque son *existimatio* avait reçu quelque atteinte (2). Cette règle, émanée des conciles, fut confirmée par la loi civile. Ainsi, les excommuniés, les esclaves, les affranchis, les gens réputés infames, ne pouvaient être admis comme accusateurs. Les capitulaires et les conciles le décident également (3). L'accusateur, qui n'avait pas prouvé le premier chef, ne pouvait être admis à prouver les autres (4); le calomniateur encourait l'infamie (5).

Les témoins devaient être aussi sans reproche. On n'admettait à témoigner ni ceux qui étaient privés du droit d'accuser, ni les domestiques de l'accusateur, ni les enfants au-dessous de quatorze ans (6).

Après la demande ou l'accusation et la défense fournie par la partie adverse, venait le jugement; il devait être rendu par l'évêque assisté de son clergé (7). Le droit canonique trace les devoirs des juges, et pose les règles qui doivent présider à l'administration de la justice. La supériorité de la procédure ecclésiastique sur la procédure séculière de l'époque germanique est évidente. Personne, d'après le droit canonique, ne peut être condamné que par un jugement régulier, sur son aveu, ou sur la déposition de témoins irréprochables. On ne peut condamner que sur des preuves, et non sur des soupçons ; la sentence doit être rendue après un examen approfondi de l'affaire ; on doit rétablir dans sa dignité celui qui n'a pas avoué, et qui n'a pas été convaincu (8). Le juge-

---

(1) Conc. de Nicée, vers. arab. c. 42. Labbe.
(2) Conc. de Calcédoine, en 451, c. 21.
(3) Anseg., cap. V, 393, 394 ; — cap. de 789, c. 29.
(4) Conc. d'Afrique, c. 129, 130. — Denys-le-Petit. — Cap. VII, 99, 101. — Cap. de 789, c. 44. — Cap. de 794, c. 34.
(5) Decret. Grat., pars II, caus. 2, quest. 3, c. 1.
(6) Decret. Grat., pars II, caus. 3, quest. 5, c. 1, 2, 4, 5. — Caus. 4, quest. 2, 3, c. 1. — Conc. de Tours, en 813, c. 34. — Cap. VII, 101, 131.
(7) Conc. de Carthage, en 398, c. 23.
(8) Decret. Grat., pars II, caus. 2, quest. 1, c. 1. — Caus. 15, quest. 5, c. 2.

ment doit être rendu avec soin et sans témérité. « *Abuser de la puissance de lier et de délier, c'est la perdre,* » disait saint Grégoire (1). Le juge ne doit pas accepter de présents, ni rendre sa sentence lorsqu'il est irrité ; il ne doit être accessible, ni à la crainte, ni à la cupidité, ni à la haine, ni à l'amour. Le faux témoin commet le crime de Judas (2).

Telle était donc la procédure canonique, aussi rationnelle et plus simple que la procédure établie par le droit romain ; mais les Barbares ne pouvaient ni la comprendre, ni la mettre en pratique dans leurs tribunaux ; elle ne devait devenir le modèle de la procédure séculière que bien des siècles après la période germanique. Toutefois, dès cette époque, on vit souvent le droit civil faire de nombreux emprunts aux lois ecclésiastiques.

SECTION II.

PROCÉDURE SÉCULIÈRE.

§ 1.

Caractère de la procédure germanique.

Lorsque les Germains envahirent les Gaules, l'administration de la justice appartenait aux magistrats romains : aux préfets, proconsuls, présidents ou recteurs qui gouvernaient les provinces de l'empire, et cumulaient tous les pouvoirs (3). Après la conquête, la justice fut rendue par les comtes *(graviones)* mis par les rois francs à la tête des provinces et des villes, avec l'assistance des hommes libres *(rachimbourgs)*, remplacés sous Charlemagne par les *scabini*. Au-dessous des comtes se trouvaient les centeniers *(thungini)* ; au-dessus d'eux, la cour du roi.

(1) Greg. homil., c. 26.
(2) Decret. Grat., pars II, caus. 11, quest. 3, c. 83.
(3) Le commandement des légions leur fut enlevé, toutefois, sous Constantin.

Quant aux formes de la procédure, elles furent bien différentes sous la domination barbare de ce qu'elles avaient été sous la domination romaine. L'ancienne procédure formulaire, si savante et si compliquée, était tombée en désuétude. Dioclétien, en abolissant l'*ordo judiciorum*, avait mis les lois d'accord avec les mœurs. Dès lors le rôle du *judex* et celui du préteur se confondirent ; tous les procès furent jugés de la même manière ; les mêmes juges connurent du fait et du droit ; il n'y eut plus de distinction entre *les causes extraordinaires* et *les causes ordinaires*.

Les Germains avaient une tout autre manière de procéder, barbare comme eux. Ces peuples ne connaissaient guère que le droit de la force. Leur procédure n'avait d'autres règles que la violence et le hasard : le duel et les épreuves judiciaires ou ordalies, tels étaient les moyens employés par les Barbares pour arriver à la connaissance de la vérité juridique. Le clergé s'efforça constamment de modifier ces usages, et d'apprendre aux conquérants à substituer la raison à la force, l'examen sérieux des affaires aux chances du duel et du *jugement de Dieu*. Pour parvenir à ce but, il usa de deux moyens différents : l'exemple et le précepte. La procédure simple et rationnelle employée dans les affaires ecclésiastiques était un exemple sans cesse offert aux yeux des Barbares, qui devaient peu à peu comprendre la supériorité de cette manière de juger, sur celle qu'ils pratiquaient eux-mêmes. D'un autre côté, les papes et les conciles luttèrent contre les formes étranges de la procédure germanique ; nous en citerons plusieurs preuves. Cependant la lutte dura bien des siècles ; la procédure barbare était encore en vigueur au XIᵉ et au XIIᵉ siècles. Elle ne disparut que vers la fin du XIIIᵉ ; et le combat judiciaire fut en usage pendant toute la période féodale. Nous allons étudier les premiers efforts tentés par le clergé pour corriger la procédure germanique.

§ 2.

Des épreuves judiciaires ou ordalies.

Lorsqu'on faisait citer son adversaire devant le tribunal du comte, ou devant celui du centenier, soit en matière civile, soit en matière criminelle, la citation s'opérait par une cérémonie symbolique, *per festucam* (1). Les parties produisaient leurs témoins. Quand ceux-ci ne pouvaient suffire à prouver les faits douteux, on avait recours au jugement de Dieu. Les peuples du Nord étaient adonnés aux sortilèges ; Tacite nous en fournit la preuve (2), et l'érudition moderne a réuni leurs innombrables et curieuses superstitions (3). Les épreuves judiciaires n'étaient qu'une application de ces antiques croyances. Elles étaient de plusieurs sortes.

La loi salique parle de l'épreuve par l'eau bouillante. Elle consistait à plonger la main dans un vase plein d'eau bouillante ; l'accusé qui la retirait intacte était réputé innocent. D'après la même loi, il pouvait racheter sa main pour 15s d'or, et se justifier ensuite par le serment (4).

La loi ripuaire soumettait à l'épreuve du feu la main de l'esclave accusé de vol (5).

L'épreuve de l'eau chaude se retrouve aussi chez les Wisigoths (6). Childebert et Clotaire la prescrivaient en Gaule en 593 (7).

On pratiquait aussi l'épreuve de l'eau froide : elle consistait à plonger dans l'eau un individu, pieds et poings liés ; s'il

(1) Lindinbrog, form. 168.
(2) Tac. *de mor. Germ.*, c. 10. — Cap. *de part. Saxon.*, c. 9. — Edit de Childebert, en 554; de Carloman, en 742, c. 5. — Balluze.
(3) *Indiculus superstitionum pagan.* — Canciani, tome III.
(4) *Lex Sal. ant.*, t. 53.
(5) *Lex Rip.*, t. 30. — *Leges Lothar. ad leg. Lang.*, c. 57, Canciani.
(6) *Lex Wisig.*, L. VI, t. 1, c. 3.
(7) Childebert et Clotaire, c. 2. Balluze, tome 1.

surnageait, il était déclaré coupable. Lothaire l'abolit chez les Lombards (1).

Une autre épreuve consistait à marcher sur neuf socs de charrue rougis au feu. Un capitulaire de 803 ordonna d'employer cette épreuve pour les accusés de parricide (2). Un capitulaire fait pour les Lombards en ordonna l'emploi pour le même cas (3).

L'épreuve du *sort* se faisait de diverses manières : tantôt avec des branches d'arbre coupées en morceaux ; tantôt avec un morceau de pain que l'accusé devait avaler (4).

L'épreuve de la croix, introduite après la conversion des Germains au christianisme, et usitée pendant l'époque mérovingienne (5), était moins barbare, mais tout aussi peu raisonnable que les autres (6). On l'employait souvent pour les contestations de propriété. Charlemagne, animé d'une pensée charitable, affectionnait cette épreuve moins cruelle que les autres. Un capitulaire qu'il fit pour les Lombards en autorisa l'emploi (7). L'empereur Louis-le-Débonnaire, au contraire, proscrivit cette sorte d'épreuve, par respect pour la passion de Jésus-Christ (8). Lothaire suivit son exemple (9).

L'Église ne condamna pas d'abord d'une manière formelle les épreuves judiciaires. On les entoura d'une pompe sacrée, propre à inspirer le respect et la terreur à ceux qui recouraient à ce moyen ; on exigea qu'ils reçussent les sacrements, afin d'écarter ceux dont la conscience n'était pas tranquille (10). Des prières, des conjurations accompagnaient les

---

(1) Cap. *add. ad leg. Lang.*, c. 55. — Canciani, tome 1, p. 194. — Cap. de Worms, en 829. — Balluze, tom. I.

(2) Cap. *add. ad leg. Sal.*; c. 5. — Canciani, tome II.

(3) Cap. *add. ad leg. Lang.*, c. 105. — Canciani, t. 1.

(4) *Lex Rip.*, t. 31. c. 5. — *Formulæ rituales*, Canciani, tome 1, p. 282.

(5) Bignon, form. 12.

(6) Cap. de 803, *de leg. Rip.*, c. 6.

(7) Cap. Karol. Mag., *ad leg. Lang.*, c. 66. — Anseg., cap. III, 46; — V, 196. — Cap. de 779, c. 10. — Balluze, tome 1.

(8) Anseg., cap. I, 102. — V, 228. — Cap. de 816, c. 27. — Balluze, tome 1.

(9) Cap. Lothar., *add. ad leg. Lang.*, c. 95.

(10) Concile tenu en Angleterre, sous Æthelstane, c. 5, en 929. Labbe.

épreuves ; le prêtre bénissait l'eau, le fer, le pain, et priait Dieu de confondre le coupable et d'épargner l'innocent. D'anciennes liturgies locales ont même conservé le cérémonial alors usité (1). Il y a une naïve et religieuse poésie dans les formules consacrées à sanctifier ce premier effort tenté par le clergé pour adoucir la barbarie des mœurs germaniques (2).

Mais bientôt il ne se borna pas à régler la forme des épreuves. Quoiqu'elles fussent employées souvent devant les tribunaux des évêques et des abbés, elles étaient côntraires à l'esprit de l'Eglise, et n'étaient pas d'accord avec la simplicité de l'ancienne procédure ecclésiastique. Aussi le clergé ne tarda pas à les combattre. Au IXe siècle, Agobard, archevêque de Lyon, les attaqua, et l'on est étonné de voir l'archevêque Hincmar les soutenir. Les papes se prononcèrent contre elles, et les décrets de Nicolas I, d'Etienne V, d'Alexandre II, d'Alexandre III, de Lucius III, en proscrivirent l'usage : « Ce sont, disaient ces pontifes, des superstitions contraires aux canons. » L'aveu de l'accusé et les dépositions des témoins sont, d'après les décrétales : « *les seules preuves dignes d'asseoir un jugement* (3). »

Au moyen-âge, les idées marchaient lentement, et, quoiqu'une révolution juridique fût renfermée dans ces décisions pontificales, nous voyons le système barbare persister pendant plusieurs siècles. On retrouve l'emploi des ordalies dans les *Statuts* de Burchard, évêque de Worms, en 1024; au XIIe siècle, en 1171, l'archevêque de Strasbourg conférait au monastère de St-Veit en Bavière, le droit de faire subir les épreuves du fer et de l'eau. On les retrouve à une époque plus rapprochée encore. Mais le principe était posé ; les papes avaient proclamé la supériorité de la raison sur le hasard, dans l'examen des affaires judiciaires ; il devait plus tard porter ses fruits.

(1) Canciani, *Leges barbarorum.*
(2) *Form. rit. Langob.* — Canciani, tome I, p. 282. — *Form. rit. Wissemberg.* — Canciani, tome II. — *Leges Inæ., reg. heptarch.,* 688-728. — Canc., tome IV.— *Leg. Edward. Confess.,* c. 9.—Canciani, tome IV et Labbe.
(3) Decret. Grat., pars II, caus. 2, quest. 4, c. 20.

§ 3.

Du combat judiciaire. — Guerres privées.

La vengeance privée est le premier moyen qu'emploient les peuples barbares pour se faire justice. L'un des premiers efforts de la civilisation est de régler la vengeance et de la soumettre à des lois (1). De là le combat judiciaire. Quand on ne peut faire preuve de la légitimité de son droit, on cherche à l'établir, le fer à la main. Le duel judiciaire se retrouve à chaque instant dans les anciens historiens et dans les lois barbares. Le droit féodal devait lui donner plus tard une extension considérable.

La loi ripuaire autorise le combat pour les contestations en matière de vente (2). La loi des Allamans permet à l'accusé contre lequel l'accusation n'a pas été prouvée, de se justifier par le combat (3) ; elle l'autorise aussi pour les contestations sur les dots et sur les questions de propriété (4).

D'autres lois l'emploient également en l'absence de preuves complètes (5) ; d'autres, pour établir la véracité d'un témoignage (6) ; d'autres, en matière de dettes, lorsque le débiteur nie ce qu'il doit (7). Les capitulaires parlent souvent du combat judiciaire (8) ; ils en prescrivent l'usage dans le cas où les témoins cités par les deux adversaires sont en désaccord. On doit prendre l'un des témoins du demandeur

---

(1) Les lois d'Alfred-le-Grand (872-901), contiennent à cet égard une disposition singulière. Elles ordonnent à l'agresseur d'investir pendant sept jours la maison de son adversaire, avant d'engager le combat contre lui; dans le but sans doute de donner aux esprits le temps de se calmer et de conclure la paix avant d'en venir aux mains (Lois d'Alfred, c. 38. — Canciani, t. IV.

(2) *Lex Rip.*, t. 59.

(3) *Lex Allam.*, t. 44. — *Lex Lang. Rotharis*, c. 203.

(4) *Lex Allam.*, t. 56, 84. — *Lex Bajuv.*, t. 16, c. 1, 2.

(5) *Lex Bajuv.*, t. 11, c. 5.

(6) *Lex Burg.*, t. 45.

(7) *Lex Lang. Rotharis*, c. 369.

(8) *Anseg.*, cap. III, 46.

et le faire combattre contre un de ceux du défendeur; le vaincu doit avoir le poing coupé (1); les autres témoins du même côté rachètent leur main (2).

Le duel judiciaire était tout aussi peu conforme que les épreuves à l'esprit de l'Eglise. Elle ne le combattit pas toutefois de front; elle n'aurait pu changer brusquement les mœurs et les usages des peuples germaniques. Le clergé l'environna seulement d'un appareil solennel et de cérémonies religieuses, dans le but d'écarter les consciences troublées. Les idées superstitieuses de l'époque se peignent dans la défense faite aux combattants de porter sur eux des amulettes qui pussent leur faire obtenir frauduleusement la victoire (3). On faisait jurer au demandeur qu'il ne proposait pas le combat de mauvaise foi, et qu'il avait un motif légitime de soupçonner son adversaire (4).

Bientôt le clergé se prononça contre le combat judiciaire. Sous le règne de Gondebaud, roi de Bourgogne, saint Avite, évêque de Vienne, s'éleva contre le duel. Au IXe siècle, Agobard écrivit contre le duel un livre qu'il dédia à Louis-le-Débonnaire; en 855, le concile de Valence condamna les combattants comme homicides, et prescrivit de refuser la sépulture ecclésiastique à ceux qui succombaient. Les papes Nicolas Ier et Alexandre II proscrivirent également le duel judiciaire. Mais il devait s'écouler bien des siècles avant que ces efforts de l'Eglise pussent porter leurs fruits. L'usage du combat devait persister pendant toute l'époque féodale.

§ 4.

Du serment des compurgateurs.

L'association des membres de la famille entre eux est un des principes les plus remarquables du droit germanique :

(1) Cap. IV, 23; — V, 296. — Cap. *Ludovici pii, ad leg. Lang.*, c. 3.
(2) Cap. d'Aix-la-Chapelle, en 816, c. 10. — Canciani, tome II, p. 169.
(3) *Lex Bajuv.* — Tassillon, en 772. — *Sec. lex*, c. 3.
(4) *Lex. Lang. Luitprand*, VI, 17.

« *Suscipere tàm inimicitias seu patris seu propinqui, quàm amicitias necesse est* (1). » Le serment purgatoire est une des applications de ce principe. L'accusé était escorté en justice par ses parents et par ses amis, qui venaient jurer pour lui. La loi salique nous a conservé la curieuse procédure, qui avait lieu, lorsqu'un membre de la famille voulait renoncer au serment, au wergheld, à la succession, à tous les droits, en un mot, attachés à la parenté (2). Le serment purgatoire se retrouve dans toutes les lois barbares. Suivant la nature des crimes ou la qualité des personnes, on jure avec un nombre plus ou moins considérable de témoins. En cas de meurtre, la loi salique exige vingt-cinq cojurateurs (3).

Les Francs, tant qu'ils furent païens, prêtaient le serment purgatoire sur leurs armes (4); après leur conversion au christianisme, ils le prêtèrent sur les reliques des saints et à l'église (5).

D'après la loi ripuaire, on jure, en cas d'homicide, avec douze cojurateurs; en cas de blessures, avec six seulement (6).

Les autres lois barbares présentent toutes des dispositions analogues; partout on y voit le serment en usage; partout des cojurateurs, dont le nombre varie suivant les différents cas (7).

Le serment s'employait non seulement au criminel pour se purger d'une accusation, mais encore au civil; on en trouve des exemples pour les questions de liberté (8).

Le droit canonique, qui repoussait le duel et les épreuves,

(1) Tac. *de mor. Germ.*, c. 21.
(2) *Lex Sal. ant.*, t. 60.
(3) *Lex Sal. antiq.*, t. 42, c. 5.
(4) Pardessus, *capita extravag.*, c. 16.
(5) Cap. VI, 214. — Cap. de 744, c. 14. — Cap. de 803, *de leg. Rip.* — Canciani, tome II. — Cap. *add. ad leg. Lang.*, c. 38. — Canciani, tome 1.
(6) *Lex Rip.*, t. 2, 7, 8.
(7) *Lex Allam.*, t. 6. — *Lex Burg.*, t. 8. — *Lex Lang. Rotharis*, c. 9, 203, 364. — *Lex Fris.*, t. 1, c. 2. — *Lex Werin.*, t. 1, c. 3, 4. — *Lex Sax.*, t. 1, § 1 et seq. — t. 2.
(8) Mabillon, form. 10.

admit le serment judiciaire. Il fut permis aux clercs accusés
de se purger par ce moyen ; mais l'ancienne manière de
prêter le serment judiciaire fut abandonnée ; à la forme
païenne, on substitua la forme chrétienne. Le clerc, en
Angleterre, prêtait le serment, la tête baissée, une main
appuyée sur l'autel, et l'autre levée (1).

Le recueil de Gratien mentionne un grand nombre d'évêques et de prêtres, qui se justifièrent par serment des accusations portées contre eux, d'après l'exemple du pape
saint Léon ; c'était une règle admise universellement par le
droit canonique. Tout prêtre accusé et non convaincu avait
le droit de se purger de l'accusation par son propre serment
et par celui de ses cojurateurs (sept pour le prêtre, trois
pour le diacre) (2). Cette cérémonie avait lieu en présence
de l'évêque (3). On lit dans les capitulaires de nombreuses
dispositions absolument semblables (4). Le droit canonique
se montre donc ici encore en avance sur la législation civile ;
il propage en effet le serment, tandis qu'il condamne le duel
et proscrit les ordalies. Il imprime à la procédure criminelle
un caractère religieux, qu'il substitue au caractère barbare
et superstitieux qu'elle tenait des anciens usages germaniques. La législation moderne a repoussé avec raison le serment purgatoire. Elle n'a pas voulu mettre l'accusé dans la
nécessité d'avouer ou de se parjurer, et d'entraîner dans son
parjure ses parents et ses amis. Mais il est incontestable qu'à
l'époque germanique, l'emploi du serment judiciaire n'offrait
pas le caractère barbare des épreuves et du combat.

(1) Lois de Withred, roi de Cantorbéry, en 697. Labbe.

(2) Decret. Grat., pars II, caus. 2, quest. 4, c. 12, 18.

(3) Decret. Grat., pars II, caus. 15, quest. 5, c. 1, 2.

(4) Anseg., cap. V, 36, 37, 370. — Aix-la-Chapelle, 803. — Cap. de Francfort, en 794, c. 7.

§ 5.

De la question.

Les peuples anciens connaissaient la question, ce moyen barbare d'arracher à l'accusé l'aveu du crime dont il est soupçonné. Sous la République romaine, on l'appliquait aux esclaves seulement (1); sous l'Empire, on l'appliqua aux hommes libres; on mettait à la torture non seulement les accusés, mais encore les témoins (2). L'exemption de la question fut l'un des priviléges des *illustrissimes* et des curiales.

La législation germanique admettait également la question; mais, comme l'ancien droit romain, elle l'appliquait aux serfs seulement. D'après la loi salique, l'esclave qui, dans une cause capitale, avait avoué au milieu des tourments, était puni de mort (3).

D'après la loi des Burgondes, l'accusateur doit rendre au maître l'esclave ou colon accusé et qui n'a pas avoué pendant la torture (4). Des dispositions semblables se trouvent dans les autres monuments de la législation germanique, et viennent attester l'emploi de la question pour les esclaves (5). Quant aux hommes libres, elle ne leur était point appliquée; la fière indépendance des Barbares n'aurait pu s'y soumettre. Cependant la plus romaine des lois barbares, la loi des Wisigoths, l'admettait à l'égard des ingénus (6).

La procédure ecclésiastique, au contraire, rejetait la ques-

---

(1) Dans les Gaules, avant la conquête romaine, lorsqu'un chef illustre mourait, on faisait subir la question à ses femmes, soupçonnées d'avoir participé à la mort de leur mari. On les traitait en esclaves (Cæs., *de bell. Gall.*, VI, 19).

(2) L. 18, § 3, Dig. *de questionibus*.

(3) *Lex Sal. emend.*, t. 42, c. 7. — *Lex Sal. ant.*, t. 40, c. 2.

(4) *Lex Burg.*, t. 7.

(5) *Lex Bajuv.*, t. 8, c. 18.

(6) *Lex Wisig.*, L. II, t. 3, c. 4. — III, t. 4, c. 10. — VI, t. 2, c. 2, 4.

tion. Ce procédé ne devait pas être employé à l'égard des clercs. Une décrétale d'Alexandre Iᵉʳ déclara nul tout aveu extorqué par crainte, par violence ou par fraude, et défendit de s'en servir contre l'accusé. Tout aveu, d'après le droit canonique, doit être spontané ; on ne peut déposer le prêtre que s'il a été convaincu par son propre aveu ou par des témoins dignes de foi (1).

Cette décision devait devenir un jour le principe fondamental de la procédure criminelle ; mais que de difficultés il lui fallut surmonter avant de triompher définitivement ! Il devait être entravé pendant plusieurs siècles, d'abord par les usages germaniques, et ensuite par l'emploi général de la question dû, au XIIIᵉ siècle, à l'influence du droit romain. Au XVIIIᵉ, il fut proclamé de nouveau par la philosophie, qui le fit enfin pénétrer dans les lois ; mais le droit canonique avait, sur ce point, précédé de dix siècles les idées modernes.

(1) Decret. Grat., pars II, caus. 15, quest. 5. — Quest. 6, c. 1.

CHAPITRE VIII.

Du droit pénal.

SECTION I.

DES PEINES CANONIQUES.

§ 1.

Droit de répression. — But de la pénalité.

Dans toute société on voit des hommes animés par de mauvaises passions troubler l'ordre et s'opposer à l'accomplissement des lois. De là découle la nécessité d'une répression qui contraigne les volontés rebelles à se soumettre à la règle. Sans la pénalité qui effraie les consciences coupables, toute société périrait bientôt. Il faut châtier le criminel pour empêcher le crime de se renouveler et protéger la société contre les coupables qui l'attaquent. C'est sur ce principe, qui est le fondement même du droit de répression, que reposait tout le système pénal des Romains, qui édictait contre les criminels des châtiments terribles.

La loi chrétienne, sans renverser le fondement humain du droit de punir, devait apporter au monde un principe d'un ordre plus élevé : celui de l'expiation. Toute faute, d'après la doctrine évangélique, est une violation de la loi divine, et doit être expiée dans cette vie ou dans l'autre ; le repentir seul peut, avec le secours de Dieu, effacer les fautes de l'homme. Tel est le dogme chrétien de l'expiation. L'Eglise devait en faire l'application dès les premiers siècles de son existence. Dépourvue alors de toute puissance politique, elle n'imposait que des peines purement spirituelles aux fidèles qui avaient commis quelque infraction aux lois de l'Evangile. Avec la marche de la société religieuse et le triomphe du catholicisme, la nature des peines fut modifiée, mais le principe sur lequel l'Eglise fait reposer le droit de répression resta toujours le même.

Nous voyons, dès le temps de saint Paul, l'incestueux de Corinthe soumis à la pénitence ecclésiastique, « afin, dit l'apôtre, que son âme soit sauvée (1). » C'est l'application du principe de l'expiation proclamé par la loi chrétienne. Sous la domination barbare, l'Eglise répétait dans ses conciles : « que la pénitence est le remède de l'âme (2). »

« La sévérité de la peine doit être une médecine qui guérisse les méchants, et les amène au bien (3). »

« La pénitence consiste plus dans le repentir que dans la durée de la peine (4). »

La même pensée a évidemment inspiré toutes ces décisions : on veut faire expier la faute, et corriger le coupable pour l'améliorer. C'est le but le plus élevé qu'un législateur puisse donner aux pénalités qu'il établit.

§ 2.

Forme et durée des peines canoniques.

Lorsqu'un chrétien avait commis une faute que la discipline de l'Eglise punissait d'une peine canonique, il était privé de la communion des fidèles et de la faculté de prier avec ses frères dans l'enceinte de l'assemblée. S'il se soumettait à la pénitence, les prêtres l'amenaient devant l'évêque, nu-pieds, vêtu d'un sac et d'un cilice, et l'évêque répandait sur lui l'eau bénite. Les prêtres emmenaient ensuite le pénitent à la porte de l'église (5); on coupait sa chevelure (6);

(1) *Epist. ad Corint.*, V, 5.
(2) Châlons-sur-Saône, en 650, c. 8. Labbe.
(3) Decret. Grat., pars II, caus. 23, 9, 4, c. 25.
(4) Decret. Grat., *de pœnit. Distinct.* V.
(5) Decret. Grat., *pars prima. Dist.* L. c. 64.
(6) Conc. d'Agdes, en 506, c. 15. Labbe.

on lui imposait des aumônes et des jeûnes ; mais on défendait aux évêques de frapper le chrétien coupable (1). Plus
tard l'Eglise employa la prison et même le fouet. Cependant,
à aucune époque, elle ne prononça la peine de mort, ni celle
de la mutilation. Dans certains cas, elle abandonnait les coupables au bras séculier, chargé de défendre la société; mais la
loi canonique ne portait pas de peines pouvant entraîner l'ef-
fusion du sang. Elle corrigeait le coupable, mais sans lui ôter
la vie.

Une fois la peine accomplie , on accordait le pardon au
fidèle repentant. Les diacres allaient chercher le pénitent à
la porte de l'église, et l'amenaient devant l'évêque. L'évêque
lui demandait s'il se repentait , et l'admettait ensuite à la
communion, lorsqu'il l'en jugeait digne (2).

La durée de la peine variait suivant les crimes ; elle n'était
pas toujours la même en Orient et en Occident. Une lettre de
saint Bazile nous apprend quelle était la durée des pénitences
canoniques usitées de son temps. Cette lettre est un véritable code pénal ecclésiastique (3). La pénitence était proportionnée à la gravité du crime ; sa durée variait entre trois et
vingt ans : pour l'apostasie, la pénitence était perpétuelle ;
elle durait vingt ans pour l'homicide, sept ans pour l'adultère ; les incestueux étaient exclus de l'église tant que durait
leur union criminelle; mais une fois l'union illicite dissoute,
leur pénitence était de trois ans.

En Occident, la durée des peines était plus longue pour
certains crimes. Le coupable d'homicide volontaire subissait
une pénitence perpétuelle (4) ; on punissait de la même peine
l'homme libre qui avait tué un esclave sur l'ordre du maître (5), et la prostituée coupable d'avoir donné la mort à
son enfant. L'adultère était puni de sept ans de pénitence,

(1) *Can. apost.*, c. 28.
(2) Const. apost., lib. II, c. 16 et 38. — Conc. de Laodicée, c. 2.
(3) S. Bazil., Epist. III.
(4) Conc. d'Arles, en 314, c. 21.
(5) *Id.* c. 21.

comme en Orient (1). L'Eglise réprimait l'adultère commis soit par la femme soit par le mari, quoiqu'il soit, dans le second cas, disent les décrétales, plus difficile à atteindre (2).

Les *Contitutions de saint Martin de Bragues* punissent également l'homicide d'une pénitence perpétuelle, et portent des peines d'une durée plus ou moins longue, suivant la gravité du crime. Elles forment le code pénal ecclésiastique de l'Occident, comme la lettre de saint Bazile, le code pénal de l'Orient (3).

Telles étaient les peines prononcées contre les laïques coupables. Quant aux clercs, ils devaient être déposés (4). On ne pouvait pas excommunier ceux qui avaient subi ce châtiment, deux peines ne pouvant être appliquées pour le même crime : « *Non bis in idipsum dominus vindicabit,* » disent les canons apostoliques (5).

La peine devenait plus grave, lorsqu'un pénitent retombait dans ses fautes. Les pénitents relaps devaient être excommuniés (6).

Après la conversion des nations païennes au christianisme, lorsque les princes germains devinrent les défenseurs de l'Eglise, et se servirent du clergé pour civiliser leurs peuples encore à demi barbares, les peines canoniques furent confirmées par la législation civile. Sous le règne de Charlemagne, elles furent, dans beaucoup de cas, imposées par la puissance séculière (7). Les évêques furent chargés de réprimer les incestueux, les parricides, les adultères, les ravisseurs (8). Si les coupables n'obéissent pas aux évêques,

---

(1) Conc. d'Arles, c. 19.
(2) Innocent, pape, en 404. — Dec. 24. — Denys-le-Petit.
(3) S. Mart. Brag., c. 76. Labbe.
(4) Conc. d'Agdes, en 506, c. 50.
(5) *Can. apost.*, c. 25.
(6) Conc. de Tours, en 461, c. 8. — De Vannes, en 465, c. 3.
(7) Anseg., cap. V, 119 et seq. — Cap. de 813, c. 25. — Ball., tome 1.
(8) Cap. *add. ad leg. Burg.*, c. 1, 15. — Cap. Anseg., V, 82, 91, 165. — VI, 71. — Cap. de Conflans, c. 5. — Balluze, tome II, tit. II, p. 138. — Edit de Pitres, en 864, c. 2.

leurs biens doivent être saisis ; ils sont privés de la succession paternelle (1). A cette époque, le droit pénal ecclésiastique devint donc partie intégrante du droit pénal séculier.

L'influence de l'Eglise sur la législation pénale se montre encore, dans la lutte du clergé contre le droit de vengeance, principe fondamental du droit criminel des peuples barbares. C'est le sujet qu'il nous faut maintenant étudier.

SECTION II.

DROIT PÉNAL BARBARE. — INFLUENCE DU DROIT CANON SUR CETTE LÉGISLATION.

§ 1.

Vengeance privée. — Talion. — Compositions ou wergheld.

Le droit pénal des Barbares, c'est la vengeance. Dans une société à peine constituée, quand le pouvoir politique est faible, et le droit du plus fort, seul reconnu, l'homme se fait justice par ses propres mains. Les mœurs barbares s'accordent avec la faiblesse du pouvoir pour consacrer le droit de vengeance privée. L'idée d'une répression sociale, d'une vindicte publique, ne peut naître chez une nation qu'après un certain développement et avec le progrès de la civilisation. Ce progrès, chez les peuples germaniques, fut dû à l'influence du clergé et à celle du droit romain.

Les lois pénales des Romains, dont les dispositions sont en général d'une grande sévérité, demeurèrent en effet dans les extraits de la loi romaine faits au moyen-âge (2). La législation de cette époque présenta un singulier spectacle ;

---

(1) 1er Cap. de 802, c. 37, 38. — Ve Cap de 803, c. 14. — Balluze, tome 1.
(2) Voir au Digeste les titres : *Ad leg. Corn., de Sicariis; — Ad leg. Corn., de Falsis; — Ad leg. Pompeiam de parricid.; — Ad leg. Juliam de vi publicâ. — de furtis ;* — au Code : *de raptu virginum, — de maleficiis ; — Instit. de public. judic.;* — Cod. Theod., lib. IX, tit. 10, 14, 15, 16, 21, 24, 29, 34, 38 ; — *Lex rom. utin.,* L. IX, c. 7, 11, 12, 13, 17, 18, 22, 28, 29. — *Papian. resp.* tit. 3 et 10 ; — *Edict. Theodor. passim.*

trois systèmes de pénalités se trouvèrent en présence : le système canonique ayant pour but l'expiation de la faute et l'amélioration morale du coupable; le système romain qui repose sur l'idée de la vindicte publique et de la défense sociale ; le système germanique enfin, qui n'est autre que la vengeance privée avec ses diverses modifications.

Dans les forêts de la Germanie, l'idée d'une répression sociale n'existait pas encore. Les parents vengeaient la mort de leur parent; c'était pour la famille une obligation absolue (1), et une conséquence du droit de succession. Les lois barbares consacrent à chaque page le droit de vengeance, que célèbrent d'ailleurs les chants héroïques de tous les peuples du Nord.

Les guerres privées des temps féodaux en furent la continuation, et le Code civil de 1804 en a conservé même un dernier souvenir (2). C'est le droit commun de tous les peuples barbares : on le trouve en Orient (3), comme en Amérique (4) ; dans Rome primitive (5), comme en Germanie.

L'un des premiers essais de la puissance publique, qui ne pouvait détruire la vengeance privée, ce fut de la régler (6).

La peine du talion, qui nous semble aujourd'hui barbare, avait pour unique objet d'empêcher la vengeance privée de dépasser le but. Il était juste que l'offensé ne prît pas une satisfaction plus grande que le crime ; de là, cette première restriction mise au droit de vengeance.

(1) Tac. de mor. Germ., c. 21.

(2) Cod. Nap., art. 727, § 3.

(3) Exod., cap. 21, v. 13. — Deuter., cap. 19, v. 12. — Nombres, cap. 25.

(4) The right of revenge is left in private hands. If violence is committed or bloods is shed, the community does not assume the power either of inflicting or of moderating the punishment. It Belongs to the family and friends of the persone injured or slain, to avange the wrong, or to accept of the reparation offered by the aggressor. (Robertson, Hist. of America, Book., IV, p. 828).

(5) Lex XII tab., VIII.

(6) Les lois d'Ina, roi des Anglo-Saxons (fin du VIIe siècle), défendent à la partie offensée de se venger avant que le jugement n'ait été prononcé (Lois d'Ina, c. 9). — Voir aussi Lois d'Alfred, c. 38. — Canciani, tome IV.

Les compositions eurent aussi pour but d'arrêter les effets des haines de famille. Ce n'étaient d'abord que des traités de paix conclus entre la famille de la victime et celle du meurtrier ; le produit du wergheld devait être partagé entre les parents. Le coupable pouvait ainsi éviter la vengeance privée des offensés, et se racheter en leur fournissant des denrées ou des troupeaux. Tacite mentionne cet usage. Bientôt les lois déterminèrent le taux des compositions. On taxa le meurtre suivant la qualité de la victime ; on énuméra les diverses blessures, et elles furent taxées suivant leur gravité. Les outrages aux mœurs, les injures, les vols de toute nature furent appréciés, classés, cotés, par les lois des divers peuples barbares. Ces lois ne s'occupent pas de la criminalité de l'intention ; elles ne considèrent que la longueur et la largeur des plaies, la grosseur des os brisés, etc. Cette manière d'apprécier la gravité des crimes, à un point de vue purement matériel, ne doit pas nous paraître étonnante ; c'était le premier effort tenté par les législateurs barbares pour abolir le droit de vengeance. Les lois germaniques abondent en dispositions relatives aux compositions judiciaires.

La loi salique impose une composition de 200ˢ pour le meurtre de l'homme libre (1). Le wergheld dû pour le meurtre de la femme est plus élevé ; il est proportionné à l'âge et relatif à la faculté de concevoir (2) ; celui de l'esclave n'est que de 30ˢ (3) ; celui de l'antrustion du roi et celui du sagibaron sont de 600ˢ (4). Quant aux Romains, le wergheld dû pour le meurtre de l'un d'eux est moitié de celui dû pour le meurtre d'un barbare (300ˢ pour un Romain antrustion, 100ˢ pour un Romain ingénu et propriétaire) (5).

Celui qui ne pouvait payer la composition était obligé

---

(1) *Lex Sal.*, t. 15.
(2) *Lex Sal.*, t. 24.
(3) *Lex Sal.*, t. 35.
(4) *Lex Sal.*, t. 54.
(5) *Lex Sal.*, t. 41.

de jurer avec douze co-jurateurs que sa fortune ne pouvait y suffire. Il abandonnait, au moyen de diverses cérémonies symboliques, son bien à ses parents, qui se trouvaient, s'ils l'acceptaient, chargés de payer pour lui ; s'ils le refusaient, le coupable, après avoir été présenté à trois mâls successivement, devait payer de sa vie (*de vitâ componat*) (1). Le wergheld fourni par le meurtrier appartenait pour moitié au fils de la victime, et pour moitié aux parents les plus proches (2). Celui qui voulait renoncer à la solidarité de famille perdait tout droit au wergheld et à la succession, et n'était plus tenu ni à la vengeance ni au serment (3).

L'influence du clergé fit établir, lors de la réforme de la loi salique, opérée sous Charlemagne, que le wergheld dû pour le meurtre des clercs serait plus élevé que pour celui des laïques (900s pour un évêque ; 600s pour un prêtre ; 300s pour un diacre) (4). Le capitulaire de 803 porta le wergheld dû pour le meurtre du diacre à 400s, et établit le même taux pour celui d'un moine (5). Les capitulaires élevèrent au triple du taux ordinaire le wergheld pour coups, lorsque c'était un clerc qui avait été frappé (6).

Les Carolingiens favorisèrent l'usage du wergheld, seul moyen d'obtenir alors une répression quelconque des crimes et d'arrêter les effets des vengeances privées. Un capitulaire de Louis-le-Pieux décida que celui qui ne voudrait pas payer le wergheld qu'il devait, ou recevoir celui qui lui était dû, serait envoyé en exil pour ne pas occasionner de plus grands maux (7). On voit par ce capitulaire que le wergheld n'était qu'un traité de paix privé entre les par-

(1) *Lex Sal.*, t. 58. — *De chrenecrudâ*.
(2) *Lex Sal.*, t. 60.
(3) *Lex Sal.*, t. 62.
(4) *Lex Sal. emend.*, t. 58. — Pardessus, texte V.
(5) Cap. de 803, *add. ad leg. Sal.*, c. 1.
(6) Cap. *add. ad leg. Sal.*, c. 3. — Cap. de 816 ou 819.
(7) Cap. de Louis-le-Pieux, c. 13. (en 816 ou 819). — Voir aussi Cap. *add. ad leg. Allam.* — Cap. *add. ad leg. Lang.*, c. 19. — Canciani, tome I. — Cap. *Ludov. pii*, c. 21. — Cap. de 779, c. 22.

ties ennemies. Jusqu'à cette époque l'offensé avait eu le droit de refuser la composition; on imposa dès-lors aux deux adversaires la paix malgré eux.

Le wergheld se retrouve dans toutes les lois barbares avec les mêmes caractères. Le taux des compositions varie d'une loi à l'autre; mais ces variations ne changent rien au fond même des choses; il serait inutile de les énumérer; il suffira d'y renvoyer (1). Comme la loi salique, la loi ripuaire élève ou abaisse le taux du wergheld, suivant la race et la condition de la victime; elle élève le wergheld du clerc au-dessus de celui du laïque (2). La loi des Allamans élève aussi le taux du wergheld du clerc au-dessus de celui du laïque (3); celle des Bavarois le fait payer au double (4).

D'après le *Capitulaire pour les Lombards*, il est de 900s pour l'évêque; de 600s pour le prêtre; de 400s pour le diacre et pour le moine; de 300s pour le sous-diacre (5). Louis-le-Pieux voulut qu'il fût triple de celui que la loi exigeait pour les laïques (6). Charlemagne punit de la peine de mort le meurtre des évêques, prêtres et diacres (7). En outre, de fortes amendes furent imposées aux coupables de vols sacriléges, ou d'autres crimes commis dans les églises (8). Louis-le-Pieux prononça la peine de mort pour le

---

(1) *Lex Rip.*, t. 1, c. 1, 2, t. 3, 4, 5, 6 et s., t. 19. — *Lex Allam.*, t. 58 et s, — *Lex Bajuv.*, t. 3, c. 1, 7, 13; — t. 4, c. 11, 12; — t. 7, c. 6, 7, 16; — t. 9. 10, 11. — *Lex Burg.*, t. 4; — t. 10; — t. 12; — t. 25, 26, 27; — t. 33. — *Lex Lang. Rotharis*, c. 14, 15, 26, 43, 47, 207 et s. — Const. Arechis, princip. *Benev.* — Canciani, tome I. — *Lex Fris.*, t. 1; — t. 15; t. 22. — *Add.*, t. 6. — *Lex Werin.*, t. 1, 2, 3, 4, 5. — *Lex Sax.*, t. 1, 2, 4. — *Sec. capit. de partibus Sax.*, c. 2, 3, 11. — *Leges in Angliâ conditæ.* — Canciani, tome IV.
(2) *Lex Rip.*, t. 36, 62.
(3) *Lex Allam.*, t. 10-15.
(4) *Lex Bajuv.*, t. 1, c. 8, 9, 10, 11.
(5) *Cap. ad leg. Lang.*, c. 100. — Canciani, tome I.
(6) *Cap. Ludov. pii, add. ad leg. Lang.*, c. 7. — Canciani, tome I. — Anseg., Cap. III, 25; — V, 261.
(7) *Cap. de Part. Saxon.*, c. 5.
(8) *Lex Sal. emend.*, t. 58. — *Lex Allam.*, t. 4, t. 5. — *Lex Bajuv.*, t. 1, c. 2, 3, 4, 5, 6. — *Lex Lang. Rotharis*, c. 35.

meurtre commis dans une église (1). Le capitulaire *De
partibus Saxoniæ* punit de mort le vol sacrilége, l'incendie,
la violence commise daus une église, et les sacrifices ido-
latriques (2).

D'après certaines lois, celui qui ne pouvait payer le prix
de la composition devenait esclave pour l'acquitter (3). Les
formules anciennes en présentent de nombreux exemples ;
nous en avons cité plusieurs en parlant de l'esclavage (4).

La composition pouvait être payée par l'accusé avant le
commencement du combat judiciaire, et alors elle empêchait
qu'il n'eût lieu (5).

La loi des Wisigoths elle-même admet dans certains cas
les compositions ; elle n'avait pu se dégager complètement
des influences germaniques ; elle admet à la fois le talion
pour les blessures et le wergheld pour celui qui veut se
racheter (6).

D'après la loi des Lombards, celui qui a reçu le wergheld
et se venge cependant, doit le rendre au double (7) ; celui
qui rompt la trève établie par le juge entre les contes-
tants, paie 300s, dont moitié pour le fisc, et moitié pour
la partie adverse (8).

Le clergé intervenait souvent dans ces traités de paix
qui mettaient fin aux guerres privées et se terminaient par
le paiement d'une composition. Il jouait alors le rôle de
médiateur et de pacificateur. Voici comment les choses se
passaient : en présence des prêtres, le meurtrier s'engageait
à payer aux parents du mort la composition convenue, et

(1) Cap. *add. ad leg. Lang.,* c. 9. — Canciani, tome I, p. 182. — Cap.
Lothar., c. 57. — Canciani, tome I, p. 194.

(2) Cap. *de part. Sax.,* c. 3 et 9.

(3) *Lex Bajuv.,* t. 2, c. 1, § 4. 5. — *Lex Burg.,* t. 12.

(4) *Vide sup.,* L. I, ch. II, sect, II, § 1.

(5) Conc. de Bavière, en 772, c. 11. Canciani.

(6) *Lex Visig.,* L. VI, t. 4, c. 1 ;— t. 4, c. 3. — Le système des compositions se retrouve encore en Espagne, à l'époque féodale. (Voir les *Fueros
Juzgos.* — Canciani, *ad leg. Wisig.,* app. I, c. 7.

(7) *Lex Lang. Rotharis,* c. 143.

(8) *Lex Lang.* Luitprand, c. 13.

fournissait caution. La famille de la victime s'engageait de son côté à ne faire aucun mal au meurtrier, et à se contenter du wergheld payé, sous peine de le rendre au double, s'ils inquiétaient désormais leur adversaire. Les parents du mort s'engageaient non seulement pour eux et pour leurs héritiers, mais encore pour le juge qui perdait par un semblable traité de paix le droit de poursuivre le coupable (1). Cet usage était la conséquence du caractère privé du droit de vengeance. Souvent il arrivait qu'une personne rachetait ainsi la vie d'un coupable, qui, ne pouvant payer, devenait serf de celui qui l'avait racheté (2).

Les prêtres intervenaient encore dans les querelles d'une autre manière. Le droit d'asile concédé dès le IVe siècle aux églises par Constantin (3), s'étendit bientôt aux monastères. Il fut, après l'invasion germanique, consacré de nouveau par les lois barbares (4). Il devint entre les mains du clergé un moyen de mettre à l'abri des vengeances privées les individus poursuivis par leurs ennemis, et de substituer l'examen juridique des causes criminelles à la force brutale qui décidait seule avant cette époque. Les capitulaires exigèrent en effet que les coupables fussent remis entre les mains des comtes pour être jugés (5).

Tels furent les premiers efforts du clergé et des princes chrétiens pour restreindre et régler la vengeance privée. Mais, tandis qu'en fait le clergé bornait son rôle à une intervention toute pacifique, et cherchait seulement à protéger la vie des individus contre les effets de la vengeance, le droit canonique la condamnait en principe, et la décla-

(1) Marc. form. II , 18. — App. f. 23, 51. — Bignon, f. 7, 8. — Sirmond, f. 39. — Mabillon, f. 41, 42, 43. — Lindinbrog, f. 124.

(2) Marc. form. II, 28. — App. f. 58. — Mabillon, f. 2.

(3) Cod. Theod., L. IX, t. 44. — *Lex rom. utin.*, L. IX, c. 34.

(4) Cap. de 803, *add. ad leg. Sal.*, c. 3. — *Lex Allam.*, t. 3. — *Lex Bajuv.*, t. 1, c. 7, § 1. — *Lex Wisig.*, L. IX, t. 3, c. 1. — Cap. *add. ad leg. Lang.*, c. 103. — Canciani, tome I. — Cap. *de partib. Saxon.*, c. 2. — Anseg., cap. I, 134.

(5) Anseg., cap. V, 263.

rait contraire aux dogmes du christianisme (1). Cette législation proclamait que réprimer le crime est le devoir du
prince et du magistrat (2); que le droit de punir n'appartient pas aux particuliers, et que celui qui tue un criminel, sans être lui-même revêtu de fonctions publiques, est
coupable d'homicide (3). Elle posait en même temps le
principe de la personnalité des fautes (4); et scrutant les
mystères de la conscience humaine, elle distinguait le fait
et l'intention, déclarait imputables les seules fautes commi-
ses volontairement : « *libero arbitrio et delinquendi propo-
sito.* » Elle posait le principe de la responsabilité humaine
et l'exception qui milite en faveur des fous, des impubères, et de tous ceux qui n'ont pas la parfaite conscience de
leurs actes (5).

Tels furent les principes généraux, posés par le droit canonique, et qui devaient devenir un jour les bases du droit
criminel. Il les avait trouvés, en partie, dans le droit romain;
mais aux maximes de cette législation, il avait ajouté le
dogme chrétien de l'expiation et celui du pardon accordé
au repentir, idées si profondément inconnues à toute l'antiquité païenne.

§ 2.

De la vindicte publique chez les nations germaniques.

L'influence de la civilisation romaine fit promptement
comprendre aux rois francs la nécessité de mettre un terme
aux guerres et aux vengeances privées, et de leur substituer
une répression publique. Aussi voit-on, dès les premiers
siècles, des peines prononcées contre certains crimes, tandis

(1) Decret. Grat., pars II, caus. 23, quest. 4, c. 51.
(2) Decret. Grat., pars. II, caus. 23, quest. 5, c. 16, 18.
(3) Decret. Grat., pars II, caus. 23, quest. 8, c. 33.
(4) Decret. Grat., pars II, caus. 24, quest. 3, c. 1.
(5) Decret. Grat., pars II, caus. 15, quest. 1, c. 1 et seq.

que le droit pénal, considéré dans son ensemble, repose sur le principe contraire, et s'occupe surtout de régler le taux des compositions. Childebert chercha vainement à détruire les vengeances de famille ; il rendit, en 595, un édit par lequel, entre autres dispositions, il abolissait la *chrenecrude*, défendait au meurtrier de se racheter lui-même, ou de se faire racheter par ses parents ou amis, et prononçait contre le coupable la peine de mort : « *parce que,* dit le texte de l'édit, *celui qui a tué injustement doit périr d'une mort juste* » (1). Ces expressions sont remarquables dans la bouche d'un barbare ; elles attestent l'influence du clergé qui les a probablement dictées. Ce n'est pas l'instinct de la vengeance privée qui les a inspirées, c'est le sentiment de la justice répressive ; c'est l'idée fondamentale du droit pénal moderne. Mais cette disposition n'était pas faite pour l'époque qui la vit proclamer. Bien des siècles s'écoulèrent avant qu'elle passât dans les mœurs, et qu'elle devînt la règle du droit ; longtemps elle ne fut qu'une lettre morte. La chrenecrude, malgré l'édit de Childebert, resta en usage, et la loi salique réformée sous Charlemagne la conserva encore (2).

Nous voyons, toutefois, dans les lois barbares, des peines portées contre les coupables. La loi salique punit de mort le lide du roi coupable de rapt ; elle prononce la même peine contre tout esclave coupable d'un crime (3). Charlemagne, dans un de ses capitulaires, porta la peine de mort contre les parricides, et condamna la descendance des coupables à l'esclavage (4). Un autre capitulaire condamna l'homicide et le ravisseur à subir l'exil, après avoir payé le wergheld et l'amende appelée *ban du roi* (60 solidi) (5).

Les *freda* ou amendes que l'on payait au juge, tandis que le

(1) Edict. Childebert, c. 5. — Balluze, tome 1.
(2) *Lex Sal. emend.*, t. 61. — Pardessus, texte V.
(3) *Lex Sal.*, t. 40, c. 2. — *Lex Rip.*, t. 34.
(4) Cap. de 803, *add. ad leg. Sal.*, c. 5. — Canciani, tome 11.
(5) Sec. Cap. *add. ad leg. Sal.* c. 3, 4. — Canciani, tome 1, p. 169.

prix du wergheld appartenait à la famille de l'offensé, étaient déjà un essai de répression sociale, qui se retrouve partout dans les lois barbares. La loi ripuaire veut, toutefois, que cette amende ne soit payée qu'après le wergheld, conséquence évidente du caractère privé du droit pénal barbare (1).

La loi ripuaire prononce la peine de mort contre les parricides et les rebelles, et celle de l'exil contre les incestueux (2).

La loi des Allamans porte la peine de mort contre les séditieux, en permettant toutefois au coupable de se racheter (3). La même loi soumet le parricide à la peine canonique, et prononce en outre contre lui la confiscation de tous ses biens (4).

La loi des Bavarois permet de donner la mort à celui qui s'est rendu coupable d'un crime capital (5). Elle la prononce contre le coupable du meurtre d'un duc ; elle prive de l'hérédité paternelle le fils coupable envers son père (6).

La loi des Burgondes punit de mort le meurtrier de l'ingénu barbare ou du serf du roi, barbare aussi (7); et prononce là même peine contre le vol commis avec effraction (8).

La loi des Wisigoths ne se borne pas à fixer le taux des compositions ; elle prononce, plus souvent que les autres lois, des peines afflictives ; elle châtie de cette manière les crimes contre les mœurs, le meurtre, le parricide (9).

La loi des Lombards prononce la peine de mort pour le

(1) *Lex Rip.*, t. 89.
(2) *Lex Rip.*, t. 69, c. 1, 2.
(3) *Lex Allam.*, t. 24.
(4) *Lex Allam.*, t. 40.
(5) *Lex Bajuv.*, t. 2, c. 1, § 4 et 5.
(6) *Lex Bajuv.*, t. 2, c. 2 et 10.
(7) *Lex Burg.*, t. 2.
(8) *Lex Burg.*, t. 29, c. 3.
(9) *Lex Wisig.*, L. II, t. 5, c. 5, 6, 7; — VI, t. 5, c. 11, 17. — Quant à la loi des Ostrogoths, elle conserva le système pénal romain. (Edict. Theodor.).

meurtre du roi et pour la sédition; celle de la confiscation pour l'homicide (1).

La loi des Frisons porte la peine de mort contre le serf qui tue son seigneur (2).

La loi des Saxons prononce la même peine pour sédition, meurtre du seigneur, viol commis sur la personne de la femme, fille ou mère de celui-ci, pour certains vols et pour incendie (3).

La peine de mort est donc rarement prononcée par les lois barbares; et, si ce n'est à l'égard des esclaves, elles emploient peu les peines afflictives. La répression est en général abandonnée à la vengeance privée. Les exceptions que nous avons dû signaler, attestent les premiers efforts des princes chrétiens pour réformer cet état de choses, et les premiers pas faits par les peuples germaniques dans la voie de la civilisation.

C'est surtout dans les capitulaires qu'il faut chercher les modifications apportées aux anciennes lois et voir la répression sociale remplacer peu à peu la vengeance privée. Childebert et Clotaire firent des édits pour réprimer les voleurs et les malfaiteurs. Ceux qui ne pouvaient se racheter devaient, d'après les lois de ces princes, subir la peine de mort (4). Charlemagne défendit les guerres et les vengeances privées, parce qu'elles sont *une usurpation des droits du prince* (5). Il proclama ce principe, posé du reste depuis longtemps par le droit ecclésiastique, qu'à la société seule, et non pas à l'individu, appartient le droit de punir. L'influence canonique se manifeste partout dans les capitulaires de cet empereur si profondément dévoué au triomphe des principes chrétiens; elle s'y montre par l'application fréquente des peines canoniques, et par la répression de certains crimes

(1) *Lex Lang. Rotharis*, c. 1-6. — Luitpr., c. 9.
(2) *Lex Fris.*, t. 20, c. 3.
(3) *Lex Sax.*, t. 3, c. 1, 5; — t. 4, c. 1 et s.; — t. 5, c. 2.
(4) Cap. de 593, c. 2; — de 595, c. 7.
(5) Anseg., Cap. V, 332.

contre lesquels le droit de l'Eglise déployait de préférence toutes ses rigueurs.

Les incestueux, les parricides, les homicides qui ne se repentent pas, doivent être punis par le bras séculier (1); le parjure est condamné à perdre la main, s'il ne veut la racheter (2). Le ravisseur d'une veuve doit payer au triple le ban du roi ($3 \times 60^s = 180^s$) et subir la pénitence canonique (3). Le voleur est puni pour la première fois par la perte d'un œil, pour la seconde par celle du nez ; pour la troisième, il doit subir la peine de mort (4); les actes de violence sont punis de mort (5).

Les peines canoniques sont consacrées par la loi civile (6); les coupables publics doivent subir la peine ecclésiastique, conformément aux canons (7). Il est défendu de communiquer avec les excommuniés (8). Les incestueux, les parricides et les gens coupables de crimes contre les mœurs doivent être punis suivant les canons (9); les évêques sont chargés de les corriger (10). Celui qui a renvoyé son épouse, sans motif valable, et a depuis contracté mariage, doit subir une pénitence publique (11). Il est défendu de dire la messe pour les suicidés; ils n'ont droit qu'à des prières privées (12). Le blasphémateur doit subir la peine canonique (13). L'incestueux

---

(1) Anseg., cap. II, 43.
(2) Anseg., cap. III, 10; V, 196.
(3) Cap. IV, 17 ; — V, 106, 238 ; — VI, 96.
(4) Cap. V, 206; — Cap. de 744 et 779.
(5) Cap. VI, 386.
(6) Cap. V, 119 et s.
(7) Ier cap. de 813, c. 25. — Balluze, tome 1.
(8) Cap. V, 25; — VI, 142; — VII, 10. — Cap. de 789.
(9) Cap. V, 82, 91, 165 ; — 304, cap. de 779 ; — VI, 71.
(10) Cap. VI, 419, cap. de 779. — Ier cap. de 802.
(11) Cap. V, 300.
(12) Cap. VI, 70.
(13) Cap. VI, 101, cap. d'Ingelheim.

est privé du droit d'exercer les fonctions publiques et de comparaître en justice (1).

Telle fut donc l'influence du droit canonique sur la législation criminelle durant l'époque barbare. Il posa les principes sur lesquels repose le droit de punir; il exposa les règles qui doivent présider à la répression, et proclama le but moral de la peine. Il combattit les excès des vengeances privées et jeta les premiers fondements de l'ordre social, au milieu des nations germaniques livrées à tous les désordres de l'anarchie, et habituées à tous les crimes que produit la barbarie.

---

(1) Cap. VII, 435. — D'après les lois anglo-saxonnes du VIIIᵉ siècle, l'adultère est puni des peines canoniques. (Lois de Withred, Canciani, tome IV).

LIVRE II.

—

ÉPOQUE FÉODALE.

X⁵ — XV⁵ SIÈCLE.

—

CHAPITRE PREMIER.

Influence de la papauté et du droit canonique sur la société féodale.

Charlemagne avait consacré tous les efforts de son génie
à une œuvre immense : rétablir en Europe l'unité politique
brisée par l'invasion germanique, et faire renaître la civilisation étouffée pendant plusieurs siècles sous les étreintes
des Barbares. Ce travail ne pouvait être l'œuvre d'un homme,
quels que fussent son génie et sa puissance. Après la mort
du restaurateur de l'empire d'Occident, ses Etats furent dé-
membrés, et l'unité politique, qu'il avait un instant rétablie,
périt avec lui. La diversité des races, des langues, des mœurs,
les invasions maritimes des peuples scandinaves, la faiblesse
des successeurs de Charlemagne, le besoin qu'éprouvaient
tous les peuples, retenus jusqu'alors sous sa main de fer, de
vivre d'une vie indépendante, amenèrent la chute de la
monarchie carolingienne. L'empire fut démembré, et de
cette dissolution naquirent les Etats modernes. Le régime
féodal fut la première forme que revêtirent ces sociétés nais-
santes ; c'était la seule organisation possible alors. Au milieu
du désordre, qui régna bientôt parmi les nations occiden-
tales, tout devint local, partiel, isolé ; plus de lois communes,

plus de pouvoir central ; ou du moins celui qui subsista n'eut qu'une ombre d'autorité. Renfermés dans leurs forteresses, isolés dans leurs manoirs, les seigneurs ne connurent bientôt plus de pouvoir supérieur à celui qu'ils exerçaient. Les guerres privées se multiplièrent d'une manière effrayante; l'anarchie et le désordre dominèrent de toutes parts ; on crut un instant que la société allait périr.

L'entreprise de Charlemagne avait donc échoué ; il avait voulu fonder une puissante unité politique, et dès qu'il ne fut plus, l'Europe fut morcelée entre les mains de mille petits souverains.

De même, il avait voulu faire renaître les lumières, donner aux études une impulsion nouvelle, tirer de l'oubli les trésors de la science et de la littérature antiques, répandre de toutes parts la connaissance des lettres sacrées, imprimer à l'esprit humain un mouvement puissant, et l'entraîner dans la voie de la civilisation. Sur ce point encore, le génie de ce grand prince avait échoué. Les guerres, les invasions, le morcellement de l'empire, les désastres de toute sorte qui signalèrent la chute de la dynastie carolingienne, arrêtèrent l'élan donné aux intelligences par Charlemagne ; l'esprit humain sommeilla de nouveau, les lumières s'éteignirent et la barbarie envahit toute la société.

Cet état dura plusieurs siècles pendant lesquels, au milieu des divisions territoriales, formées par le démembrement du nouvel empire d'Occident, malgré la variété des coutumes locales et les rivalités des seigneurs, la fusion, commencée depuis des siècles entre la race germanique et la race gallo-romaine, acheva de s'opérer. Au milieu de ces divisions qui paraissent si profondes, l'unité nationale se développa peu à peu ; le royaume de France s'éleva sur les ruines de l'empire carolingien, et le peuple français se forma du mélange des trois races qui avaient dominé successivement sur le sol de la Gaule : les Celtes, les Romains et les Francs.

Cette société naissante devait rester pendant plusieurs siècles en proie aux désordres de l'anarchie. Aucun homme n'eût eu la puissance de la faire passer de la division à l'unité, de la barbarie à la civilisation. C'eût été plus difficile au XIe siècle qu'au VIIIe; l'unité factice, que Charlemagne avait établie un instant, était brisée. Aucun prince ne réunissait alors sous sa main l'Europe occidentale, et ne pouvait lui imprimer une direction commune. Charlemagne avait tenté de faire renaître la civilisation, et ses efforts étaient restés impuissants.

Mais ce qu'un homme n'avait pu faire, une grande institution devait le réaliser. Là, où le génie de la guerre et la puissance de la volonté humaine avaient échoué, la religion devait réussir. La papauté accomplit l'œuvre que Charlemagne n'avait fait qu'ébaucher. Il n'avait pu, malgré tous ses efforts, établir en Europe l'unité politique : les papes maintinrent l'unité religieuse qui devait longtemps en tenir lieu. Il avait fait d'inutiles efforts pour chasser la barbarie, et les papes firent renaître peu à peu la civilisation.

Par leurs efforts, le christianisme se répandit bientôt dans toute l'Europe ; il pénétra successivement chez tous les peuples du Nord, et jusque dans les contrées les plus reculées. Chaque nation, qui embrassait la foi de l'Evangile, sortait de son isolement pour entrer dans la grande unité religieuse des peuples du moyen-âge. Avec la religion chrétienne, elle recevait les germes de la civilisation moderne, que devaient développer les efforts de l'Eglise : « L'Europe, a dit Châteaubriand, doit au Saint-Siége sa civilisation » (1).

Cette puissante unité religieuse des peuples de l'Occident se manifesta bientôt dans le mouvement des Croisades. L'Europe tout entière, fut pour ainsi dire, arrachée de ses fondements et précipitée sur l'Orient. A la voix des pontifes de Rome, des peuples entiers prirent la croix et marchèrent pour délivrer le tombeau du Christ. Ce mouvement religieux dura deux siècles.

En même temps, les papes étaient devenus les arbitres

(1) *Génie du Christianisme*, IVe partie.

suprêmes des princes et des nations. De toutes parts on venait leur soumettre les contestations qui divisaient les empires, les peuples et les souverains. Ils avaient conquis la direction morale et politique de l'Europe ; ils étaient devenus le centre de toute la chrétienté.

, Pendant les XIe, XIIe et XIIIe siècles, la papauté imprima à l'Europe un mouvement puissant. Avec l'unité religieuse elle lui donna l'unité intellectuelle. La civilisation chrétienne longtemps entravée commença sa marche ascendante ; elle sortit des langes où elle avait été retenue pendant plusieurs siècles, pour apparaître sur la scène du monde toute brillante d'une jeunesse vigoureuse. De toutes parts , à cette époque, l'élan religieux des populations se traduisit par une activité prodigieuse. Alors s'élevèrent sur tous les points de l'Europe ces immortelles cathédrales, chefs-d'œuvre inspirés par la foi religieuse, et dans lesquels l'art gothique déploya toute sa majesté et toutes ses magnificences. Alors la pensée humaine, s'élançant vers Dieu, créa l'art chrétien , si hardi, si sublime, qui étonne l'imagination par la grandeur des conceptions, et par la prodigieuse richesse des détails. Alors la sculpture et la peinture prirent un caractère nouveau, et devinrent l'expression même des idées chrétiennes. Alors naquit la musique religieuse, si grave, si solennelle, et dont les sévères harmonies s'accordent si bien avec les pompes du culte catholique. A cette époque aussi, la poésie moderne fit ses premiers essais. Dante célébra dans ses vers immortels les mystères de la vie future et les profondeurs de l'infini. Il peignit la société du moyen-âge avec sa foi religieuse, ses passions, ses luttes et ses agitations; il fit l'épopée de son époque.

Avec le mouvement artistique, qui signala les siècles féodaux, se développa un mouvement scientifique inspiré par les mêmes idées. On vit naître de toutes parts les universités auxquelles le Saint-Siège prodigua bientôt de nombreux priviléges. La théologie, la philosophie, la médecine et les lettres y furent enseignées à la fois ; et la science du droit sortit de l'oubli où elle était longtemps restée. Tandis que les saint Anselme, les saint Bonaventure, les saint Thomas d'Aquin, appuyés à la fois sur les dogmes du christianisme et sur les ouvrages des philosophes anciens, créaient une philosophie profonde que la science moderne n'a pas dépassée, les jurisconsultes étudiaient les monuments de la législation romaine conservés par le clergé.

L'élan donné aux études juridiques ne fut pas stérile pour la société ; on n'étudia pas le droit romain au seul point de vue théorique ; on l'étudia surtout pour en faire l'application. On fit passer bientôt dans la pratique les maximes de cette législation si savante et si sage. Avec le droit romain, le droit canonique acquit également une influence nouvelle, et plus grande que pendant l'époque précédente. L'accroissement du pouvoir pontifical fut la cause de 'ce développement. La société tout entière recevait l'impulsion des papes ; le droit devait obéir au même mouvement, comme tous les autres éléments qui concourent à former cet ensemble d'idées et de faits qu'on appelle la civilisation. De toutes parts on consultait les papes ; princes, évêques, abbés, demandaient leur avis sur toutes les questions difficiles. Les décrétales formèrent bientôt de nombreuses collections qu'on étudia avec ardeur.

Au temps de Charlemagne, le pape Adrien avait remis à cet empereur la collection des canons de Denys-le-Petit. A cette compilation devenue bientôt insuffisante, d'autres collections furent successivement ajoutées. Pendant les Xe, XIe, XIIe siècles, les recueils de droit canonique se multiplièrent. Les lois de l'Eglise étaient alors les seules lois générales, les seules qui régissent à la fois toutes les classes de la société, toutes les provinces et tous les royaumes. Elles durent donc acquérir une immense influence.

Au XIIIe siècle, la science des papes, qui se livrèrent alors plus que jamais à l'étude et à la pratique des lois, donna au droit canonique une physionomie nouvelle. Les Alexandre III, les Innocent III, les Grégoire IX, les Boniface VIII, furent à la fois jurisconsultes et réformateurs. Ils mirent tout leur zèle à faire appliquer partout les lois de l'Eglise et celles de l'ancienne Rome. Ils s'emparèrent du droit romain ; ils le prirent pour base de leurs décisions, mais ils ne s'en firent pas les esclaves. Ils le modifièrent en effaçant ce que cette législation avait de trop rigoureux et de trop formaliste. Ils continuèrent la réforme que les empereurs chrétiens avaient commencée ; ils modifièrent le droit écrit d'après les lois de l'équité ; « ils firent pénétrer l'ordre moral dans l'ordre légal. » (1). Les décrétales de ces papes illustres recueillies dans les collections de Grégoire IX, de Boniface VIII et de Clément V, s'ajoutèrent aux collections plus anciennes de Réginon, de Burchard, d'Yves de Chartres, que le moine Gratien avait fondues ensemble pour former son *Decretum*. Le *Corps du droit canonique* devint à la fois un objet d'étude pour le jurisconsulte et une règle pour le praticien.

Considéré sous le rapport de son influence sur la société, le droit canonique devint, à l'époque féodale, un puissant moyen de civilisation. Les idées élevées qu'il professe sur la justice, les doctrines spiritualistes sur lesquelles il s'appuie, la précision, l'équité, l'admirable raison qui caractérisent toutes ses décisions, devaient amener dans la société une transformation complète, quoiqu'il ait fallu plusieurs siècles pour en assurer le triomphe. L'influence du droit canonique et celle du droit romain firent peu à peu tomber en désuétude les usages importés par les Germains, des forêts d'outre-Rhin sur le sol de la Gaule. La législation barbare fut mise en oubli, et la société prit pour règle ces lois de l'Eglise, qui devaient assurer le triomphe de la civilisation.

D'un autre côté, la royauté comprit quelle était l'importance du droit canonique, et quelles utiles réformes il pouvait opérer dans les institutions sociales. La Royauté et l'E-

_____
(1) Châteaubriand, *Etudes historiques*, tome II, Tableau de la féodalité.

glise travaillèrent ensemble à rétablir l'ordre dans le monde et à détruire la barbarie. Les princes favorisèrent de tout leur pouvoir l'établissement des Universités qui devaient répandre la connaissance des lois. Saint Louis, ce type si parfait du guerrier chrétien, qui combattit toute sa vie et mourut enfin pour le triomphe de sa foi, fut aussi un législateur chrétien. Plus qu'aucun prince, il fit passer dans les lois civiles les principes du droit de l'Eglise. C'est sous son règne que le droit canonique atteignit l'apogée de son influence.

Il nous faut voir maintenant quelles modifications le droit canonique apporta, pendant l'époque féodale, aux différentes branches de la législation française.

CHAPITRE II.

Du servage féodal.

§ 1.

L'esclavage personnel tombe en désuétude.

Pendant l'époque féodale, on vit disparaître peu à peu les dernières traces de l'esclavage antique ; l'esclave cessa d'être la propriété du maître ; celui-ci perdit le droit de disposer de son serf comme de sa chose.

La guerre était, dans l'antiquité, la source la plus abondante de l'esclavage ; c'était elle qui fournissait en grande partie les marchés d'esclaves. Sous l'empire des idées chrétiennes, elle n'amena plus ce triste résultat ; les prisonniers restèrent libres ; on cessa de les vendre ; on leur permit de tester librement (1). Mais ce résultat ne fut obtenu qu'avec le temps.

A l'époque des croisades, le baptême devint, pour les Sarrasins pris à la guerre, un moyen d'obtenir la liberté. Le captif baptisé pouvait transmettre ses biens à ses enfants légitimes et tester librement. La loi ne le faisait rentrer en servitude que s'il se rendait coupable de graves délits envers son patron (2). Longtemps encore, on put posséder des captifs infidèles, mais le principe contraire finit par prévaloir, et les légistes admirent que tout esclave devenait libre en touchant le sol français. Pendant les derniers siècles de la monarchie, il n'y eut plus d'autres esclaves que ceux des colonies.

(1) Loysel., *Inst. cout.*, liv. 1, règle 84.
(2) *Assisiæ hierosol.* — *Bassa corte*, c. 181, 2I3, 214.

Non seulement la source principale de l'esclavage fut
tarie, mais encore la coutume de disposer des serfs et de
les vendre comme des objets mobiliers, disparut pendant les
temps féodaux. On ne vendit plus les serfs qu'avec le domaine
auquel ils étaient attachés ; ils en furent considérés comme
une dépendance, mais ils cessèrent d'être une marchandise,
comme dans les siècles précédents (1). Le servage de la
glèbe, cet esclavage adouci qui prit naissance durant les
dernières années de l'empire romain, avait remplacé partout
l'esclavage primitif. Le sens du mot *servus* fut altéré ; il
désigna le *serf* et non plus l'*esclave*; les langues modernes
durent créer des mots nouveaux pour désigner le captif privé
de la liberté (*schiavo*, *slave*, *esclave*).

Cette grande transformation, qui s'opéra pendant les siècles
féodaux, doit être attribuée à l'influence des idées chrétiennes. Nous avons vu quels efforts l'Eglise avait faits, sous la
domination romaine et sous celle des rois francs, pour adoucir l'état des esclaves ; cette sollicitude persista pendant la
période que nous étudions maintenant. Le privilége accordé
aux captifs Sarrasins baptisés en fournit la preuve. L'Eglise
renouvela les anciennes défenses faites aux juifs de posséder
des esclaves chrétiens. La qualité de chrétien fut un titre
pour garder la liberté, comme il en était un pour l'acquérir (2). C'était toujours, comme dans les siècles précédents, un but pieux qui présidait aux affranchissements
des captifs. On lit en effet dans les *Assises de Jérusalem* cette
formule déjà ancienne au temps des croisades : *Io li do la
franchisia per amor di Iddio* (3). L'affranchissement s'opé-

(1) Les lois de Guillaume-le-Conquérant (1066-1087) défendent de vendre
les esclaves chrétiens hors du royaume anglo-normand, et surtout chez les
païens. — Elles défendent aussi d'enlever le serf à la terre sur laquelle il est
fixé, quand il fait bien son service, et de lui demander un cens plus élevé
que celui qu'il doit payer au seigneur (c. 33, et 41. Canciani, *Leges in Angliâ
conditæ*.)

(2) Conc. de Rouen, en 1074, c. 14. — Decret. Greg., L. V, t. 6, c. 13. —
Innocent III, en 1212.

(3) *Bassa corte*, c. 185.

rait encore dans les églises, comme sous les derniers empereurs romains (1). Il se faisait aussi par testament (2) ; et l'on sait quelle était, à cette époque, l'influence des lois de l'Eglise sur les testaments.

L'Eglise ne favorisait pas seulement l'émancipation des esclaves, elle protégeait aussi la liberté des hommes libres. Le concile de Palence, tenu en 1322, prononçait l'excommunication contre ceux qui enlevaient des hommes libres pour les vendre aux Sarrasins (3).

§ 2.

Améliorations apportées à l'état des serfs de la glèbe.

Tandis que, sous l'influence des idées chrétiennes, l'esclavage personnel disparaissait peu à peu, l'esclavage réel ou servage de la glèbe recevait de nombreux adoucissements. L'Eglise s'efforçait toujours d'améliorer l'état des serfs. Une décrétale de Grégoire IX décida que le maître, qui exposait son serf ou son affranchi, devait, en punition de sa dureté, perdre tout pouvoir sur l'individu qu'il avait ainsi abandonné (4).

La sollicitude des papes s'étendit encore sur le mariage des serfs. Nous avons vu plus haut que le christianisme avait appelé à la vie de la famille les esclaves qui, d'après l'ancienne législation romaine, ne pouvaient contracter une union légitime. A l'époque féodale, nous voyons les serfs distribués par manses, et vivant avec leurs femmes et leurs

---

(1) Les lois d'Henri Ier, roi d'Angleterre (1101-1135), parlent encore de la manumission dans les églises (c. 78).

(2) *Bassu corte*, c. 185.

(3) Concile de Palence, en 1322, c. 23. — On trouve sur le même sujet une sévère disposition dans les constitutions napolitaines. Une loi de Roger décide que l'homme coupable d'avoir vendu un homme libre sera livré, comme esclave, aux parents de la victime, et que ses biens seront confisqués (Const. Napol., L. III, t. 54).

(4) Decr. Greg. IX, L. V, t. 6, c. 13.

enfants, sur le terrain qu'ils sont chargés de cultiver. La
famille existe pour eux ; ils ne sont plus en dehors des lois
ordinaires de la société, comme ils l'étaient dans l'antiquité.
Vainement les seigneurs s'efforcèrent souvent d'attaquer les
unions des serfs, mariés hors des terres de leurs maîtres :
les papes maintinrent les lois de l'Eglise à cet égard.
Alexandre III, dans une lettre à l'abbé de Saint-Rémy, défendait qu'on empêchât les hommes d'une seigneurie d'épouser
des femmes d'une autre seigneurie (1). Le pape Zacharie
déclarait valables les mariages contractés par des serfs avec
des femmes de même condition qu'eux.

Dès le VIIIe siècle, le pape Adrien avait défendu aux
maîtres de séparer les esclaves mariés, lors même que cette
union avait été contractée contre la volonté du propriétaire (2). Le pape Jules Ier rendit une décision semblable,
et déclara valable non seulement le mariage des serfs entre
eux, mais encore celui du maître et de l'affranchie (3).

Le droit de *formariage* fut établi par la législation féodale
pour indemniser les maîtres dont les femmes serves quit-
taient la seigneurie pour se marier. Le pape Grégoire-le-Grand
en régla l'exercice, et défendit aux seigneurs de prendre plus
d'un *solidus* pour autoriser le mariage des serfs. D'après les
Assises de Jérusalem, lorsque le serf d'un seigneur épouse la
serve d'un autre seigneur, celui duquel dépend le mari doit
donner à l'autre une serve de même âge et de même qualité,
en échange de celle qu'il a perdue. On indemnisait ainsi le
seigneur, sans rompre l'union conjugale (4).

Quant à l'état des enfants issus de parents retenus dans les
liens du servage, le droit canonique admit les principes du
droit romain. Une décrétale de Grégoire IX décida, en effet,

(1) Alexand. III, *Epist. App.* XI. Labbe.

(2) Decret. Greg., L. IV, t. 9, c. 1. — Adrien, en 790.

(3) Decret. Grat., pars II, caus. 29, quest. 2, c. 1, 2. — D'après la coutume de Vitry, le clerc qui épousait une femme de serve condition l'affranchissait. (Vitry, art. 70).

(4) *Alla corte,* c. 270, 271. — Jean d'Ibelin, c. 253, 254.

que le fils d'un serf et d'une mère libre devait rester libre, et pouvait être promu aux ordres sacrés sans l'autorisation du patron (1). Urbain III, au XIIᵉ siècle, alla plus loin et décida que l'enfant né de deux personnes, dont l'une était libre et l'autre serve, devait rester libre, « *en faveur de la liberté* (2). » Il étendait aussi les dispositions du droit romain, plus favorables elles-mêmes à la liberté des enfants que ne l'étaient celles du droit germanique. D'après cette dernière législation, en effet, l'enfant né de parents dont l'un était libre et l'autre serf, devait suivre la pire condition (3). Ce principe, malgré la règle contraire du droit romain et du droit canonique, fut admis cependant par plusieurs coutumes, et Loisel l'exprimait en ces termes : « *En formariage, le pire emporte le bon* (4). » Le roi saint Louis admit au contraire le principe romain, et décida que, dans l'étendue de ses domaines, la femme franche mariée à un serf donnerait la liberté à tous ses enfants. Il abolit l'ancien usage, d'après lequel la moitié des enfants devait être libre dans ce cas, et l'autre demeurer serve (5). Plusieurs coutumes admirent aussi que l'enfant suivrait la condition de la mère, et posèrent en principe que « *le ventre affranchissait* (6). » Suivant d'autres enfin, le fils dut suivre la condition du père, que celui-ci fût libre ou serf (7). Le triomphe du droit canonique ne fut donc pas complet sur ce point ; et au milieu

---

(1) Decret. Greg., L. I, t. 18, c. 1.

(2) Urbain III, pape, en 1187. — Decret. Greg., L. IV, t. 9, c. 3. — Les Coutumes de Romanie renferment une disposition qui rappelle celle-ci. Elles décident que la femme serve qui a épousé un homme libre, même contre le gré du seigneur, doit devenir libre. (*Le uxanze de lo imperio di Romagnia*, c. 125).

(3) *Lex Sal.*, 14, 7.

(4) Voir aussi coutumes de Bourbonnais et de Nivernais.

(5) *Etab.* de S. Louis, L. II, c. 31.

(6) Cout. de Troyes et de Meaux.

(7) Telle était la coutume de Bourgogne, qui, du reste, n'admettait pas la servitude de corps, mais celle d'héritages seulement. — D'après les coutumes de l'empire de Romanie, le fils d'un vilain et d'une femme libre suivait aussi la condition de son père. (*Le uxanze de lo imperio di Romagnia*, c. 180.)

de la diversité des coutumes féodales, on voit dans certaines provinces prévaloir les principes germaniques, tandis que les principes contraires dominent dans d'autres lieux.

Mais, après avoir posé cette restriction nécessaire, si l'on considère dans sa généralité l'ensemble de la législation qui régissait les serfs du moyen-âge, et si on la compare à l'ancien droit des peuples païens, ou à celui qui régit encore aujourd'hui les peuples orientaux, il faut reconnaître les immenses améliorations apportées par le droit canonique et par les idées chrétiennes à l'état des serfs. Ils jouissent de l'état civil ; ils ne sont plus la propriété d'un homme (1) ; on n'en dispose plus comme d'objets mobiliers ; ils ont une famille constituée comme celle des hommes libres ; leurs mariages sont de vrais mariages ; leurs enfants sont légitimes (2). En un mot, le serf du moyen-âge est une *personne;* il n'est plus une *chose,* comme dans l'antiquité.

De nombreux affranchissements firent en outre, durant l'époque féodale, passer successivement presque tous les serfs à l'état de censitaires et de libres tenanciers. Les rois, les abbés, les seigneurs affranchirent les serfs de leurs domaines. La plupart des chartes communales du moyen-âge débutent par des affranchissements, par l'abolition de la *mainmorte* et du *formariage* en faveur des *hommes de poeste* qui les obtenaient (3). Ce mouvement favorable à la liberté dura plusieurs siècles. A l'époque où furent rédigées les coutumes, il avait produit dans plusieurs provinces un résultat complet, et la servitude de la glèbe avait cessé sur leur sol. La coutume de Paris, par exemple, ne connaissait pas d'hommes de condition servile. Dans les autres provinces, le servage disparut peu à peu avec la réformation des coutumes, et bientôt il ne resta plus en vigueur que dans le fond de quelques provinces (4).

(1) Pothier, *Traité des personnes.*
(2) *Le uxanze de lo imperio di Romagnia,* c. 189.
(3) Charte de Laon, en 1128, c. 9; — d'Orléans ; — de Lorris, etc.
(4) Coutumes de Nivernais, Vitry, Châlons, Bourgogne, Auvergne, Chaumont-en-Bassigny. — En 1789, il était aboli presque partout ; l'Assemblée

Un motif intéressé présidait souvent sans doute à ces affranchissements. Les serfs payaient un droit au roi ou aux seigneurs pour obtenir leur liberté (1). Souvent aussi, ils arrachaient par la force leurs chartes d'affranchissement. Mais on ne saurait méconnaître cependant qu'une pensée religieuse ne dominât aussi ce mouvement général du moyen-âge, qui amena tous les serfs à la liberté. On lit souvent dans les chartes ces mots : *Intuitu pietatis ; ob remedium animœ nostrœ et antecessorum nostrorum* (2). Louis X, en donnant ses lettres patentes du 3 juillet 1315, par lesquelles il affranchissait du servage de la glèbe les serfs de ses domaines, rappelait que : « suivant le droit de nature, chacun doit naître franc. » Ce principe, emprunté au droit romain, mais dont le christianisme seul appliqua les conséquences à la société, montre quels progrès les idées juridiques avaient faits depuis l'antiquité. Au XIVe siècle, on était loin du temps où Aristote avait pu dire que certains hommes naissent prédestinés pour l'esclavage, comme les autres pour la liberté.

Constituante en fit disparaître les dernières traces. (Décr. du 4 août 1789. — Edit de Louis XVI, de 1770, sur les mains-mortes.)

(1) Ordonnance de Louis VI ; — de Louis X, en 1315 ; — de Philippe V, en 1318.

(2) Charte d'Orléans, en 1180.

CHAPITRE III.

De l'organisation de la famille.

§ 1.

Mariage. — Célébration. — Fiançailles. — Douaire.

Durant les siècles féodaux, les doctrines et les lois de l'Eglise relatives à l'organisation de la famille, acquirent une influence de plus en plus grande, et les lois civiles reproduisirent fidèlement les dispositions du droit canonique. La législation ecclésiastique devint même la règle à peu près unique de cette matière. Le pouvoir séculier ne fit guère que confirmer les décisions de l'Eglise et leur prêter l'appui de la force matérielle.

Au XIII⁰ siècle, à l'époque où la philosophie scolastique brillait de tout son éclat, où la puissance pontificale était parvenue à son apogée, un théologien d'un savoir profond et d'un puissant génie, saint Thomas d'Aquin, résuma dans sa *Somme théologique* tous les dogmes du christianisme. Son *Traité du sacrement de mariage* nous fait connaître non seulement les dogmes de l'Eglise sur cette matière importante, mais encore la discipline en vigueur de son temps.

Le mariage, d'après la doctrine catholique exposée par saint Thomas, est un sacrement. Le consentement des époux lui donne naissance; cet accord des volontés est, suivant le langage théologique, *la matière* du sacrement; mais l'opération divine en est *la cause première;* c'est elle qui opère, *mediante materiali operatione,* l'union des époux. De même, dit saint Thomas, dans le baptême, la grâce opère par le moyen de l'eau (1).

_____

(1) S. Thomas, *Summa theolog.*, pars III, *de matrimonio*, quest. 42, art. 1; — quest. 45, art. 1.

La volonté des époux doit être libre ; un consentement arraché par violence ne produirait aucun effet ; le mariage serait nul (1).

Quant à la publicité, elle n'est pas nécessaire pour la validité de l'union conjugale. « Le mariage clandestin, quoique mauvais et contraire à la discipline ecclésiastique, n'en est pas moins valide, lorsqu'il n'est annulé par aucun empêchement canonique (2). »

Le mariage et les fiançailles sont deux choses distinctes. Les paroles *de futuro* ne font pas le mariage ; elles ne sont qu'une promesse. Cependant lorsque les fiançailles ont été suivies de l'acte conjugal, le mariage est parfait dans le for ecclésiastique, pourvu que dans l'accomplissement de cet acte les fiancés aient eu l'intention de se prendre pour époux (3).

Ces principes sont le résumé des lois ecclésiastiques du moyen-âge sur la nature du mariage, et sur la manière dont il pouvait alors se contracter. Nous allons parcourir les diverses décisions des papes et des conciles, qui remplissent les recueils de droit canonique, et nous y trouverons la preuve de cette vérité.

D'après la loi ecclésiastique, le consentement fait le mariage et non la cohabitation (4).

Les conciles recommandent sans cesse aux époux de contracter leurs unions publiquement, et de les faire bénir par le prêtre. Le concile général de Latran décida que les mariages seraient faits à l'église en présence du prêtre, afin qu'il pût y mettre opposition en cas d'empêchement canonique (5). Les *Constitutions* de Richard, évêque de Sarum, exigèrent même trois publications. Ce prélat devançait de trois siècles la discipline du concile de Trente. A cette époque,

---

(1) S. Thomas, *Summa theolog., de matrim.*, quest. 47, art. 3.
(2) *Id.* quest. 45, art. 5.
(3) *Id.* quest. 43, art. 1 ; — quest. 46, art. 2.
(4) Decr. Grat. pars II, caus. 27, quest. 2, c. 1.
(5) Conc. de Latran, en 1215, c. 50. — Innocent III. — Decret. Greg. IX, L. IV, t. 3, c. 3.

une foule de conciles suivirent l'exemple de celui de Latran ; les dispositions relatives à la publicité des mariages abondent dans les recueils de droit canonique (1). Quelques conciles l'exigent même sous peine d'excommunication. Le pape Alexandre III, dans une de ses lettres, impose aux époux l'obligation de contracter publiquement (2). Un concile tenu à Londres prononce trois ans de suspension contre le prêtre qui a célébré un mariage clandestin (3). Mais ces sages dispositions étaient souvent violées ; et comme l'absence de publicité n'entraînait pas la nullité du mariage, l'état des époux pouvait encore donner lieu à de nombreuses difficultés. Il faut arriver au concile de Trente pour voir la discipline ecclésiastique se fixer définitivement sur ce point important.

Le droit canonique s'occupa aussi de la liberté qui doit être laissée au consentement des époux. Le concile de Latran, en 1179, déclara non valables les mariages contractés par force (4).

On exigea que les fiançailles précédassent l'union des époux. Une décrétale d'Innocent III décida que la *deductio* de l'épouse dans la maison du mari ne pouvait donner la possession d'état, si elle n'avait été précédée de fiançailles valables (5). Lorsqu'elles ont été suivies de la consommation de l'acte conjugal (faite *affectu maritali ex utraque parte*), les fiançailles sont indissolubles. Si, au mépris de cette pre-

(1) Conc. de Rouen, en 1072, c. 14. — Londres, 1102, c. 22. — Châteaugontier, 1231, c. 1. — Saumur, 1253, c. 27. — Cognac, 1260, c. 5. — Langeais, 1278, c. 3. — Cologne, 1280, c. 10. — Nantes, 1284. — Bourges, 1286, c. 2. — Bayeux, 1300, c. 61. — Compiègne, 1304, c. 1. — Avignon, 1326, c. 48. — Lavaur, 1368, c. 117. — Paris, 1429, c. 32. — Tours, 1448, c. 12. — Angers, 1448, c. 10, 12. — Sens, 1485, art. 4, c. 4.
Un concile tenu à Tolède, en 1473, exigea que les fiançailles fussent faites publiquement en présence de cinq témoins. (Tolède, 1473, c. 17).

(2) Alexandre III, *Epist. Append.* 22. Labbe. Voir aussi Décrets des papes Evariste et Léon : *Apud Grat.*, pars II, caus. 30, quest. 5, c. 1, 2, 3, 4.

(3) Conc. de Londres, en 1175, c. 18.

(4) Latran, *Append.*, pars VI, c. 13. Labbe. — Decret. Grat., pars II, caus. 31, quest. 2, c. 1. — Decret. Greg. IX, L. IV, t. 1, c. 29.

(5) Decret. Greg., L. II, t. 13, c. 14. — Innocent III.

mière union, l'un des conjoints, quittant son ancien époux, vient à contracter un nouveau mariage devant l'Eglise, ce second mariage est nul (1). Mais si l'on excepte ce cas spécial, les fiançailles *de futuro* peuvent être rompues par un mariage subséquent (2).

La discipline ecclésiastique relative à la célébration du mariage était donc plus sévère pendant l'époque féodale qu'elle ne l'avait été durant la période précédente, ainsi que le montrent les diverses autorités que nous venons de rapporter. En outre, elle tendait à passer de plus en plus dans la législation civile. Cependant, au XIe siècle, elle n'avait pas encore complètement triomphé des anciens principes du droit romain.

Le mariage, dans les pays de droit écrit, se contractait par le seul consentement des époux et de leurs parents (3). Ni la dot, ni la donation, ni la bénédiction nuptiale n'étaient requises pour la validité du mariage. On exigeait seulement que, pour les rois, ducs ou comtes, il y eût eu constitution de dot et donation *propter nuptias*; sans cela leur mariage n'aurait pas été légitime. Mais, pour les personnes d'une condition inférieure, le seul consentement des époux suffisait pour la validité du mariage (4). Si l'on disait à une femme : « *habebo te uxorem,* » ces paroles *de futuro* suffisaient pour contracter mariage. On ne pouvait plus prendre ensuite une nouvelle épouse avant que cette première union n'eût été dissoute (5).

Dans les pays de droit coutumier, le triomphe de la législation canonique fut plus complet que dans les pays romains. C'est à peine si l'on y retrouve, au moyen-âge, quelques

(1) Greg. IX , Dec. 29. Labbe.

(2) Greg. IX, dec. 119. Labbe. — Decret. Greg., L. IV, t. 1, c. 30.

(3) Le Droit écrit exigeait d'une manière formelle le consentement de ceux-ci. (*Petri except.*, L. I, c. 47). — La coutume locale de Montpellier livrait à la merci du père l'homme qui avait épousé la fille sans le consentement de celui-ci. (Cout. de Montpellier, en 1204, c. 85).

(4) *Petri except.*, L. I, c. 30, 51, 49.

(5) *Petri except.*, L. IV, c. 44.

traces de l'ancienne organisation de la famille germanique et du prix d'achat qu'il fallait payer dans les forêts d'outre-Rhin. Le mariage est devenu à la fois, aux yeux de la loi civile, contrat et sacrement. Les causes matrimoniales sont complètement attribuées à la juridiction ecclésiastique. C'est ce que Beaumanoir exprime en ces termes : « Le mariage tenu bon par témoignage de sainte Eglise, ne peut être corrompu en cour laie (1). »

D'après la législation féodale, le consentement réciproque des époux est la première condition nécessaire pour la validité du mariage (2). Les fiançailles doivent être célébrées devant le prêtre ; les époux jurent en sa présence qu'ils ne sont pas engagés dans d'autres liens. Le prêtre publie les époux à l'église (3).

Il était d'usage aussi que les époux convinssent d'un prix que payait, en cas de dédit, celui qui manquait à l'engagement. Quant aux dons des fiançailles, en cas de décès du donateur avant la célébration du mariage, ses héritiers pouvaient réclamer la moitié, si le fiancé n'avait fait que toucher la main de la fiancée ; ils n'avaient rien à réclamer si le fiancé lui avait donné un baiser *(l'havesse bassata)* (4). D'après Bouteiller, la fiancée ne pouvait rien garder si le baiser n'avait pas eu lieu ; dans le cas contraire, elle gardait la moitié des dons nuptiaux en usufruit.

On ne pouvait célébrer les fiançailles que pendant le temps déterminé par l'Eglise ; et, conformément à de nombreuses décisions canoniques, la loi défendait de les faire pendant les époques de l'année destinées à la pénitence (5).

Le système féodal apportait à la liberté du consentement une restriction importante. La fille ou la femme qui possédait un fief ne pouvait, sous peine de le perdre, se marier

---

(1) Cout. de Beauvoisis, ch. 18, p. 99.

(2) *Assisiæ hierosol. Bassa corte*, c. 141, 142. — Bouteiller, *Somme rurale*, L. II, t. 8.

(3) *Bassa corte*, c. 144.

(4) *Bassa corte*, c. 145, 147.

(5) *Bassa corte*, c. 159.

sans l'autorisation du seigneur duquel ce bien relevait (1). Le vassal, qui épousait sans cette autorisation, une femme dépendant du même seigneur que lui, et se mettait en possession du fief, était réputé *foi-mentie (mentitor di fede)* ; s'il était vaincu dans le combat judiciaire, il perdait à la fois l'honneur et la vie (2).

Le seigneur pouvait exiger également que sa vassale se mariât ; il devait alors lui donner le choix entre trois fiancés de condition égale à la sienne (3). Toutefois, il ne pouvait la contraindre à se marier contre son gré (4). Le droit féodal gênait donc l'application du principe canonique de la liberté du consentement dans le mariage ; le droit roturier laissait, au contraire, la plus grande liberté aux époux, sauf à l'égard des serfs ; mais l'émancipation communale rendit à leurs unions, par l'abolition du formariage, la liberté dont elles avaient été privées jusqu'alors (5).

Nous avons dit que les fiançailles se célébraient à l'église en présence du prêtre. Cependant, comme cette cérémonie n'était pas exigée à peine de nullité par la loi canonique (quoiqu'elle condamnât les personnes qui ne remplissaient pas cette condition) (6), la loi civile ne l'exigeait pas non plus sous la même peine :

« Mariage, dit Jean Bouteiller, est un lien, à proprement parler, qui se faict par le consentement de l'homme et de la femme, puisque les cœurs d'eux se consentent à avoir l'un l'autre à mariage, combien que autres solemnités de bans et de fiançailles n'en fussent faites. Mais honneste chose est de les faire en l'église (7). »

(1) *Alta corte*, c. 191, 197. — Etabl. de S. Louis, L. I, ch. 63.
(2) *Alta corte*, c. 249. — Les Constitutions napolitaines défendent aux feudataires de marier leurs filles sans le consentement de l'empereur (Liv. III, t. 21).
(3) *Alta corte*, c. 244.
(4) *Uxanze de lo imper. di Romag.*, c. 189.
(5) Charte de Laon, en 1128, c. 7, 10, 11. — Charte de Braon, en 1331, art. 5 ; et autres. — Recueil des ordonnances, *passim*.
(6) Decret. Greg., L. IV, t. 17, c. 9.
(7) Bouteiller, *Somme rurale*, L. II, t. 8.

Il déclare valables les épousailles clandestines, lorsque les parents y ont donné leur consentement.

Ce passage de la *Somme rurale* fait voir combien, à l'époque féodale, l'état de la famille s'était amélioré depuis l'époque barbare. On était loin déjà du temps où la femme était achetée, où elle était l'esclave et non la compagne de l'homme. En un mot, le mariage est alors devenu un véritable contrat formé par le libre consentement des époux. Il a été élevé à la dignité de sacrement, et la loi civile lui reconnaît ce caractère, quoiqu'elle n'exige d'une manière absolue ni la publicité, ni l'emploi des cérémonies religieuses. Cette transformation du mariage, opérée successivement par le travail de l'Eglise durant plusieurs siècles, atteste les progrès que le droit canonique a fait faire à la société moderne.

Nous verrons une preuve nouvelle de cette vérité en étudiant l'institution du douaire, cette donation faite par le mari à la femme avant de contracter mariage. Nous avons vu que, durant l'époque barbare, les lois germaniques avaient peu à peu créé à la femme des droits dans l'association conjugale. Le prix d'achat, au lieu d'être payé tout entier aux parents, comme cela se pratiquait au temps du paganisme, avait été attribué en partie à la femme ; le mari lui donnait en outre le morgengab. De cette double institution est né le douaire. Mais, à l'époque féodale, le douaire perdit de plus en plus son caractère primitif. Il devint une véritable donation nuptiale, un simple avantage matrimonial.

Le sort de la femme fut assuré par la loi. La quotité du douaire, laissée généralement par les lois barbares à la générosité du fiancé, fut fixée par la plupart des coutumes. Les *Assises de Jérusalem* donnent à la femme noble, pour son douaire, la moitié des biens que le mari possédait au moment de sa mort (1). Ce droit ne consistait qu'en un simple usufruit ; la femme ne pouvait disposer de son douaire,

____

(1) *Alta corte*, c. 197.

qui devait revenir aux enfants (1). Plusieurs coutumes le restreignent aux biens possédés par le mari au moment du mariage (2).

Les coutumes françaises varient sur la quotité du douaire. D'après les unes, il porte sur la moitié des héritages du mari (3); d'après les autres, il est toujours du tiers (4). Les *Établissements de saint Louis* donnent, à titre de douaire, le tiers des biens du mari à la femme noble, et la moitié à la femme roturière (5). Quelques coutumes reproduisent ces dernières dispositions (6).

Le douaire, ainsi établi par la coutume, se nommait *douaire coutumier;* Beaumanoir en attribue la création à Philippe II. Il y avait aussi le *douaire préfix*, qui n'était pas déterminé par la loi, mais constitué par le fiancé *ad ostium ecclesiæ.* La coutume de constituer le douaire à la porte de l'église fit donner à la femme le droit de plaider sur cette matière devant les cours de chrétienté, si elle ne voulait pas accepter la juridiction du seigneur duquel le bien dépendait (7). Nous avons vu plus haut que, dès l'époque barbare, les causes des veuves pouvaient être portées devant les évêques (8).

Dans tous les cas, ces autorités suffisent pour montrer

(1) Assises de Jacques d'Ibelin, c. 91. — Anciennes coutumes de Reims, en 1250, art. 4.

D'après les usages de Barcelone, la veuve qui ne se remariait pas gardait, à titre de douaire, tous les biens du mari. En cas de second mariage, elle ne pouvait garder que le *sponsalitium.* (*Usatic. Barchin.*, c. 147).

(2) *Le Uxanze de lo imper. di Romag.,* c. 45. — Beaumanoir, ch. 13.

(3) Anc. cout. de Bourgogne (1270), art. 1. — Beaumanoir, ch. 13. — *Grand Coustumier,* f° 114. — *Somme rurale,* liv. I, t. 97.— Cout. de Paris, art. 136; — de Meaux, art. 6; — de Melun, art. 73; — de Sens, art. 150; — de Troyes, art. 86; — de Vitry, art. 87; — de Chartres, art. 51; — d'Orléans, art. 237.

(4) Instit. de Littleton, L. I, c. 5, sect. 36. — *Ancien Coutumier de Normandie,* c. 11. — Cout. de Normandie, art. 367; — du Maine, 313; — d'Anjou, 299; — d'Angoumois, 54; — de Poitou, 303; — de Bretagne, art. 455.

(5) *Établ. de S. Louis,* L. I, c. 13 et 133.

(6) Touraine, v° Douaire, art. 1. — D'après les Constitutions napolitaines, le baron qui possédait trois fiefs pouvait en donner un à sa femme (lib. III, t. 14, c. 1).

(7) Beaumanoir, cout. de Beauvoisis, X, 12.

(8) *Vid. sup.,* L. I, ch. VII, sect. I, § 2.

qu'à l'époque féodale, le douaire était devenu un simple avantage matrimonial ; il n'en revenait plus rien aux parents de la femme, mais il appartenait entièrement à celle-ci, à la charge de le transmettre à ses enfants (1). La position de la femme s'était donc singulièrement améliorée. Ce résultat incontestable fut surtout dû à l'influence chrétienne. C'est à peine si, dans quelques coutumes, on trouve un dernier reste de l'idée attachée primitivement au morgengab, cet ancien prix d'achat de la virginité.

Beaumanoir nous rappelle cependant encore l'origine du douaire :

« Douaire est acquis à la fame si tost comme loïaux mariage et compaignie charnele est fete entre lui et son mari et autrement non (2). »

La coutume de Melun exige également que les époux aient couché dans le même lit, pour que le douaire soit gagné par la femme (3). De même, en Bretagne, la femme gagnait son douaire : « *à mettre le pied au lit*, puisqu'elle est épousée » à son seigneur, comme faire le doit, tout n'eût-il oncques » eu affaire à elle (4). »

Et en Normandie : « la femme gagne son douaire au coucher (5). »

Mais nulle part, dans les coutumes du moyen-âge, on ne retrouve le prix d'achat payé aux parents comme dans la législation barbare ; rien dans leurs dispositions ne rappelle l'antique esclavage de la femme. Malgré les dispositions coutumières qui conservent un souvenir du morgengab, le douaire est devenu partout, suivant l'expression de Pothier : « un droit accordé à la femme pour sa subsistance, en cas » qu'elle survive au mari (6). »

---

(1) *Grand Coustumier*, f° 114.
(2) Coutume de Beauvoisis, ch. 13, p. 75.
(3) Cout. de Melun, art. 73.
(4) T. A. C. de Bretagne, ch. 33.
(5) Cout. de Normandie, art. 367.
(6) Pothier, *Traité du douaire*, n° 1. — Dans les pays du Midi, la donation *propter nuptias* (ἀντιφέρνη des Grecs) tint lieu de douaire.
Il est facile de voir la transformation du *Morgengab* en douaire chez les

§ 2.

Du concubinat (1).

Pendant la période féodale, l'Eglise prononça de nombreuses condamnations contre le concubinat.

Un concile, tenu à Rome en 1059, défendit d'admettre à la
communion celui qui avait à la fois épouse et concubine (2).
Le concile de Bude, tenu au XIIIe siècle, défendit aux laïques
d'entretenir des concubines. Tout concubinaire devait être
averti, et s'il n'obéissait pas, excommunié avec sa concubine (3). Le concile de Bayeux défendit aussi aux laïques
d'entretenir publiquement des concubines, sous peine d'être
exclus de l'Eglise après trois admonitions (4). D'autres conciles, et notamment celui de Bâle, renouvelèrent ces prohibitions et ces censures pendant le cours du XIVe et du
XVe siècles (5). Ils frappèrent à la fois les clercs et les
laïques. Enfin, les enfants naturels furent exclus des ordres
sacrés ; il leur fallut des dispenses de l'évêque pour entrer

Anglo-Normands, en comparant les coutumes de Wessex, rédigées au XIIe
siècle, sous Henri Ier, avec la Grande-Charte du roi Jean (XIIIe siècle). D'a-
près les premières, la femme qui survit au mari reprend ce qu'elle a apporté,
son *maritagium* et sa *morgengeva*, avec le tiers du produit de la collaboration ;
c'est le droit barbare sans altération. D'après la Grande-Charte, on ne fait
plus de distinction, et la femme doit prendre à titre de dot (*douaire*) le tiers
des biens du mari, à moins qu'elle n'ait été dotée d'une moindre part à la
porte de l'église. Ici la fusion est opérée ; le douaire a succédé au *morgengab* (cout. de Wessex, c. 70. Lois d'Henri I, et Grande Charte. Canciani,
tome IV, p. 414).

(1) A partir du XIIe ou du XIIIe siècle, le mot *concubinatus* n'est plus
employé dans le sens de mariage morganatique ; il désigne toujours une
union illicite.

(2) Conc. de Rome, en 1059, c. 10.

(3) Conc. de Bude, en 1279, c. 47.

(4) Concile de Bayeux, en 1300, c. 39.

(5) Conciles de Cologne, en 1310, c. 22 ; — d'Angers, 1365, c. 30 ; — de
Lavaur, 1368, c. 117 ; — de Salzbourg, 1420, c. 9 ; — de Bâle, 1434, session
20, c. 1 ; — de Rouen, 1445, c. 21 ; — de Tours, 1448, c. 12.

dans les ordres mineurs, et des dispenses du pape pour les ordres majeurs (1).

La législation féodale, dans sa sévérité contre les enfants nés hors mariage, a été inspirée évidemment par la défaveur que l'Eglise a jetée au moyen-âge sur le concubinat. Ils furent déclarés incapables de posséder des fiefs (2). Il fut défendu au père de rien donner à son fils naturel sans le consentement du fils légitime (3). La coutume de Normandie défend au père de rien donner directement, ni indirectement, à son fils naturel; elle donne aux héritiers le droit de faire révoquer, dans le délai d'an et jour, la donation faite au mépris de cette prohibition (4). Un grand nombre de coutumes déclarent les bâtards inhabiles à recueillir aucun héritage (5). Pour qu'ils fussent aptes à succéder, il fallait que, conformément à la législation canonique et romaine, ils eussent été légitimés par mariage subséquent (6). Tel était le principe admis à la fois par le droit écrit (7) et par le droit féodal (8). On admit, comme principe de jurisprudence, que celui qui avait séduit une fille serait obligé de l'épouser ou de la doter (9).

Non seulement le bâtard ne pouvait succéder à ses parents, mais encore il était incapable de transmettre *ab intestat*, si ce n'était à ses enfants légitimes. On lui permettait toutefois de faire des legs et de laisser un douaire à sa femme (10). S'il

---

(1) *Sexte*, lib. I, t. 11, c. 1.

(2) *Antiquus libellus de beneficiis*, c. 4, 5. Canciani, tome III.

(3) *Assis. hierosol. Bassa corte*, c. 158.

(4) Cout. de Normandie, art 437.

(5) Anc. cout. de Normandie, ch. 27; — Cout. de Melun, art. 103; — de Sens, art. 30; — d'Anjou, art. 343; — de Bourbonnais, v° Bâtards, art. 2; — de Bretagne, art. 476.

(6) Decret. Greg., L. IV, t. 17, c. 1. — Inst. I, 10, 13.

(7) *Petri except.*, L. I, c. 41.

(8) *Le uxanze de lo imp. di Romag.*, c. 105. — *Somme rurale*, L. I, t. 95.

(9) *Somme rurale*, L. II, t. 8. — On retrouve en Espagne et dans le midi de la Gaule l'application du même principe (*Usatici Barchinonæ*, c. 108. — Constit. du monastère de la Réole, en 977).

(10) *Établ. de S. Louis*, L. I, ch. 97, 98.

ne laissait pas d'enfants légitimes, il avait son seigneur pour héritier (1).

Il est facile de voir que les incapacités qui frappaient l'enfant né hors mariage dans l'ancien droit français, et celles dont le frappait le droit romain, reposent sur des principes absolument différents. En droit romain, l'enfant né d'un *concubinatus* était hors de la famille de son père et ne lui succédait pas, parce qu'il n'était pas soumis à sa puissance, et que le concubinat ne pouvait produire la puissance paternelle ; mais il pouvait succéder à sa mère, qui d'ailleurs ne jouissait pas de ce pouvoir civil. Au contraire, d'après l'ancien droit français, l'enfant né hors mariage est hors de la famille de son père et de celle de sa mère ; il ne peut succéder ni à l'un ni à l'autre. Cette différence entre les deux législations provient des principes que le christianisme a fait prévaloir dans les lois modernes, relatives à l'organisation de la famille. Ce n'est plus le lien civil de la puissance qui lui sert de fondement, comme à Rome, c'est le lien religieux du mariage. De là, l'enfant naît hors de la famille lorsqu'il naît hors du mariage ; et comme aucun lien religieux ne le rattache à sa mère, il est à l'égard de celle-ci comme à l'égard de son père. La famille romaine et la famille française sont essentiellement différentes l'une de l'autre. A l'époque féodale, l'organisation de la famille était devenue chrétienne, et cette transformation avait entraîné de nombreux changements dans les lois civiles, et de profondes modifications dans toute l'organisation sociale.

§ 3.

Empêchements de mariage.

Durant les premiers temps de l'époque féodale et jusqu'au XIIIe siècle, l'Eglise maintint la discipline dont nous avons déjà parlé, et d'après laquelle le mariage était prohibé entre

(1) *Établ. de S. Louis,* liv. II, ch. 30. — *Somme rurale,* liv. I, t. 95.

parents en ligne directe, et même en ligne collatérale, jusqu'à l'infini (1), ou tout au moins jusqu'au sixième ou au
septième degré en ligne collatérale (2). Mais au concile général de Latran, tenu en 1215, on reconnut combien il était
difficile d'observer ces sévères prohibitions, et l'ancienne
discipline de l'Eglise fut modifiée à cet égard. On permit le
mariage entre parents ou alliés au-delà du quatrième degré
en ligne collatérale. On permit aussi aux enfants nés d'un
second mariage d'épouser les parents du premier conjoint
de leur auteur, faculté que l'ancienne discipline leur refusait (3). Malgré ces adoucissements, les limites dans lesquelles
on put contracter, restèrent bien plus restreintes qu'elles ne
l'avaient été sous l'empire du droit romain. Car le quatrième
degré du droit canonique équivaut au huitième degré du
droit romain. Cette manière de compter les degrés simples,
au lieu de les compter doubles, fut empruntée par les papes
au système des parentèles germaniques. Au XIe siècle, elle
était pleinement adoptée par le droit canonique (4). L'Eglise
luttait avec énergie pour faire respecter par les princes et par
les peuples les règles ecclésiastiques sur les empêchements de
mariage. L'histoire de cette époque mentionne fréquemment
les anathèmes portés contre les princes qui violaient ces
prohibitions.

A côté de l'empêchement provenant des liens du sang, il
ne faut pas omettre la parenté spirituelle créée par l'ancienne discipline de l'Eglise (5). Cette parenté, au temps de
Grégoire IX, faisait obstacle au mariage :

1o Entre les enfants du parrain et ceux du père ou de la
mère du baptisé ;

(1) Conciles de Bourges, en 1031, c. 18; — de Nantes, en 1096, c. 10; —
de Latran, en 1123, c. 5; — de Reims, en 1131, c. 16; — de Latran, en 1139,
c. 17.

(2) Rome, 1063, c. 9; — Londres, en 1075; — Clermont, en 1095, c. 18.

(3) Conc. de Latran, en 1215, c. 50.

(4) Alexandre II, pape, *ad Landulph.*, epist. 11. Labbe.

(5) Decret. Grat., pars II, caus. 30, quest. 1, c. 5.

2º Entre les père et mère de la personne baptisée et ses parrain et marraine ;

3º Entre la personne baptisée, ses parrain et marraine et les enfants de ceux-ci (1).

Sous Boniface VIII, la discipline ecclésiastique fut adoucie sur ce point encore. Le mariage fut défendu seulement :

1º Entre la personne baptisée, ses parrain et marraine et les enfants de ceux-ci ;

2º Entre les père et mère de la personne baptisée et ses parrain et marraine (2).

Il faut mentionner également l'empêchement provenant de l'adoption, et qui fait obstacle au mariage entre le frère et la sœur adoptifs, tant que dure l'adoption (3).

D'un autre côté, les conciles de la même époque ont de plus en plus resserré les liens de la discipline à l'égard des mariages des ecclésiastiques, renouvelé les anciennes prohibitions et rappelé la nullité des unions contractées par des personnes engagées dans les ordres sacrés. Le concile de Reims, en 1119, défendit aux prêtres, diacres et sous-diacres de prendre des épouses ou des concubines, sous peine d'excommunication (4). Le concile de Londres défendit aux prêtres de retenir leurs épouses (5). Grégoire VII et les conciles de Latran formulèrent, d'une manière plus sévère qu'elle ne l'avait encore été sur ce point, la discipline de l'Église (6). Ils frappèrent de nullité tous les mariages contractés antérieurement par les prêtres, diacres et sous-diacres, et prononcèrent la peine de la déposition contre tous ceux qui contreviendraient à ces prohibitions (7).

Dès lors l'exercice du ministère sacré devint incompatible

(1) Decret. Greg., L. IV, t. II, c. 1, 6, 9.
(2) *Sexte*, L. IV, t. 3, c. 1.
(3) Decret. Greg., L. IV, t. 12, c. 1.
(4) Conc. de Reims, en 1119, c. 5.
(5) Conc. de Londres, en 1102, c. 4; — en 1138, c. 8.
(6) Grégoire VII, *epist.*, lib. II, ep. 67. Labbe.
(7) Conc. de Latran, en 1122, c. 3; 21. — 1139, c. 6. — Decret. Greg., L. III, t. 3, c. 1.

avec le mariage, et l'on ne permit plus aux prêtres, comme
cela se pratiquait dans les premiers siècles de l'Eglise, de
garder près d'eux la femme qu'ils avaient épousée avant
d'entrer dans les ordres (1). L'Eglise orientale conserva, au
contraire, l'ancienne discipline, et, de nos jours encore, elle
confère les ordres aux personnes mariées.

A l'égard de l'empêchement provenant du rapt, l'Eglise
adoucit sa discipline. Nous avons vu plus haut que, durant
l'époque précédente, le mariage était prohibé d'une manière
absolue entre le ravisseur et la personne ravie. Innocent III
permit au contraire de contracter mariage avec la personne
ravie, lorsqu'elle a cessé d'être aux mains du ravisseur, et
que son consentement peut être donné librement (2).

Le droit canonique détermina aussi l'âge auquel le consentement nécessaire pour la validité des fiançailles peut
être donné librement. Boniface VIII décida que les fiançailles
faites avant l'âge de sept ans ne pourraient valoir par elles-
mêmes, et qu'elles devaient être ratifiées postérieurement.
Il décida également que les paroles *de presenti* entre impubères ne pourraient valoir que comme paroles *de futuro* (3).

Quant à l'âge nécessaire pour contracter mariage, l'Eglise
conserva sur ce point la règle du droit romain, et permit
le mariage à douze ans pour les filles, et à quatorze pour
les jeunes gens.

Le droit canonique déclare nuls les mariages contractés
au mépris de ces prohibitions; mais en même temps il admet
les effets de la bonne foi. Innocent III déclara légitime l'enfant
né d'une seconde union contractée par le père avant la dissolution de la première, à cause de la bonne foi de la seconde
épouse. Cette décision est devenue l'une des règles de notre
droit moderne (4).

Les monuments du droit civil du moyen-âge attestent

(1) Conc. de Latran, en 1123, c. 3; — de Londres, en 1102, c. 4.
(2) Decret. Greg., L. V, t. 18, c. 7.
(3) *Sexte*, L. IV, t. 2, c. 1.
(4) Decret. Greg., L. IV, t. 17, c. 14; — C. Nap., art. 201, 202.

l'influence des prescriptions relatives aux empêchements de mariage.

Au XIᵉ siècle, dans les pays de droit écrit, on prohibait le mariage jusqu'au septième degré de parenté, calculé comme d'après le droit canonique. Les jurisconsultes admettaient aussi, avec la même étendue que la législation ecclésiastique, l'empêchement provenant de la parenté spirituelle, de l'engagement dans les ordres sacrés et de l'affinité que le droit canonique établissait entre la concubine et les parents de l'homme avec lequel elle avait vécu, et *vice versâ* (1).

La législation féodale admit également la prohibition canonique de contracter mariage entre parents au septième degré (2). Les enfants nés d'un mariage incestueux au quatrième degré étaient privés du droit de succéder (3). Beaumanoir suppute les degrés de parenté d'après le système du droit canonique(4). Mais le *Grand Coustumier* adopte au contraire la manière de compter du droit romain (5).

Le droit féodal admit aussi l'empêchement provenant de la parenté spirituelle, et décida, comme le droit canonique, que le mariage ne pourrait avoir lieu entre personnes unies par ce lien religieux (6).

La restriction apportée par le concile de Latran à l'ancienne prohibition de contracter mariage entre parents, amena un changement important dans l'un des droits les plus célèbres de la féodalité : le *parage*. D'après la législation de cette époque, l'aîné d'une famille rendait hommage au seigneur suzerain pour les fiefs qu'il tenait de lui, tant en son nom propre qu'au nom de ses frères puînés, qui avaient partagé avec lui le fief paternel. Ce droit s'étendait jusqu'au septième degré de parenté. Saint Louis le restreignit au

(1) *Petri except.*, L. I, c. 28 et 29.
(2) *Assisiæ hierosol. Bassa corte*, c. 141, 142.
(3) *Bassa corte*, c. 143.
(4) Coutume de Beauvoisis, ch. 19.
(5) *Grand Coustumier*, fᵒ 304.
(6) *Bassa corte*, c. 159.

quatrième, c'est-à-dire au degré auquel le mariage était défendu (1).

Du reste, les monuments du droit civil renferment peu de dispositions sur le sujet dont nous nous occupons en ce moment. La loi canonique était devenue, pour ainsi dire, la règle unique de cette matière. Les jurisconsultes se bornent, lorsqu'ils s'en occupent, à renvoyer au droit canonique qui seul la réglait alors (2). Les coutumes sont muettes sur ce point. La législation séculière ne faisait guère que déterminer les conséquences et les effets civils des lois de l'Eglise sur les empêchements de mariage.

§ 4.

Du divorce.

L'Eglise n'a jamais permis le divorce ; nous avons vu quels efforts elle avait faits pour déraciner cette antique coutume. Pendant longtemps ses tentatives furent impuissantes ; elle ne put triompher, ni sous la domination romaine, ni sous la domination barbare, de ce vieil usage païen. Sous le règne de Charlemagne, les lois civiles défendirent aux époux séparés de contracter de nouvelles unions, du vivant des premiers conjoints; mais les mœurs permettaient ce que les lois défendaient. Cette prohibition tomba même bientôt en désuétude.

A l'époque féodale, l'Eglise lutta encore pour faire respecter l'indissolubilité du lien conjugal. Les anathèmes qui frappèrent Philippe Ier, Philippe II et tant d'autres rois, princes ou seigneurs, en sont une preuve éclatante. Tandis que les papes cherchaient à faire respecter par les princes l'indissolubilité du lien conjugal, les conciles, au milieu des désordres de l'époque, renouvelaient sans cesse les ancien-

(1) *Établ. de S. Louis*, L. 1, ch. 22, 44, 74.
(2) *Somme rurale*, L. II, t. 8.

nes défenses, et rappelaient souvent la prohibition faite aux époux séparés, de convoler en secondes noces avant le décès du premier conjoint. Les conciles des XIe, XIIe et XIIIe siècles abondent en dispositions de cette nature, et prononcent l'anathème contre ces unions coupables (1). On permettait seulement la répudiation pour cause d'adultère (2); mais on ne laissait pas au mari le droit de renvoyer sa femme avant le jugement de l'évêque, auquel appartenait la connaissance des causes matrimoniales; c'est ce que décident les décrétales d'Alexandre III et d'Innocent III (3). La répudiation ne fut plus par conséquent laissée à la volonté arbitraire du mari. A l'époque féodale, la protection de l'Eglise était pour la femme le seul secours qui pût être efficace. Le pouvoir politique ne pouvait arrêter l'effet des mauvaises passions, ni protéger la faiblesse de la femme et l'indissolubilité du mariage. L'Eglise seule pouvait remplir ce rôle, car elle était l'unique appui des faibles et des opprimés. C'est ce qui explique comment à cette époque l'immense extension donnée à la juridiction ecclésiastique fut non seulement acceptée sans opposition, mais même favorisée par les populations. Elles préféraient la juridiction ecclésiastique à la juridiction séculière, parce que la première était la plus douce et la plus équitable.

Cependant, la législation civile du moyen âge, relative au divorce, diffère beaucoup de la législation ecclésiastique.

Les pays de droit écrit, toujours dominés par les idées romaines, n'admirent pas sans restriction les principes du droit canonique sur l'indissolubilité du mariage. Au XIe siècle on permettait en Provence le divorce dans les cas suivants :

1° Pour adultère du mari ou de la femme ;

---

(1) Conc. de Reims, en 1049, c. 11, 12 ; — de Tours, en 1060, c. 9; — de Latran, en 1179; — Append., pars VI, c. 16. Labbe. — Decret. Grat., pars II, caus. 32, quest. 5, c. 17, 18, 19, 20.

(2) Decret. Greg., L. IV, t. 19, c. 7.

(3) Decret. Greg. IX, L. IV, t. 19, c. 7; — L. V, t. 31, c. 12.

2o Pour impuissance du mari ;

3o Pour l'entrée en religion de l'un des époux.

L'époux coupable d'adultère perdait les dons qu'il avait reçus de l'autre, et l'époux innocent pouvait contracter un nouveau mariage (1).

Le droit canonique, il est vrai, déclarait et a toujours déclaré le mariage nul pour cause d'impuissance, lorsque l'impuissance est antérieure au mariage. Il permettait aux époux de se quitter pour entrer en religion, mais à condition que ce serait d'un commun accord, et que l'autre époux garderait la continence. Il permettait enfin aux époux de se séparer pour cause d'adultère. Jusqu'ici il y a accord entre la jurisprudence civile et le droit canonique. Mais ces deux législations diffèrent sur un point essentiel. Le droit canonique ne permettait pas à l'époux, même innocent et séparé de son conjoint, pour cause d'adultère, de se marier de nouveau avant le décès de ce conjoint, tandis que le droit civil lui laissait cette faculté.

La législation féodale n'admettait pas non plus, au XIIIe siècle, d'une manière complète, l'indissolubilité du mariage. Les *Assises de Jérusalem* permettent au mari de renvoyer sa femme, si elle est devenue voleuse, ou si elle est affligée de certaines infirmités déterminées par la loi, et l'autorisent à prendre, dans ces différents cas, une nouvelle épouse (2).

La doctrine de l'indissolubilité pénétrait donc lentement dans les lois civiles. Cependant, à la fin du XIIIe siècle, Beaumanoir enseignait que la séparation des époux ne dissout pas le mariage, et décidait que l'enfant né de parents séparés par le jugement de l'Eglise, et réconciliés ensuite, est *loïal hoir*, quoique sa naissance soit postérieure à la séparation des parents (3).

Mais au XIVe siècle, l'influence du droit romain faisait

(1) *Petri except.*, L. I, c. 37.
(2) *Bassa corte*, c. 155.
(3) Cout. de Beauvoisis, ch. 18, p. 98.

repousser encore par les jurisconsultes la doctrine de l'Eglise, et Bouteiller écrivait :

« Item scachez que ainsi que mariage se faict par seul consentement, ainsi se deffait-il par divorce raisonnable (1).»

La jurisprudence civile n'admit complètement la doctrine de l'Eglise latine sur l'indissolubilité du mariage qu'après le concile de Trente. Toute l'histoire du moyen-âge nous montre l'Eglise luttant contre les mœurs de l'époque, et cherchant à régulariser l'institution de la famille et à lui donner une base inébranlable ; mais les mœurs résistaient, favorisées par les traditions romaines et par les derniers restes de la barbarie germanique. Les vieilles institutions païennes avaient des racines trop profondes pour se laisser abattre sans une longue opposition. De là les variations, les hésitations de la législation civile, qui, tantôt cédant à une influence et tantôt à une influence contraire, flotte indécise entre des principes différents.

§ 5.

Des secondes noces.

Nous aurons peu de chose à dire des secondes noces. L'Eglise, sans les condamner, les considérait toujours, comme pendant la période précédente, avec une certaine défaveur (2). Le concile d'Œnamente, en 1009, rappela aux veuves l'obligation imposée par les lois civiles et religieuses de rester douze mois dans le veuvage avant de contracter un nouveau mariage (3). Le concile de Latran, tenu en 1179, défendit de donner la bénédiction nuptiale à la veuve qui se remariait (4). Innocent III reproduisit les anciens canons

---

(1) *Somme rurale*, L. II, t. 8.
(2) Decret. Grat., pars II, caus. 27, quest. 2, c. 13; caus. 31, quest. 1, c. 9.
(3) Concile d'Œnamente, en 1009, c. 19.
(4) Conc. de Latran, en 1179. — Append., pars IX, c. 1. Labbe. — Alexandre III. — Decret. Greg., lib. IV, t. 21, c. 1.

qui interdisaient d'ordonner prêtre l'homme qui avait été marié plusieurs fois (1). Grégoire IX imposait une pénitence à l'homme veuf qui épousait en secondes noces une femme à laquelle il avait promis le mariage, du vivant de sa première épouse (2).

Parlons maintenant de la législation civile.

Le droit écrit prononçait toujours la peine d'infamie contre la veuve qui convolait avant l'expiration de l'année de deuil, la déclarait incapable de recueillir aucune succession testamentaire ou *ab intestat* au-delà du troisième degré, et la privait de tous les dons nuptiaux (3). Mais les décrétales d'Innocent III et d'Urbain III, adoucissant sur ce point les rigueurs du droit civil, décidèrent que le convol prématuré de la veuve n'entraînerait plus pour elle la peine d'infamie (4).

Malgré ces adoucissements, la loi canonique ne cessa pas de frapper les seconds mariages d'une certaine défaveur, puisqu'elle leur refusait la bénédiction nuptiale. La législation féodale fut aussi peu favorable aux secondes noces, sauf dans un cas particulier. Pour un motif qu'il est facile de saisir, elle imposait aux veuves propriétaires de fiefs l'obligation de contracter un nouveau mariage. Il importait en effet au seigneur suzerain que le service militaire, qui lui était dû pour les fiefs relevant de lui, ne fût pas interrompu. Le droit des seigneurs à cet égard n'était pas cependant absolu ; les *Assises de Jérusalem* et plusieurs chartes refusent aux seigneurs le droit de contraindre les veuves, leurs vassales, à se marier malgré elles (5).

(1) Decret. Greg., L. I, t. 2, c. 21.
(2) Decret. Greg., Dec. 40. Labbe.
(3) *Petri except.*, L. I, c. 38. '
(4) Decret. Greg., L. IV, t. 21, c. 4, 5.
(5) *Assisiæ hierosol. Alta corte*, c. 197; — *Uxanze di Romag.*, c. 31. — Cout. de Montpellier, en 1204, c. 84.
Un article de la Grande-Charte anglaise défendit d'obliger les veuves qui voudraient demeurer dans le veuvage à se remarier. (Canciani, *Leges in Angliâ conditæ*).

La législation féodale, comme le droit écrit, défend à la veuve de convoler en secondes noces avant l'expiration de l'an de deuil. Si elle enfreint cette défense, elle doit perdre les dons qu'elle a reçus de son mari et même son douaire ; elle devient incapable de recueillir les successions et les legs, et ne garde que sa dot (1). Sauf le cas exceptionnel où il s'agit d'assurer le service militaire du fief, la législation coutumière frappe les secondes noces d'une défaveur marquée. La coutume de Chartres enlève à l'époux, qui convole en secondes noces, ce qu'il a reçu de son premier conjoint à titre de don mutuel (2). La coutume de Bretagne et celle de Normandie mettent des limites au droit de donner au second époux, en cas d'une nouvelle union (3).

Ces dernières dispositions, destinées à maintenir les biens dans les familles et à protéger les enfants du premier lit contre l'aveuglement d'une passion nouvelle, peuvent s'expliquer sans doute par leur opportunité même, et sans l'intervention directe du droit canonique. Mais il n'en est pas moins vrai que l'esprit de la législation moderne, relativement aux seconds mariages qu'elle cherche à empêcher, est une conséquence des principes du droit canonique, qui a le premier jeté quelque défaveur sur ces unions, tandis que la législation de l'antiquité les favorisait au contraire.

§ 6.

De la puissance paternelle et maritale. — Bail. — Garde.

Le *mundium*, cette tutelle que le chef de famille exerçait sur sa femme, sur ses enfants et même sur sa sœur, d'après le droit germanique, avait à l'origine un caractère de rudesse et de dureté qu'il perdit sous l'influence chrétienne. Nous l'avons vu s'adoucir peu à peu pendant la période précédente.

(1) *Assis. hierosol. Bassa corte*, c. 148.
(2) Cout. de Chartres, art. 187.
(3) Cout. de Bretagne, art. 205; — de Normandie, art. 405.

Il faut voir maintenant quel fut, durant la période féodale, l'état de la puissance maritale ; nous verrons ensuite ce qui concerne la puissance paternelle.

Nous ne retracerons pas l'origine de la communauté, ce régime matrimonial, né au moyen-âge des besoins de l'époque, au sein des bourgeoisies commerçantes qui commençaient à se développer, et des *sociétés taisibles* si communes alors parmi les serfs et les vilains (1). Il ne tire pas son origine du droit canonique, qui n'a rien déterminé à l'égard des intérêts pécuniaires des époux. Mais on ne saurait méconnaître que cette intime union, établie entre les biens des conjoints par le système de la communauté, ne soit plus conforme à l'esprit du christianisme, que la séparation produite par le régime dotal. En outre, le système coutumier est plus équitable que celui du droit écrit ; il ne sacrifie pas, comme lui, les intérêts des tiers, sans égard pour la bonne foi.

Ce que l'on doit attribuer à l'influence canonique, c'est l'adoucissement apporté au mundium ; transformé par l'Eglise, il est devenu la puissance maritale du droit moderne. Aux temps féodaux, le mari n'avait plus sur sa femme la puissance absolue que lui reconnaissaient quelques-unes des lois barbares. Cependant son pouvoir était encore fort étendu. Les *Assises de Jérusalem* permettent de renvoyer absous le mari qui a tué sa femme surprise en flagrant délit d'adultère, pourvu qu'il ait tué le complice avec elle (2). Beaumanoir reconnaît au mari le droit de correction sur sa femme :

« En plusieurs cas, peuvent les hommes être excusés des griefs qu'ils font à leur femme, ni ne s'en doit la justice entremettre ; car il loit bien à l'homme à battre sa femme

---

(1) Beaumanoir, ch. 21 ; — Charte d'Amiens, c. 35 ; — Ordonnances des rois de France. t. XI, p. 264.

(2) *Bassa corte*, c. 248. — Une loi de Roger donne le même droit au mari, pourvu qu'il tue sur-le-champ les deux coupables. (Constit. Nap., L. III, t. 49).

sans mort et sans mehaing, quand elle le meffait, si comme quand elle est en voie de faire folie de son corps, ou quand elle dément son mari, ou maudit, ou quand elle ne veut obéir à ses raisonnables commandements que prude femme doit faire ; en tous tels cas et en semblables est-il bien mestier que le mari chatie sa femme raisonnablement (1). »

A l'égard des biens, la règle générale des pays coutumiers était de considérer le mari comme seigneur de la communauté :

« De coutume la femme est en la puissance de son mari ; autrement est de droit écrit (2). »

De là résultait pour le mari le droit de disposer des meubles et acquêts, droit que le Code civil de 1804 lui a conservé. Il gardait la qualité de seigneur et maître de la communauté, tant qu'elle durait (3). De là encore la défense faite à la femme de comparaître en justice et de cautionner quelqu'un sans l'autorisation maritale (4).

Le régime de la communauté fut admis par presque toutes les coutumes ; il devint, sauf de légères variations, la loi générale du nord de la France (5). Cependant la coutume de Normandie, restée fidèle au vieil esprit germanique, repoussa le régime de la communauté. Elle ne donne à la femme qu'un tiers des meubles ; elle accorde au mari des droits plus étendus que ne le font les autres coutumes (6) ; mais elle protège les droits de la femme par le *bref de mariage encombré* qui permet à celle-ci de réclamer, dans l'an et jour de la dissolution du mariage, les biens que le mari a vendus sans son consentement (7).

---

(1) Beaumanoir, ch. 57.

(2) Desmares, Décision 35.

(3) Cout. de Chartres, art. 63 ; — de Bretagne, art. 424.

(4) *Assis. hieros. Bassa corte*, c. 116, 117. — *Établ. de S. Louis*, L. 1, ch. 47.

(5) Cout. de Paris, de Meaux, de Chartres, d'Orléans, du Maine, d'Anjou, de Poitou, de Bretagne, etc.

(6) Cout. de Normandie, art. 389, 390, 392.

(7) *Id.* art. 537, 538.

Nous retrouvons donc la puissance maritale dans tous les
pays coutumiers. Cette puissance du reste est bien éloignée
de l'ancienne *manus romaine*, et même du *mundium* germanique. Elle n'absorbe pas, comme la *manus* romaine, la personnalité de la femme ; elle lui laisse des droits; elle ne
l'empêche pas de conserver ses biens propres et son douaire.
La femme est devenue une associée dans la maison conjugale;
elle partage avec son mari les meubles et acquêts, tandis que
les lois barbares les plus favorables ne lui donnaient que le
tiers (1). Bientôt la législation coutumière lui accorda des
droits très étendus, tels que, celui de renoncer à la communauté, celui de n'être tenue que jusqu'à concurrence de son
émolument, celui d'exercer ses reprises avant celles du mari.
On mit la femme à l'abri des excès de la puissance maritale.
La loi sut donc respecter les droits de la femme, tout en maintenant le principe de la puissance maritale si nécessaire à la
bonne administration de la société domestique. La législation
coutumière a résolu un problème dont le droit romain n'a-
vait pu trouver la solution, puisqu'il n'avait abandonné le
régime si rigoureux de la *manus* que pour admettre le
mariage libre, dont les écarts dangereux avaient beaucoup
contribué à la décadence des mœurs romaines.

Le droit écrit resta fidèle au contraire pendant le moyen-
âge aux traditions des derniers temps de la législation
romaine, et dans la Gaule méridionale la puissance maritale n'avait pas lieu. Le régime dotal persista dans cette
contrée, mais il se passa bien des siècles avant qu'il ne subît
en Occident la transformation que Justinien lui imposa dans
la législation byzantine. Au XIe siècle, l'aliénation de la dot
était encore permise, pourvu que la femme donnât son consentement (2). L'introduction de la législation justinienne fit
prévaloir postérieurement la doctrine contraire; mais ces
variations ne changèrent rien au principe qui réglait les
rapports des époux d'après le droit écrit. La protection

(1) *Assis. hierosol. Bassa corte*, c. 162.— *Etabl. de S. Louis*, L. I, ch. 15.
(2) *Petri except.*, L. I, c. 34.

accordée à la femme par Justinien avait sans doute pour
cause une réaction inspirée par les idées chrétiennes contre
la rigidité de l'ancienne *manus* ; mais il est évident que le
régime institué par ce prince est resté plus loin de l'idéal
du mariage chrétien que ne l'a fait le système de la communauté admis dans les pays coutumiers.

La puissance paternelle au contraire était plus fortement
organisée dans les pays de droit écrit que dans les pays coutumiers. Nous avons déjà vu que la législation romaine
exigeait, au moyen-âge comme dans l'antiquité, le consentement des parents pour la validité du mariage des enfants (1).
En outre, cette législation avait conservé l'ancien droit de
disposer des enfants. Elle permettait au père, qui a ses fils sous
sa puissance, de les vendre dans le cas d'une extrême misère.
L'enfant pouvait plus tard recouvrer la liberté en se rachetant (2).

Ces ventes d'enfants se prolongèrent longtemps durant le
moyen-âge. Au XIVe siècle, nous en trouvons un dernier
souvenir dans la *Somme rurale* de Bouteiller. Mais, en men-
tionnant cet usage, le jurisconsulte nous apprend que, d'après
le droit français, les ventes d'enfants sont nulles (3). Dioclétien
avait vainement cherché, quelques siècles plus tôt, à abolir cette
coutume, mais il n'avait pu y parvenir (4). Avec les progrès
de la civilisation chrétienne, ces ventes furent définitivement
prohibées. Cette défense prévalut malgré les dispositions
contraires du droit écrit, encore en vigueur au XIe siècle, et
malgré la coutume germanique, que nous avons signalée
durant la période barbare, coutume dont les formules et les
lois de cette époque fournissent tant de preuves.

Le droit du père sur ses enfants était bien moins
étendu dans les pays coutumiers que dans les pays de
droit écrit. On tenait qu'en pays coutumier puissance

(1) *Petri except.*, L. I, c. 49.
(2) *Petri except.*, L. I, c. 14.
(3) *Somme rurale*, L. I, t. 67.
(4) L. 1, 2, Cod. *de patrib. qui.*

paternelle n'a lieu. Cependant le père avait le *bail* ou la *garde* de ses enfants, reste du *mundium* germanique adouci par le christianisme. Cette garde lui donnait droit à l'usufruit des biens des enfants jusqu'à ce qu'ils eussent atteint leur majorité. L'influence chrétiennne, toujours favorable aux femmes, amena sur ce point une modification importante à l'ancien droit germanique. Le bail des enfants fut donné à la mère au décès du mari (1). Elle devint leur tutrice, et la loi consacra pour la première fois la puissance maternelle, qui repose sur la plus sainte et la plus profonde des affections. C'était une altération importante apportée au *mundium*, qui primitivement avait pour seul fondement la capacité de défendre par les armes l'héritage de l'enfant.

La femme elle-même, d'après l'ancien droit germanique, comme d'après le droit primitif de Rome, était toujours en tutelle ; mais à l'époque féodale cette tutelle avait peu à peu disparu.

Tel était donc l'état de la famille dans la période qui s'est écoulée entre le Xᵉ et le XVIᵉ siècle. Quand on compare la législation de cette époque à celle de l'époque précédente, on voit clairement que de nombreux et d'utiles progrès ont été accomplis. Les rapports des époux ont été mieux réglés ; l'état de la femme et celui de l'enfant se sont améliorés ; l'institution de la famille a pris plus de stabilité ; les liens du mariage ont été mieux respectés que durant l'époque barbare. Ces heureuses innovations sont dues surtout à l'influence de l'Eglise et du droit canonique.

(1) *Assis. hieros. Alta corte*, c. 198.— *Etabl. de S. Louis*, L. I, ch. 15.

CHAPITRE IV.

**Des testaments. — Influence du droit canonique sur la
faculté de tester, et sur la forme des testaments.**

Nous avons vu quelle influence le clergé exerça, durant
l'époque barbare, sur les lois relatives à la faculté de disposer
à cause de mort. Les Germains, avant l'invasion, ne connaissaient pas le testament ; ils empruntèrent au droit romain et
au droit canonique cette manière de disposer. Pendant la
période que nous étudions maintenant, les conciles et les
papes continuèrent à protéger de leurs décisions les dernières
volontés des mourants. Ils simplifièrent les formalités exigées
par le droit civil, et rendirent plus facile la confection des
testaments.

L'excommunication était prononcée contre ceux qui refusaient d'exécuter les dispositions du testateur (1) ; on frappait
de la même peine ceux qui s'opposaient à la libre manifesta-
tion de ses volontés (2).

Les évêques furent chargés de veiller à l'exécution des
testaments (3). Pour assurer cette exécution et faciliter la
surveillance épiscopale, il fut ordonné aux notaires de déposer, dans un délai déterminé, entre les mains de l'évêque ou
de l'archidiacre, les testaments qu'ils avaient rédigés (4). Les
témoins devaient dénoncer à l'évêque la volonté du testateur,
afin qu'il en fût dressé un acte public (5).

Quant à la forme des testaments, elle est, d'après le droit
canonique, d'une grande simplicité. Cette législation n'a pas
admis les formalités du droit romain sur cette matière. Le

---

(1) Decret. Grat., pars II, caus. 13, quest. 2, c. 4, 10, 11. — Conc. de
Narbonne, en 1227, c. 5.

(2) Synod. Enoniense, en 1287, c. 50. — Conc. de Salzbourg, en 1420, c. 23.

(3) Decret. Greg., L. III, t. 26, c. 3. — Conc. de Bourges, en 1286, c. 28.

(4) Conc. de Tours, en 1236, c. 7.

(5) Conc. de Tours, c. 7. — d'Avignon, 1326, c. 20.

droit canonique, fidèle aux idées spiritualistes, considère surtout dans le testament l'intention de la personne qui dispose. Les questions de forme l'inquiètent peu. Il veut assurer avant tout l'exécution des legs, et surtout celle des legs pieux ou faits en faveur de l'Eglise ; il commande le plus grand respect pour les volontés dernières des mourants. Le concile de Latran, tenu en 1179, n'exigeait en effet que le témoignage de deux ou de trois témoins pour la validité des legs faits à l'Eglise (1). Une décrétale d'Alexandre III généralisa cette disposition et décida que le testament fait en présence du curé et de deux témoins serait valable (2). Le concile de Toulouse, tenu en 1229, exigeait aussi la présence du curé ou celle de témoins pour la validité des actes de dernière volonté (3).

Non seulement la présence du curé était suffisante pour la validité du testament, mais elle devint même obligatoire d'après plusieurs conciles (4). On décida qu'un notaire serait privé de l'entrée de l'église, lorsqu'il recevrait un testament sans cette assistance (5). Les tribunaux ecclésiastiques furent donc seuls chargés de la décision de toutes les questions relatives aux dispositions testamentaires. Le testament devint en quelque sorte un acte religieux dont la forme et l'exécution dépendirent presque exclusivement des règles établies par le droit canonique. Un concile, tenu à Bourges en 1276, décida même que le testament était valable, par cela seul qu'il était conforme aux canons, et devait être exécuté sans l'assistance du magistrat séculier (6).

Malgré ces nombreuses décisions des conciles et des papes, les lois civiles n'admirent qu'imparfaitement les dispositions

---

(1) Conc. de Latran, en 1179. — Append., pars 48, c. 8. Labbe.

(2) Decret. Greg., L. III, t. 26, c. 10. — Conc. d'Avignon, 1281, c. 10; — de Tours, 1282.

(3) Conc. de Toulouse, c. 16.

(4) Conc. d'Avignon, en 1281, c. 10; — de Tours, en 1282; — de Bayeux, en 1300, c. 6; — d'Avignon, en 1326, c. 20.

(5) Conc. de Narbonne, en 1227, c. 5 ; — d'Alby, en 1254.

(6) Conc. de Bourges, en 1276, c. 9.

du droit canonique sur les testaments. La législation féodale, encore dominée par les traditions germaniques, opposa toujours de nombreuses restrictions à la faculté de tester ; elle repoussa les maximes romaines sur ce sujet ; elle posa en principe qu'en pays coutumier : « *Institution d'héritier n'a lieu* » (1), et que : « *Dieu seul peut faire un héritier* (2). » Cependant elle admit, sous l'influence du droit canonique, la faculté de tester et de faire des legs (3).

D'après les anciennes coutumes de Beauvoisis, il était permis aux hommes libres de léguer par testament les meubles, les conquêts et le quint de leur héritage ; le père n'avait pas le droit d'avantager un de ses enfants au détriment des autres; les serfs ne pouvaient disposer que de cinq sols (4).

D'après les *Etablissements de saint Louis*, le gentilhomme peut donner à qui il veut le tiers de ses héritages et la totalité de ses meubles et conquêts (5).

Les différentes coutumes françaises varient beaucoup sur la quotité dont il est permis de disposer par testament. Elles permettent en général de donner la totalité des meubles et acquêts ; quant aux héritages, elles se montrent plus sévères. On peut donner seulement, d'après les unes, le cinquième (6), d'après les autres le tiers (7), suivant d'autres le quart (8). Sur ce point elles diffèrent complètement du droit canonique, qui, fidèle aux traditions romaines, n'impose au testateur d'autre obligation que celle de respecter la *quarte falcidie*. Malgré ces restrictions mises à la faculté de disposer, par le droit coutumier, si peu favorable aux dispositions de dernière volonté, le droit de tester n'en demeura pas moins inscrit

(1) Anc. cout. de Paris, art. 120 (N. cout. 299). — Loisel, Inst. cout., liv. II, t. 4, R. 5.
(2) *Solus Deus hœredem facere potest, non homo.* Glanville.
(3) *Assis. hieros. Bassa corte*, c. 163, 170, 176.
(4) Beaumanoir, ch. 12.
(5) *Etab. de S. Louis*, L. I, ch, 8, 64.
(6) Anc. cout. de Paris, art. 92.
(7) Cout. de Meaux, art. 26; — de Troyes, art. 96; — de Vitry, art. 100; — de Poitou, art. 181; — d'Anjou, art. 321;— de Normandie, art. 379.
(8) Cout. d'Auvergne, art. 61.

dans toutes les coutumes. C'est une preuve évidente de l'influence exercée, quoique imparfaitement, par le droit canonique sur cette partie de la législation.

D'un autre côté, le droit coutumier exigea moins de formalités que le droit écrit pour la validité des testaments. Sur ce point il subit complètement l'influence du droit canonique. Il admit, à l'égard de la forme des testaments, le système établi par les lois ecclésiastiques. En effet, les *Assises de Jérusalem* déclarent valables les legs faits en présence de deux ou de trois témoins capables, et obligent l'héritier à les exécuter (1). Beaumanoir décide aussi que : « testament qui est fet » sans escrit puet bien valoir quand il est tesmoigniés, par » le serement de deux loïaux tesmoins sans nul soupçon (2).» Le *Grand Coustumier* n'exige également que la présence de deux ou de trois témoins, tandis qu'en pays de droit écrit il en fallait cinq ou six (3).

Le triomphe de la forme canonique est attesté pour les pays coutumiers d'une manière plus précise encore dans la *Somme rurale* de Bouteiller :

« Par coustume et usage de cour laie, testament et usage » de dernière volonté au testateur qui a fait et ordonné est » à tenir et conserver favorablement par tous juges…. »

Plus loin, après avoir parlé des solennités requises par le droit romain pour la validité des testaments, l'auteur ajoute :

« Toutesfois la dicte solemnité n'est besoin estre gardée, » ains suffist celle qui est de droict canonique, ainsi que le » met la décrétale *Cùm esses in præsentiâ* (4). »

La présence du curé avait été exigée par beaucoup de conciles, comme nous l'avons vu plus haut, pour la validité des testaments. Il avait été défendu aux notaires de rédiger les actes hors de la présence du curé. La législation civile n'alla

(1) *Bassa corte*, c. 163, 175.
(2) Cout. de Beauvoisis, ch. 12, p. 69.
(3) *Grand Coust.*, fo 132.
(4) *Somme rurale*, L. I, t. 103, p. 597.

pas aussi loin ; elle n'ordonna pas que le curé fût présent à
la rédaction du testament, mais elle le permit. La présence
du notaire put être suppléée par celle du prêtre ; et beaucoup
de coutumes admirent qu'un testament passé en présence du
curé ou du vicaire de la paroisse du testateur, et de deux ou
de trois témoins, serait valable. Cela n'empêchait pas d'admettre simultanément le testament olographe et le testament
passé en présence du notaire. La coutume de Paris et plusieurs autres laissaient aux testateurs le choix entre ces
diverses manières de manifester leur dernière volonté (1) :

« En tout que touche les légats pitéables, dit l'ancienne
» coutume de Paris, obsèques et funérailles d'icelluy tes-
» tateur esquels toutesfois et pour le moins sera gardée la
« solempnité du droict canon (2).

Le droit civil a donc beaucoup emprunté au droit canonique, pour déterminer les règles relatives à la forme des testaments dans les pays coutumiers.

Les pays de droit écrit, au contraire, restèrent fidèles à
leurs traditions romaines ; les dispositions du droit civil continuèrent de régler tout ce qui touche tant au fond qu'à la
forme des testaments (3). La forme du testament solennel ou
mystique fut la manière de tester la plus généralement usitée
dans ces pays. Les testaments passés devant les curés ne
furent valables que dans les lieux où la coutume ou statut
local les avait expressément autorisés (4).

Cette différence entre les pays de droit écrit et les pays
coutumiers s'explique aisément. Les pays de droit écrit,
habitués depuis bien des siècles à obéir au droit romain,
avaient tout naturellement conservé, sur la matière des testaments comme sur les autres, leurs anciennes traditions.

(1) *Coustumes Générales* : Paris, art. 96. — Melun, art. 82. — Troyes,
art. 97. — Vitry, art. 100. — Chartres, art. 89. — Angoumois, art. 112. —
Normandie (rédigée en 1586), art. 412.

(2) Coutume de Paris (rédigée en 1510), art. 96.

(3) *Petri except.*, L. I, c. 15 et seq.

(4) Furgole, *Des Testaments*, chap. II, sect. 3, n° 10.

Au XIIᵉ siècle, l'élan imprimé à l'étude du droit de Justinien par l'établissement des universités, vint leur donner une
vie nouvelle. Les pays de droit coutumier, au contraire, n'a-
vaient admis le testament que lentement, malgré les répu-
gnances de la race germanique ; ils n'avaient cédé sur ce
point qu'à la seule influence de l'Eglise. Il était donc impossible que la forme testamentaire, consacrée par le droit canonique, ne fût pas admise de préférence à celle établie par le
droit romain.

CHAPITRE V.

De la possession et de la prescription. — Influence du droit canonique sur les actions possessoires.

§ 1.

De la possession d'après le droit canonique.

L'Eglise a horreur des troubles et des violences. Au milieu des guerres privées et des spoliations de toute · sorte, si fréquentes pendant l'époque féodale, tandis que de château à château, de village à village, les hostilités étaient permanentes, elle lança souvent l'anathème contre les envahisseurs du bien d'autrui. Elle accorda à la possession une protection toute particulière, et dans le but de défendre plus efficacement la propriété et la possession, de maintenir l'ordre et d'empêcher les violences, elle établit, en matière de possession et de prescription, des principes nouveaux qui modifièrent sur plusieurs points les anciennes théories du droit romain.

Nous avons vu en effet, que, d'après le système du droit romain, les interdits étaient personnels ; ce principe s'appliquait aux interdits destinés à protéger la possession, comme à tous les autres. Il en résultait qu'une personne spoliée ne pouvait agir, en vertu de l'interdit *undè vi*, que contre le spoliateur seulement. Le droit canonique changea cette disposition. L'interdit *undè vi* devint réel, de personnel qu'il était.

Il fut, en effet, décidé, au concile de Latran, en 1215, que le vice de la possession entachée de violence passerait au tiers-détenteur, et que, dans le cas où le spoliateur aurait transmis la chose enlevée à un tiers qui l'aurait reçue sciemment, le spolié pourrait contraindre ce tiers-détenteur à la lui restituer (1). Cette décision est ainsi rapportée dans la collection des décrétales de Grégoire IX :

« Sæpè contingit quod spoliatus per spoliatorem, in alium
» re translatâ, dùm adversus possessorem non subvenitur
» per restitutionis beneficium eidem spoliato, commodo pos-
» sessionis amisso, propter difficultatem probationum, juris
» proprietatis amittit effectum. Undè nonobstante juris civi-
» lis rigore sancimus ut si quis de cætero scienter rem talem
» receperit, cum spoliatori quasi succedat in vitium (eo quod
» non multum intersit quod periculum animæ injustè deti-
» nere, ac invadere alienum), contra possessorem hujus modi
» spoliato per restitutionis beneficium succurratur (2). »

L'intention de corriger les rigueurs du droit civil, de pro-téger plus efficacement la propriété, et de donner à la bonne foi une part plus grande dans les décisions de la loi, ressort manifestement de cette décrétale d'Innocent III. C'était un important changement apporté aux anciens in-terdits.

Ulpien décidait en effet tout le contraire de ce que le droit canonique devait établir : « Non videor vi possidere, qui ab
» eo quem scirem vi in possessione esse, fundum acci-
» piam (3). »

L'interdit *undè vi* perdit donc, au XIII⁰ siècle, son caractère de personnalité pour prendre au contraire celui d'une action réelle. De là, par une extension toute naturelle, il fut bientôt admis, par la jurisprudence canonique et civile à la fois, que la personne spoliée devait, avant toute décision sur la pro-priété, être réintégrée : « *Spoliatus ante omnia restituendus ;* » telle fut la maxime admise universellement au moyen-âge.

Une décrétale de Grégoire IX, en 1235, posa ce principe d'une manière précise et décida que le demandeur au posses-

---

(1) Concile de Latran, en 1215, c. 39.

(2) Decret. Greg. IX, L. II, t. 13, c. 18. — Innocent III. — On voit par cette décrétale que jusqu'au XIII⁰ siècle les interdits conservèrent le carac-tère d'actions personnelles. (*Vid. sup.*, liv. I, ch. V, § 1).

(3) L. 3, § 10, Dig., lib. 40, tit. 17.

soire poursuivant le spoliateur ne serait pas tenu de répondre, sinon sur la question de possession, *tant qu'il ne serait pas réintégré ;* mais qu'il pourrait cependant être repoussé par l'exception de possession (1).

Ainsi s'était transformé et généralisé l'interdit *undè vi*, qui devait donner naissance à la procédure appelée par le droit coutumier *action en réintégrande.*

Les prescriptions du droit canonique à cet égard furent sans cesse renouvelées depuis Innocent III et Grégoire IX, et si l'on remonte à une époque antérieure, on trouve déjà dans les Recueils du droit canonique plusieurs décisions qui font pressentir celles dont nous venons de parler (2).

Pour protéger ainsi la possession contre toute attaque violente, le droit canonique devait nécessairement distinguer avec soin la propriété et la possession (3). Cette distinction existait dans le droit romain, mais nous avons vu que les Germains ne la connaissaient pas ; la législation féodale dut l'emprunter aux sources canoniques et romaines. Elle n'admit pas cependant sans restriction toutes les dispositions du droit ecclésiastique.

En effet, en haine de la spoliation, Clément V décida qu'avant la conclusion de la cause, on pourrait suspendre l'action pétitoire intentée par l'une ou par l'autre des parties, pour procéder au seul possessoire (4). Bien que cette décision ait été repoussée par les lois françaises, qui admettent sur ce point spécial un système tout contraire (5), il n'en est pas moins vrai que la distinction nettement tracée par le droit canonique entre la possession et la propriété, entre l'action possessoire et l'action pétitoire, n'ait exercé une grande influence sur notre législation qui, dans ses origines germaniques, ne trouvait rien de semblable à cette distinction.

---

(1) Decret. Greg. IX, L. II, t. 10, c. 4.
(2) Decret. Greg. IX, L. II, t. 13, c. 7, et 11. — Célestin III.
(3) Decret. Greg. IX, L. II, t. 1, c. 21.
(4) *Clement.*, lib. II, t. 3, c. 1.
(5) Cod. de procéd., art. 26.

Le droit canonique protégeait la possession non seulement contre la violence, mais aussi contre la fraude. Il décidait que le demandeur, mis en possession à cause du défaut du défendeur et dépossédé avant l'expiration de l'année par la force ou par le dol du défendeur, n'en devait pas moins être réputé véritable possesseur au bout de l'année. Le droit canonique opposait encore sur ce point l'équité à la rigueur du droit civil, qu'il venait modifier (1).

Telles furent les principales dispositions du droit canonique en matière de possession. Il faut voir maintenant les traces laissées par ces diverses dispositions dans les monuments de la jurisprudence civile.

§ 2.

Origine des actions possessoires en droit français.

Pendant longtemps le droit féodal et coutumier ne distingua pas entre la possession et la propriété. Le délai d'une année suffisait, d'après la plupart des anciens coutumiers féodaux et des chartes communales du XIe et du XIIe siècles, pour acquérir par prescription (2). Avec un terme aussi court, il était inutile de distinguer entre la possession et la propriété ; l'idée de possession annale, dans le sens que nous attribuons aujourd'hui à ce mot, ne pouvait exister. La possession annale et la prescription de la propriété, à cette époque, étaient une même chose. Mais au XIIIe siècle, à l'époque de la splendeur du droit canonique, et après les règnes d'Alexandre III, d'Innocent III et de Grégoire IX, ces papes jurisconsultes qui firent tant pour répandre en Europe le goût des études de droit, et pour réformer la société par la double influence des lois romaines et des lois de l'Eglise, on voit la législation civile admettre la distinction du possessoire et du pétitoire, de la possession et de la propriété.

(1) Concile de Latran, en 1215, c. 40.
(2) *Vid. inf.*, § 3.

Cette distinction abstraite ne pouvait être comprise en effet qu'après un certain développement d'idées juridiques, et avec le progrès de la civilisation.

Dans les *Assises de Jérusalem*, elle commençait à peine à paraître, et le terme très court imposé à la prescription (un an, et quelquefois moins), ne permettait pas que l'action prît quelque importance.

Dans les Coutumes de Beauvoisis, la distinction est au contraire, nettement marquée. Beaumanoir écrivait en effet, à la fin du XIIIᵉ siècle, c'est-à-dire à l'époque où le droit canonique exerça sur toute la législation la plus grande influence :

« Usage de an et jour, disait-il, pesiblement souffist à
» acquerre sezine si coume quant aucuns a une terre
» labourée, ou une vigne, ou autre hiretage et despouillé
» peziblement un an et un jour, et aucuns vient que li
» empeesche, li sires li doit oster l'empeeschement se il en
» est requis et tenir che li en la sezine dusques à tant que
» il pert par plet ordene la propriété de l'hiretage (1). »

Dans un autre passage, Beaumanoir décide que celui qui a perdu la saisine, et a été débouté sur ce point, peut faire ajourner de nouveau son adversaire et lui faire un nouveau procès en agitant la question de propriété (2).

La distinction est bien nettement accusée dans ces passages ; le possesseur annal n'est plus propriétaire comme au temps de la primitive législation des communes et de la féodalité. Il n'est plus qu'un simple possesseur qui ne peut plus prétendre au titre de propriétaire incommutable, et doit seulement être maintenu en possession jusqu'à ce que le procès sur la question de propriété soit décidé. Cette distinction se retrouve aussi dans les écrits des jurisconsultes des derniers siècles féodaux (3) ; elle a persisté dans la législation moderne. C'est un principe de droit depuis longtemps

(1) Cout. de Beauvoisis, ch. 24, p. 123.
(2) Chap. 32, p. 167, 168.
(3) *Grand Coustumier*, fᵒ 75. — Bouteiller, *Somme rurale*, liv. I, t. 22.

établi d'une manière inébranlable, et que le droit canonique, d'accord sur ce point avec le droit romain, a légué au droit français.

Quant au délai dans lequel l'action possessoire devait être intentée, il fut fixé à une année. C'était un emprunt fait au droit romain, d'après lequel les interdits *uti possidetis* et *undè vi* devaient être intentés dans l'année du trouble ou de la violence :

« Qui veut, dit Beaumanoir, se plaindre de force de novele
» desaisine ou de novel torble, il s'en doit plaindre avant que
» li ans et li jors soit passés puis le dessaizine ; et si l'an et
» le jor passer, l'action qu'il avait dit novele dessaizine est
» anéantie, et ne post mies pledier fors sur le propriété (1). »

La législation canonique accordait également le délai d'un an pour l'exercice de l'interdit *undè vi*, conformément au droit romain.

Il ne faut pas confondre ce délai d'un an, qui commençait à courir du moment du trouble ou de la spoliation, et pendant lequel le spolié pouvait exercer l'interdit possessoire, avec le terme d'an et jour pendant lequel il fallait avoir eu la saisine, pour pouvoir intenter, en cas de trouble, l'action possessoire en complainte. Dans ce dernier cas, voici comment s'exprimait le dépossédé qui voulait se faire rendre l'objet qu'il avait possédé l'an et jour :

« Sire, veschi Pierres qui m'a dessaisi de novel de tele
» coze (et le doit nommer) de lequele j'avais été en saisine
» pesible *an et jor ;* s'il le connaist je requier à être resai-
» sis ; s'il le nie, je l'offre à prouver (2). »

Ce délai d'an et jour pendant lequel il fallait avoir eu la saisine pour pouvoir intenter l'action en complainte, se

(I) Beaumanoir, Coutume de Beauvoisis, ch. 32. — Voir aussi Bouteiller, *Somme rurale,* liv. I, t. 20. — Coutume de Paris, art. 59. — D'après les anciennes coutumes anglo-normandes, la personne dépossédée pouvait conserver son droit en faisant renouveler chaque année, dans le délai d'an et jour, *la clameur continuée,* ou protestation contre le possesseur (*Institutes de Littleton,* liv. II, chap. 7, sect. 414).

(2) Beaumanoir, cout. de Beauvoisis, ch. 32, § 4.

retrouve à chaque instant dans les anciens auteurs. Il fut admis par presque toutes les coutumes (1).

Jean Bouteiller s'exprime en ces termes à cet égard :

« Et toutes fois qui a joui de la chose foncière par plus
» d'un an, et on le veuille troubler ou empescher, scachez
» que de la saisine, en quoi il sera, il jouira durant le procès,
» et tant que droit le déboutera (2). »

L'origine germanique du terme annal nécessaire pour acquérir la saisine, est très probable. Ce n'était, en effet, que l'ancienne *prescription annale,* qui s'était transformée en *possession annale,* après que la législation eût admis la distinction de la propriété et de la possession, et que les délais nécessaires pour prescrire eussent été prolongés conformément aux dispositions du droit romain. Mais c'est au droit romain, modifié par le droit canonique, que notre ancienne jurisprudence a emprunté l'interdit *undè vi,* d'où est venue la réintégrande, avec le délai d'un an, dans lequel elle doit être intentée.

C'est encore à cette législation que notre ancien droit a emprunté les règles qu'il a établies sur les conditions que doit remplir la possession annale pour que le possesseur puisse intenter l'action possessoire :

« Car, dit Bouteiller, par nulle de ces trois manières (que les clercs appellent *clàm, vi, precario*), possession acquise ne donne point action de possession, mais en sont à débouter tels détenteurs (3). »

Beaumanoir exigeait aussi, comme condition nécessaire pour exercer l'action en complainte, que la possession fût paisible (4). Les *Etablissements de saint Louis* veulent que l'héritier ne puisse demander la saisine d'héritage, que dans

___

(1) Beaumanoir, ch. 32. § 3; — ch. 24, p. 123; — ch. 32, p. 167, 168. — *Grand Coustumier,* f° 75; — Cout. du Maine, art. 441; — Anjou, 426; — Bretagne, art. 104; — Normandie, 50.

(2) *Somme rurale,* liv. I, t. 22.

(3) *Somme rurale,* liv. I, t. 31.

(4) Coutumes de Beauvoisis, ch. 32, §3, §4, p. 167, 168; — ch. 24, p. 123.

le cas où son auteur est mort en paisible possession (1). Cette
condition est enfin formellement exigée par plusieurs coutumes (2). Ces dispositions n'étaient autres que celles établies
par le droit romain pour l'exercice de l'interdit *uti possidetis*.
Le droit canonique les lui avait empruntées ; et, comme
Bouteiller nous l'apprend, l'influence des clercs les avait fait
passer dans la législation française.

Il nous reste à parler maintenant du point sur lequel le
droit canonique a exercé la plus grande influence, c'est-à-dire
du vice de spoliation. Nous avons vu que la maxime canonique : *Spoliatus ante omnia restituendus,* avait été admise par
la jurisprudence ecclésiastique, comme une conséquence des
principes posés par les décrétales en matière de dépossession
violente ; elle fut également la source de nombreuses dispositions des lois féodales.

Dans les pays de droit écrit, on admettait toujours, conformément aux constitutions impériales, qu'en cas de dépossess-
sion opérée par violence, le spoliateur devait perdre la chose,
si elle lui appartenait ; ou la rendre au double si elle ne lui
appartenait pas, et subir la peine de l'exil (3).

La législation coutumière protégea aussi la possession, et
s'inspira sur ce point des doctrines du droit canonique. Les
Assises de Jérusalem ordonnent que le spolié soit restitué,
pourvu :

1º Qu'il fût en possession au moment de la violence ;

2º Qu'il eût réclamé devant le seigneur dans les quarante
jours du trouble (4).

La brièveté de ce délai, qui n'était conforme ni au droit
romain ni au droit canonique, s'explique par la position particulière où se trouvaient les Croisés, qui, en présence des
Sarrasins, ne pouvaient laisser longtemps sans défenseurs les

(1) *Etabl. de S. Louis*, liv. II, ch. 4.

(2) Coutumes du Maine, art. 441 ; — d'Anjou, art. 426 ; — de Bretagne,
art. 104.

(3) *Petri exceptiones*, lib. III, c. 1.

(4) *Alta corte*, c. 87.

terres conquises sur l'ennemi. On voulait punir la négligence des chevaliers qui retournaient souvent en Occident, au lieu de rester dans leurs fiefs d'Orient pour protéger la Terre-Sainte.

Sauf ces dispositions particulières à la législation féodale de l'Orient, on retrouve le même principe appliqué sans cesse par la législation occidentale, et on le voit acquérir, avec la suite du temps, une précision et une netteté de plus en plus grandes. Au milieu du XIIIe siècle, Pierre Desfontaines écrivait :

« Si l'un se pleint de force fait la lois, s'aucune propriété,
» il sains emperere Andrius escrit que en doit premierement
» connoistre de la force que de la propriété (1). »

Les *Etablissements de saint Louis* sont plus précis encore à cet égard que les ouvrages plus anciens ; voici comment ils s'expriment :

« Nus ne doit en nulle cort *plaider desesis ;* mais il doit
» demander sesine en toute œuvre, on doit savoir se il la
» doit avoir, et droit dit que il la doit avoir ; et n'est mie
» tenus de respondre dessesis, ne despouillés ne le sien
» tenant, ne ne fere nule connaissance, ne response, ne de-
» faute nule, selon droit escrit en decrétales el titre de l'ordre
» des connaissances, en les decretales qui commencent *Cùm*
» *dilectus filius, super spoliatione* et par tout le titre et selon
» l'usage de cour laie (2). » Ici le triomphe de la loi religieuse est complet ; elle passe tout entière dans la loi civile. C'est une victoire remportée par le droit canonique sur l'ancien usage germanique, qui permettait de reprendre par les armes la chose enlevée, et sanctionnait les guerres privées et le droit de vengeance. C'est une victoire de l'ordre sur le désordre, de la civilisation sur la barbarie. Le droit, avant saint Louis : « c'était, dit Beaumanoir, droictement mouvement de
» haine et de mortelle guerre (3). »

(1) Pierre Desfontaines, *Conseil à un ami*, ch. 29, n° 19.
(2) *Etab. de S. Louis*, liv. II, ch. 6.
(3) Beaumanoir, ch. 27.

La législation féodale resta fidèle au principe si clairement posé dans les *Etablissements* du saint roi. Au XVe siècle comme au XIIIe, la maxime *Spoliatus antè omnia restituendus* était en pleine vigueur dans notre législation coutumière. Le *Grand Coustumier* parle comme les *Etablissements* :

« Devant toutes choses restablissement est à faire realle-
» ment : et de fait se len peult, et sinon en estimation et
» par signe, selon la différence des cas...

..... » Spoliatus antè omnia venit restituendus. Nota quod
» ubi quis intendat vim oblativam vel violentam mobilium sibi
» factam, recredentia facienda est actori sine causæ cogni-
» tione et ante litiscontestationem, et est speciale propter
» privilegium causæ spoliationis (1). »

Mêmes dispositions dans les coutumes. Nous lisons, en effet, dans celles de Sens :

« Le seigneur pour ses droits seigneuriaux notoires et dont il est possesseur ne doibt point plaider dessaisy, soit en demandant, soit en deffendant (2). »

D'après la coutume de Bretagne, le spoliateur doit être pris et arrêté, jusqu'à ce qu'il ait remis entre les mains de l'ancien possesseur la chose dont celui-ci a été dépouillé (3).

Le *remedium spolii* était donc universellement admis au moyen-âge. Le droit canonique avait fourni au possesseur, des armes, tant pour repousser l'auteur du trouble, que pour se faire remettre en possession de la chose après une dépossession entachée de violence.

Deux actions possessoires existaient, en effet, dans notre ancienne législation ; les jurisconsultes leur ont donné les noms de *complainte* et de *réintégrande :* la première destinée à maintenir le possesseur dans sa possession, et à repousser les troubles ; la seconde destinée à faire restituer l'objet enlevé, au possesseur dépouillé. Deux manières de procéder existaient au temps de saint Louis. En cas de spoliation

---

(1) *Grand Coustumier*, fo 83.
(2) Coutumes générales, Sens (rédigées en 1506), art. 237.
(3) Cout. de Bretagne, art. 106.

violente, le *remedium spolii* était offert à la personne dépossédée. En cas de complainte et de dessaisine, on avait recours
à la procédure par *appleigement,* d'après laquelle celle des
deux parties qui fournissait caution *(pleige)* était mise en
possession. Si toutes les deux fournissaient caution, la chose
était mise entre les mains du juge pendant la durée du litige ;
si ni l'une ni l'autre ne fournissait pleige, le défendeur au
possessoire restait en possession (1).

Ces deux procédures restèrent distinctes jusqu'au XIVe
siècle ; mais alors Simon de Bucy, président du parlement
de Paris, ayant confondu l'action de dessaisine avec le simple
cas de trouble, la procédure par appleigement fut supprimée.
De là, grande discussion entre les anciens jurisconsultes
sur la question de savoir si la complainte et la réintégrande
avaient été confondues, et si les mêmes conditions étaient
nécessaires pour l'exercice de ces deux actions. Cette contro-
verse, qui appartient surtout à une époque postérieure à
celle dont nous nous occupons en ce moment, sort d'ailleurs
par bien des points des limites de notre sujet. Mais, pour ce
qui regarde l'influence du droit canonique sur les actions
possessoires, on ne saurait contester, en présence des textes
si précis que nous avons cités, que, du XIIIe au XVe siècle,
le *remedium spolii,* sorti de l'interdit *undè vi* modifié par
l'influence du droit canonique, n'ait été une protection
spéciale accordée à la personne spoliée. Nous verrons plus
loin quelles modifications il reçut pendant la période suivante.

§ 3.

De la prescription.

Le droit canonique exerça son influence, relativement à la
prescription, sur deux points différents : la durée du temps

(1) *Etabl. de S. Louis,* liv. I, ch. 65.

nécessaire pour prescrire et les conditions que devait remplir la prescription.

Nous avons déjà vu que le droit canonique, fidèle aux
traditions romaines, avait conservé les prescriptions de
longue durée (dix, vingt, trente ans), au milieu de la société
barbare, tandis que les Germains ne connaissaient pas la
prescription, ou ne pratiquaient au moins qu'une prescription de courte durée. Durant l'époque féodale, la législation
ecclésiastique conserva encore les anciens termes nécessaires pour prescrire. Au XIIIe siècle, comme au VIIIe, les
papes décidaient toujours que l'Eglise pouvait acquérir les
biens des particuliers par trente ans de possession paisible
et de bonne foi; les particuliers, ceux de l'Eglise, par
quarante ans de possession non interrompue; et ceux de
l'Eglise romaine, par cent ans seulement (1).

En même temps, le droit canonique imposait à la possession
nécessaire pour prescrire de sévères conditions. Il voulait,
en premier lieu, que la possession n'eût pas été interrompue :
« sans possession la prescription ne saurait courir (2); »
en second lieu, il exigeait que la possession eût toujours été
de bonne foi. Cette condition n'était pas imposée seulement
pour la prescription des biens de l'Eglise. Le concile de
Latran, en 1215, voulut que : « la possession nécessaire pour
« acquérir par prescription tant les *choses ecclésiastiques* que
» les *choses civiles*, fût de bonne foi pendant *toute sa du-*
» *rée.* » (3) Sans cette condition, la prescription ne devait
produire aucun effet.

Au bout de quarante ans, l'Eglise pouvait être restituée
in integrum, s'il y avait eu fraude de la part de son adversaire (4); et l'on admettait comme règle de droit que celui
qui avait cessé de posséder par suite d'une fraude était
toujours vrai possesseur (5). Alexandre III, Grégoire IX

(1) Decret. Greg. IX, lib. II, t. 26, c. 3, 8, 13.
(2) *Sext. de reg. juris*, reg. 3.
(3) Concile de Latran, en 1215, c. 41.
(4) Greg. IX, Decr. 137. Labbe.
(5) *Sext. de reg. juris*, reg. 36.

et Boniface VIII rappelèrent dans leurs décrétales cette nécessité de la bonne foi (1). Les canonistes admirent que « le » possesseur de mauvaise foi ne peut prescrire *par aucun laps de temps* (2). »

Si le droit canonique était resté fidèle aux traditions romaines sur la durée de la prescription, il leur avait cependant apporté une modification importante à l'égard des conditions nécessaires pour prescrire. Le droit romain en effet n'exigeait la bonne foi que pour la prescription par dix ou vingt ans, mais non pour la prescription trentenaire, qui n'était du reste dans l'origine qu'une prescription libératoire, un moyen de repousser l'action du propriétaire.

La législation civile n'admit pas complètement les théories du droit canonique sur la prescription. Cependant elle lui emprunta plusieurs dispositions sur cette matière. Elle fut longtemps avant d'admettre les prescriptions de longue durée ; elles répugnaient aux idées germaniques et au système féodal. Aussi voyons-nous, dans les premiers siècles féodaux, la prescription annale en vigueur presque universellement. Etait-ce, comme il est permis de le supposer, un reste des anciennes traditions de l'époque barbare ? Etait-ce un produit des désordres du temps qui appelaient pour premier remède une prescription de courte durée, afin de ne pas éterniser les guerres privées ? Il est difficile de le décider. Ce qu'il y a de certain, c'est que, durant le XIe et le XIIe siècles, on la voit en usage dans presque tous les pays coutumiers.

Les *Assises de Jérusalem* décident que celui qui a acheté un héritage et l'a possédé un an et un jour sans être inquiété, ne peut plus le perdre. Dans une question de propriété, si le défendeur fait défaut, il doit être privé de son immeuble, qu'on donne au demandeur ; le défendeur défaillant peut se faire restituer dans l'an et jour ; mais, au bout de ce temps,

---

(1) Decret. Greg. IX, lib. II, t. 26, c. 5. — *Sext.* lib. II, t. 13, c. 1.
(2) *Sext. de reg. juris. reg.* 2.

la propriété est acquise au nouveau possesseur (1). D'après l'*Assise des Barons*, celui qui a possédé un immeuble pendant an et jour ne peut être inquiété, à moins que le demandeur ne soit un mineur (2). On trouve aussi cette courte prescription dans presque toutes les chartes et les coutumes locales du moyen-âge. Elle fut en vigueur dans tous les pays où domina la race germanique (3).

Cependant la prescription romaine par dix, vingt ou trente ans, et les prescriptions spéciales de 40 et de 100 ans passèrent peu à peu dans la jurisprudence et dans les lois fran-

---

(1) *Bassa corte*, c. 29, 193, 194.

(2) *Alta corte*, c. 61, 62.

(3) Chartes de Noyon, 1181, c. 13; — de Roye, 1183, c. 3; — dè St-Quentin, 1195, c. 7; — de Chaumont en Vexin, c. 10; — de Pontoise, c. 11; — de la Rochelle, en 1204; — Usages d'Artois; — Charte de Bourbon-l'Archambault, 1267; — Charte de Nevers, 1356, art. 13; — d'Abbeville, en 1100, confirmée en 1350, c. 22 ; — de Mailly-le-Château, en 1371, c. 19; — d'Auxerre, en 1223, conf. en 1379, c. 17. — Les ténements d'Anjou, de Maine et de Touraine s'acquéraient aussi primitivement par saisine d'an et jour; plus tard ce délai fut porté à trois ans , puis à cinq. — Il est à remarquer qu'il y a une corrélation intime entre le délai nécessaire pour acquérir le droit de bourgeoisie dans les communes du moyen-âge, et le délai de la prescription. Ils sont d'un an, l'un et l'autre; or, comme le premier vient sans contestation de la loi salique, il n'est pas invraisemblable que le second ne vienne aussi des usages germaniques. On le trouve en effet :

1° Dans les Coutumes anglo-saxonnes (Lois d'Edouard, confirmées par Guillaume-le-Conquérant, c. 7; — Canciani, tome IV).

2° Dans les Coutumes normandes du royaume de Naples. Il fut changé par l'empereur Frédéric II, au XIIIᵉ siècle (Constit. napol., lib. III, c. 32).

3° Dans les Coutumes allemandes. D'après l'ancien livre des fiefs, le vassal qui avait possédé un bénéfice pendant un an et six semaines, repoussait par son seul serment l'action du seigneur, si celui-ci prétendait n'avoir pas concédé le bénéfice. Ce terme suffisait pour donner au vassal la *Warandia* du fief. (*Antiq. libel. de Benef.*, c. 32, c. 103. Canciani, tome III. — Voir aussi *Statuts de Soest*, en Westphalie, de 1110, c. 34).

4° Dans les Coutumes de l'empire de Romanie. D'après elles, l'héritier devait prendre la saisine du fief dans l'an et jour du décès de son auteur, à peine de déchéance. (*Uxanze de lo imperio di Romagnia*. c. 221. — *Add.*, c. 3).

Enfin, les Chartes allemandes et anglaises, comme les Chartes françaises , attachent l'acquisition du droit de bourgeoisie, pour les hommes libres, ou celle de la liberté pour les serfs, au séjour d'an et jour dans une ville (Kora de Nieuport, en 1163, c. 10; — de Fribourg en Brisgaw, c. 37; — Charte de Guillaume-le-Conquérant, c. 66. Canciani, tome IV, p. 359).

çaises, sous la double influence de l'Eglise et de la renaissance du droit romain. On emprunta donc à la législation de Rome son système sur la prescription : on distingua la possession et la propriété ; on appliqua à la prescription la longue durée fixée par les lois romaines, et l'on transforma l'ancienne prescription annale en possession annale, nécessaire pour intenter seulement l'action en complainte. Mais en même temps on modifia le droit romain conformément aux principes canoniques.

A la fin du XIIIᵉ siècle, Beaumanoir n'admettait pas d'autres délais pour acquérir par prescription que ceux fixés par le droit romain : dix ans avec titre et possession paisible, ou trente ans de possession paisible sans titre (1).

Bouteiller exigeait dix ans de possession entre présents, et vingt ans entre absents avec titre et bonne foi, cent ans pour prescrire les biens de l'Eglise romaine, quarante ans pour les autres biens ecclésiastiques (2) ; trois ans pour acquérir l'usucapion des choses mobilières, et trente ans pour perdre un privilége par non-usage (3).

Au XVᵉ siècle, le *Grand Coustumier* imposait à la prescription la même durée ; il admettait la prescription de trente ans sans titre ; mais, conformément à la doctrine du droit canonique, il ajoutait :

« Possesseur de male foy ne prescript ne usucapit en nul
» temps pour le vice de male foy qu'il a (4). »

C'était le principe même du droit canonique sur ce sujet ; nous avons vu que, d'après cette législation, le vice de mauvaise foi ne pouvait être couvert par aucun laps de temps ; mais cette maxime ne prévalut pas complètement dans la jurisprudence française.

La doctrine romaine n'admettait pas la nécessité de la bonne foi pour la prescription trentenaire. Ce système, op-

(1) Cout. de Beauvoisis, ch. 24, p. 123.
(2) *Somme rurale*, liv. I, t. 47.
(3) *Id.* liv. I, t. 20.
(4) *Grand Coustumier*, fⁿ 62.

posé à celui du droit canonique, était toujours resté en vigueur dans le midi de la Gaule (1). Il passa ensuite dans un grand nombre de coutumes. Celle de Paris n'exige le titre et la bonne foi que pour la prescription de dix et de vingt ans ; elle admet aussi celle de trente ans, mais elle n'exige pour cette dernière qu'une possession paisible et publique (2). Au XVIe siècle, les prescriptions de longue durée avaient partout été substituées à l'ancienne prescription annale (3). Les coutumes présentent sans doute à cet égard de grandes différences ; les unes admettent la prescription de dix et de vingt ans ; les autres ne connaissent que la prescription de trente ans ; d'autres, celle de quarante ; d'autres enfin admettent à la fois ces diverses prescriptions. Mais toutes s'accordent à exiger un long délai pour prescrire, tandis que toutes n'exigent pas la bonne foi pour l'exercice de la prescription trentenaire (4). Ce changement fut le fruit des diverses influences que nous avons signalées ; il fut dû aussi à la stabilité que la propriété put acquérir lorsque les progrès de la puissance royale eurent partout rétabli l'ordre dans la société.

(1) *Petri except.*, L. III, c. 10.

(2) *Cout. Générales*, Paris, art. 61 et suiv.

(3) *Cout. Générales*, Paris, *loc. cit.*; — Melun, 67, 68, 69; — Chartres, 178; Maine, 459; — Anjou, 430, 447; — Poitou, 235; — Auvergne, V° *Prescriptions*, art. 1; — Normandie, 60, 541; — Bourgogne, etc.

(4) La coutume de Bretagne résista au mouvement général, qui faisait admettre les proscriptions romaines dans les autres pays. L'*Appropriance* par an et jour de tenue avec trois *bannies*, par dix ans avec une bannie, et quinze ans sans bannie, est un système tout particulier qui n'a pas subi l'influence du droit romain, ni celle du droit canonique, et dont l'origine est probablement celtique. (T. A. C. ch. 40, 220. — N. C., art. 272).

CHAPITRE VI.

Des obligations. — Du prêt à intérêt.

§ 1.

Des obligations en général.

D'après le droit canonique, comme d'après le droit romain, c'est l'accord des volontés qui lie les parties et donne naissance à ce lien de droit, qu'on appelle une obligation. Bien plus spiritualiste que le droit romain, la loi ecclésiastique a généralisé ce principe ; elle l'a appliqué à tous les actes par lesquels l'homme peut engager sa volonté, et manifester son consentement. Elle ne s'inquiète pas de savoir si tel ou tel contrat a été muni d'une action spéciale par la loi civile, elle sanctionne toutes les conventions, pourvu qu'elles ne soient contraires ni à la religion ni à la morale. Ce qui mérite la plus grande attention, lorsqu'on parcourt les nombreuses décrétales relatives aux contrats, c'est le soin que prennent les papes, de donner l'équité pour règle aux conventions, de prévenir les fraudes et de condamner tous les moyens par lesquels les hommes cherchent à tromper leurs semblables. Qu'il s'agisse de la vente, du louage, de la donation, du dépôt, de la fidéjussion ou de tout autre contrat, le droit canonique a toujours pour but d'obliger les parties contractantes à respecter la parole donnée, et à observer les conventions licites (1). Plus de distinction entre les *contrats nommés* et les *contrats innommés*, entre les pactes munis d'action et les pactes non munis d'action, entre les conventions obligatoires et les conventions non obligatoires. Toutes les conventions doivent être observées de bonne foi ; l'ac-

_____

(1) Decret. Greg., lib. III, t. 15. c. 1 ; — t. 16, c. 2; — t. 17, c. 1, 2; — t. 18, c. 3; — t. 19, c. 8; — t. 24, c. 1.

cord des volontés fait 'la loi du contrat (1). La loi canonique commande aussi de ne pas user à la rigueur des droits que donne la loi civile, et la charité, non moins que la justice, préside à ses décisions (2).

Un usage que le droit canonique introduisit au moyen-âge et qui contribua, sans doute, beaucoup à cette transformation des obligations, ce fut celui de confirmer les conventions par serment. On ne pouvait plus se prévaloir de telle ou telle subtilité du droit civil, après qu'on avait juré devant Dieu d'observer l'engagement qu'on venait de prendre. Cet usage obligeait les parties à contracter de bonne foi, et assurait l'exécution des conventions. Le lien religieux qu'il établissait entre les contractants était le plus fort qu'on pût leur imposer, et peut-être le seul qu'ils n'osassent pas briser.

Le droit canonique protégea aussi la liberté des conventions; il déclara nuls les engagements arrachés par violence ou surpris par dol, et les serments qui les accompagneraient (3).

En cela, il ne fit que reproduire les principes éternellement vrais de la législation romaine, si équitable et si sage toutes les fois qu'elle n'est pas enveloppée dans les subtiles formalités du vieux droit quiritaire.

La doctrine romaine sur les conventions demeura, au moyen-âge, dans les pays de droit écrit, ce qu'elle était lors de la chute de l'empire romain. Les auteurs la conservèrent, quoique les nombreuses distinctions qu'elle établit entre les contrats n'eussent plus de raison d'être. Au XIe siècle, on admettait encore dans le Midi, qu'un *pacte nu* n'engendre qu'une exception et pas d'action, à moins qu'il ne soit joint à un contrat de bonne foi *(quia ex nudo pacto non nascitur actio)* (4).

---

(1) *Sext. de reg. juris*, reg. 85.

(2) Decret. Greg., lib. III, t. 18, c. 3; — t. 21, c. 7.

(3) Decret. Grat., pars II, caus. 15, quest. 6, c. 2. — Decret. Greg. IX, L. I, t. 40, c. 1, 2, 4, 6, 7. — *Sext.* lib. I, t. 18, c. 2. — Voir aussi *Petri exceptiones*, liv. II, c. 7. — Voir Dig., titres : *Quod metus causâ ; — De dolo malo.*

(4) *Petri except.*, L. II, c. 12; — L. IV, c. 26.

Les dispositions relatives aux contrats de vente, de louage, de commodat, de donation, etc., étaient toujours celles du droit romain (1). La vente, d'après *Petrus,* est parfaite, sans doute, quand on est d'accord sur la chose et sur le prix, avant toute tradition et même sans arrhes ; mais ce jurisconsulte sacrifie la bonne foi, comme le faisait le droit romain, et il admet que, si le propriétaire vend sa chose à deux acquéreurs successivement, et met le second seul en possession, celui-ci deviendra propriétaire au détriment du premier. La tradition seule, en effet, rendait propriétaire, d'après le droit romain (2).

Au XIIIe siècle, la doctrine romaine sur les obligations pénétra dans les pays coutumiers, sous l'influence des universités qui enseignaient le droit romain. Cette législation savante répondait mieux que les vieux usages germaniques aux besoins d'un peuple qui faisait alors de rapides progrès dans la civilisation. Les dispositions des lois barbares, des chartes communales, des anciennes coutumes locales, devenaient insuffisantes ; elles n'avaient prévu ni les questions nouvelles qui naissent avec la marche de la science juridique, ni les rapports nombreux et variés que l'activité du commerce établit entre les hommes. Il fallut donc recourir au droit romain et adopter les principes de cette législation sur les contrats et sur les obligations. Le vieux symbolisme germanique disparut peu à peu par l'effet de cette influence. Cependant on en trouve de nombreux restes dans les lois féodales.

Au temps des *Assises de Jérusalem,* la vente d'immeubles

---

(1) *Petri except.,* L. II, c. 14, 23, 24.

(2) *Petri except.,* lib. II, c. 3, 14. — Le texte ajoute que, pour la perfection de la vente, les parties doivent avoir frappé dans la main l'une de l'autre, et bu du vin ensemble. — Voir aussi coutumes de Montpellier, de 1204, c. 100 et 101. D'après elles, la vente ne saurait valoir *sine palmata, solutione, vel traditione.*

Nous avons vu plus haut que, d'après la législation carolingienne, le second acquéreur n'était préféré que dans le cas où il avait possédé l'objet vendu, pendant un an. (Liv. I, ch. V, § 2).

se faisait encore à l'aide de cérémonies symboliques. En présence du vicomte, le vendeur prononçait une formule consacrée, et par la baguette symbolique transmettait la possession à l'acquéreur (1). La donation, l'échange, le gage s'opéraient de la même manière en présence du vicomte et avec des formules et des cérémonies symboliques (*colla bachetta*) (2).

Cet ancien mode de transmission de la propriété par la baguette, dont l'origine est entièrement germanique, était encore en vigueur au XVe siècle dans les coutumes anglo-normandes (3).

Ce symbolisme, qui matérialisait la volonté de l'homme et faisait dépendre la validité des actes juridiques de faits purement extérieurs, devait s'effacer devant les doctrines romaines, d'après lesquelles c'est le consentement qui donne naissance aux obligations. Mais la législation féodale conserva longtemps ses anciennes traditions avant d'adopter les principes du droit romain (4). Ce fut seulement à la fin du XIIIe siècle que les auteurs coutumiers admirent la doctrine romaine sur les conventions: Beaumanoir fait reposer l'existence de l'obligation sur l'accord de la volonté des parties :

« Nous entendons que marchié est fez si tôt comme il est

(1) *El Pledeante*, c. 15, 16.
Le vendeur disait : « Io Joanne me spoglio dal possesso del sopraditto stabile con tutti suoi dretti et rason, et metto in possesso voi, signor Visconte »..... Signor io tale voglio vender el mio stabile a Piero ché qui presente per tanti bisanti.»
Et le vicomte mettait l'acquéreur en possession par ces mots : « Piero, io vi metto in possesso in presentia de la corte del ditto stabile, che Joanne ve ha venduto, e tutti li suoi dretti e rason.»
(2) *El Pledeante*, c. 25, 31, 36.
(3) Pour opérer la vente d'un fief, le vassal le remettait à son seigneur, au moyen de la verge symbolique, et le seigneur en transférait la propriété au nouveau vassal, acquéreur du fief, au moyen de la même cérémonie (*Institutes de Littleton*, liv. I, ch. 10, sect. 78. — Voir aussi les *Anciennes Coutumes d'Artois.*)
(4) Le Droit romain primitif faisait aussi un fréquent usage des cérémonies symboliques ; mais à l'époque classique elles tombèrent en désuétude, et le Droit de Justinien a achevé de les abolir.

» créanctés à tenir par l'accord des parties entre gens qui
» pucent fere marchiés ou convenanches.....

» Toutes convenanches sont à tenir et pour che, dit-on,
» convenanche vainc loi, exceptées les convenanches qui
» sont faites par mauveses causes (1). »

Bouteiller définit l'obligation comme fait le droit romain :
« Un lien de droict qui contrainct l'homme à satisfaire de ce
que obligé est. » Il classe et divise les sources d'où provien-
nent les obligations d'après la même législation (contrats,
quasi-contrats, délits, quasi-délits) (2). Il enseigne que la
vente est parfaite sitôt que les parties sont convenues de la
chose et du prix. Dès lors, elle ne peut plus être détruite que
d'un commun consentement (3) :

« Et scachez, dit-il, que paction est convenant qui se fait
» par deux ou par plusieurs en accord et consentement par
» promettant et obligeant à tenir (4). »

On voit quels progrès avaient faits les idées juridiques, du
Xe au XIVe siècle. A l'époque barbare, on avait à peine l'idée
de ce qu'est une obligation ; on la faisait résider dans le fait
même et non dans la volonté ; on confondait le contrat et
son exécution. Dans les derniers temps de l'époque féodale,
il n'en est plus de même ; les idées juridiques ont acquis une
plus grande précision, on les a dégagées du symbolisme
germanique ; c'est la volonté de l'homme qui le lie.

En adoptant les principes généraux du droit romain sur
les obligations, les jurisconsultes du XIVe siècle se plièrent
encore à son rigoureux formalisme. Bouteiller distingue,
comme au temps d'Ulpien et de Gaïus, des contrats de droit
strict et des contrats de bonne foi ; des stipulations ou « enga-
» gements formés par parolles et par responces, » et des
pactions nues ou engagements formés sans stipulation « dont

---

(1) Coutumes de Beauvoisis, ch. 34, p. 173, 178.
(2) *Somme rurale*, liv. I, t. 25.
(3) *Somme rurale*, liv. I, t. 27, 67, 71.
(4) *Somme rurale*, liv. I, t. 40.

» vraye action ne s'engendre qui puisse porter exécution (1). »
Il classe les actions suivant les différentes catégories établies
par les jurisconsultes romains.

Le *Grand Coustumier* s'occupe aussi des obligations et des
actions auxquelles elles donnent lieu ; on reconnaît dans cet
ouvrage, comme dans celui de Bouteiller, l'influence du droit
romain (2).

A la fin de l'époque féodale, le droit romain avait donc
triomphé des vieux usages germaniques en matière d'obligations; mais les jurisconsultes ne l'avaient pas dégagé complètement de ses anciennes et rigoureuses formalités. Ils
admettaient encore des distinctions que les mœurs modernes
repoussent et que le droit canonique avait déjà rejetées (3).
Cependant ce dernier reste du droit romain primitif devait
un jour disparaître. Sous l'influence de la philosophie chrétienne, la théorie des obligations fut plus tard délivrée de ses
anciennes entraves. Domat et Pothier lui donnèrent pour base
les principes les plus purs du spiritualisme.

§ 2.

Du prêt à intérêt. — Condamnation de l'usure.

L'Eglise, durant la période féodale, poursuivit l'usure de
ses anathèmes, comme elle l'avait fait précédemment, et avec
une sévérité plus grande encore. Le prêt à intérêt qui, dans
les premiers siècles, n'était interdit solennellement qu'aux
clercs, avait été ensuite défendu aux laïques eux-mêmes, de
la même manière.

(1) *Somme rurale*, liv. I, t. 40, p. 299; — t. 42; — liv. II, t. 37.
(2) *Grand Coustumier*, f° 63.
(3) Les Archives de Reims offrent un curieux exemple de la lutte des
théories du droit romain et du droit canonique sur ce sujet. On y trouve une
sentence de l'official qui condamne un habitant à exécuter un simple pacte,
quia per jura canonica ex nudo pretio (pacto) agitur, quoique le défendeur
invoquât les dispositions formalistes du droit romain. *Archives de Reims*,
publiées par M. Varin. Coutumes, p. 201,c. 252).

Au XIIIe siècle, les théologiens enseignaient que le prêt à intérêt est un *mutuum*, que, le *mutuum* rendant l'emprunteur propriétaire des objets cédés, on ne peut, dans un contrat semblable, distinguer la propriété de la chose donnée et l'usage de cette chose ; que par conséquent exiger un émolument pour l'usage de la chose prêtée, c'est vendre ce qui n'existe pas, c'est commettre un acte contraire à l'équité qui doit présider à tous les contrats (1).

Ce principe posé, on condamna tout ce que le prêteur exige de l'emprunteur au-delà du capital (*quidquid ultrà sortem*), à quelque titre que ce fût et sous tous les déguisements usités pour voiler les prêts à intérêt (2). On considéra comme usurier, non seulement celui qui prête à un taux exorbitant, mais encore celui qui prête au taux légal, et n'exige que l'intérêt fixé par les lois romaines (*centesimas, ήμιολία*) (3), mais encore celui qui vend à crédit plus cher qu'au comptant (4) ; l'acheteur d'un bien à réméré, lorsqu'il le revend pour une somme plus élevée que le prix d'achat (5) ; le créancier nanti d'un gage immobilier, d'une valeur égale au sort principal, et dont il a perçu les fruits, sans indemnité pour l'emprunteur (6).

Comme sanction de ces prohibitions, les conciles prononçaient contre les clercs usuriers ou prêteurs la peine de la déposition, et contre les laïques, celle de l'excommunication ; ils les privaient de la sépulture ecclésiastique. Ces censures furent sans cesse renouvelées pendant la durée du moyen-

---

(1) *Cùm pecuniæ usus sit illius consumptio ac distractio, injustum ac illicitum est pro ejus usu aliquid accipere..... quia venditur id quod non est, per quod manifestè inæqualitas constituitur, quæ justitiæ contrariatur* (S. Thom. Aquin., *Summa theolog.*, *De usurâ*, quest. 78, art. 1.

(2) Decret. Grat., pars II, caus. 14, quest. 3, c. 1, 2, 3, 4.

(3) Decret. Grat., pars I, Distinct. 47, c. 1, 2 et seq.

(4) Conc. d'Avignon, en 1281, c. 1. — Decret. Greg. IX, lib. V, t. 19, c. 6.

(5) Conc. de Salzbourg, en 1420, c. 18. — Decret. Greg. IX, lib. III, t. 21, c. 4. — Innocent III.

(6) Decret. Greg. IX, L. III, t. 21, c. 6. — Innocent III, L. V, t. 19, c. 8.

âge (1). On défendit à toutes les corporations, à tous les supérieurs ecclésiastiques, à tous les seigneurs laïques, de souffrir des usuriers sur leur territoire (2), et aux juges de faire payer aux débiteurs les intérêts réclamés (3). Dans certains pays, les testaments des usuriers furent même frappés de nullité (4).

La législation civile n'admit qu'avec peine les dispositions de la loi canonique contre le prêt. Au XIe siècle, dans les pays de droit écrit, la jurisprudence laïque permettait de prêter à un taux fort élevé (tantôt 12, tantôt 16, tantôt 50 et même 66 %, suivant la condition de l'emprunteur et la destination de l'argent prêté) (5). Certaines coutumes montraient cependant une grande sévérité à l'égard des usuriers. Celles de Montpellier, rédigées au XIIIe siècle, les privaient du droit de témoigner en justice, et leur défendaient de réclamer devant les tribunaux l'intérêt d'une somme prêtée, à moins qu'il n'eût été promis avec serment (6). Les *Statuts* des différentes villes du Midi renferment de nombreuses dispositions contre l'usure; mais ces lois elles-mêmes prouvent combien le taux de l'intérêt était énorme. Les *Statuts de Bérenger*, comte de Provence (1235), ordonnent aux cours de punir l'usurier qui réclamera plus de quatre pour cinq par an (80 %); les *Constitutions* d'Aix (1244) permettent aux juifs de prendre cinq deniers par livre par mois (25 % par an) (7).

En présence d'intérêts aussi élevés, on comprend la sévérité de l'Eglise contre l'usure, qui devait être, à cette époque, une cause de ruine pour les débiteurs. La plupart des conciles qui ont condamné le plus sévèrement l'usure,

(1) Conc. de Latran, en 1139, c. 13; — de Londres, en 1138, c. 9; — de Tours, en 1163, c. 2; — de Latran, 1179, c. 25; — de Montpellier, en 1214, c. 5; — de Rouen, en 1445, c. 26. — Decret. Greg. IX, lib. V, t. 19, c. 7.

(2) Conc. de Lyon, en 1274, c. 26.

(3) Conc. de Lavaur, en 1368, c. 120.

(4) Conc. de Ravenne, en 1317, rubr. 15.

(5) *Petri except.*, L. II, c. 32.

(6) Cout. de Montpellier, en 1204, c. 9, 68.

(7) Voir ces différentes coutumes dans l'*Essai sur l'histoire du Droit français au moyen-âge*, de M. Giraud, tome II.

appartiennent aux provinces du Midi. Saint Louis, lors de son passage dans la Gaule narbonnaise, rendit une ordonnance contre les usuriers de ce pays, et fit défense à tous barons, baillis ou autres, de favoriser les usures des juifs (1).

L'usure fut aussi proscrite par ce prince, dans les pays coutumiers. Les *Etablissements* attestent, de la part de leur pieux auteur, la volonté de mettre la loi civile d'accord avec la loi religieuse. L'usurier devait être renvoyé au juge d'église afin de subir les peines canoniques ; et la loi prononçait la confiscation des meubles du coupable au profit du baron (2). Beaumanoir renvoyait aussi les usuriers devant le juge d'église :

« Quand on prête deniers à terme à semaine, par tant de
» deniers come convenanche queurt, les deniers qui vien-
» nent au-delà sout d'usure aperte... »

« La connaissance de l'usure appartient à cour de
« chrétienté (3).... »

La *Somme rurale* décide également que la connaissance de l'usure appartient au juge d'église ; une amende doit être imposée à l'usurier (4) ; il doit être banni de la terre sur laquelle le délit a été commis. L'usure se fait en prêtant, soit de l'argent, soit tout autre objet, pour recevoir du débiteur une valeur plus grande en qualité ou en quantité que celle de l'objet fourni : ce qui s'applique non seulement au prêt à intérêt, mais à l'antichrèse, lorsque le débiteur engage son fonds au créancier qui jouit des fruits jusqu'au paiement de la dette. Il est défendu à l'usurier de réclamer en justice les intérêts stipulés (5). La jurisprudence du XVe siècle enfin est absolument conforme sur ce point à celle du XIIIe et du XIVe. Les jurisconsultes reproduisent les dispositions mêmes du droit canonique (6).

(1) Ordonn. de S. Louis, en 1255, c. 28. Labbe.
(2) *Etabl. de S. Louis*, liv. I, ch. 86.
(3) Cout. de Beauvoisis, chap. 68, p. 145.
(4) *Somme rurale*, liv. II, t. 1, p. 654.
(5) *Somme rurale*, liv. II, t. 11.
(6) *Grand Coustumier*, f° 217, 218.

L'usure était donc défendue aux chrétiens d'une manière absolue ; les juifs seuls avaient conservé le droit de prêter à intérêt, mais les rois de France cherchèrent souvent à restreindre la faculté qu'on leur avait laissée. Philippe II, Louis VIII, Louis IX, Philippe IV, rendirent plusieurs ordonnances, dans le but de réprimer les usuriers juifs (1). Cependant le besoin d'argent se faisait souvent sentir, et, malgré les décisions sévères de l'Eglise, les princes firent des exceptions aux défenses qu'ils avaient eux-mêmes portées. On autorisa quelquefois des étrangers à s'établir dans certaines villes de France et à prêter à un taux fort élevé (2).

(1) Ordonn. de 1218 ; — de 1223, c. 1 ; — de 1230 ; — de 1299.

(2) L'ordonnance du 7 août 1378 (art. 2), permet aux banquiers étrangers, établis à Amiens, Meaux et Abbeville, de prêter à raison de deux deniers par livre par semaine (43^l 6^s 8^d par an , pour cent livres ; c'est-à-dire, d'après le langage moderne, 43^f 33^c %).

CHAPITRE VII.

Influence du droit canonique sur la procédure.

SECTION I.

PROCÉDURE ECCLÉSIASTIQUE.

§ 1.

Tribunaux ecclésiastiques. — Juridiction. — Organisation.

Pendant les premiers siècles de la féodalité, la procédure ecclésiastique n'éprouva pas de changements notables. Le système, dont nous avons tracé plus haut les principaux caractères, subsistait toujours. Les anciens canons et les décrétales des premiers siècles qui l'avaient organisé, étaient encore en vigueur au temps du moine Gratien, dont le recueil renferme tant de dispositions relatives à la procédure ecclésiastique (1). Cet état de choses dura jusqu'au XIIIᵉ siècle ; mais à cette époque l'établissement de l'Inquisition fit admettre une nouvelle manière de procéder en matière criminelle, et les tribunaux ecclésiastiques furent soumis à une nouvelle organisation. L'établissement des officialités, qui remonte à peu près vers la même époque (fin du XIIᵉ siècle), amena nécessairement plus de régularité et de sévérité dans les formes de la procédure ecclésiastique (2). L'ancienne simplicité disparut avec cette double création.

Bientôt le droit d'accusation, qui d'après l'ancien système pouvait être exercé par les parties intéressées, leur fut enlevé, et des *promoteurs* furent chargés du rôle d'accusateurs publics devant les tribunaux ecclésiastiques. L'inquisiteur, dans les matières où son ministère était requis, instruisait préalable-

---

(1) Decret. Grat., pars II, *passim* (vers 1150).
(2) Decret. Greg. IX, liv. III, t. 7, c. 3.

ment l'affaire , et des docteurs assistaient l'official lorsqu'il rendait ses jugements. Nous verrons plus loin la manière de procéder introduite au temps dont nous parlons.

La juridiction des tribunaux ecclésiastiques s'étendait, au criminel :

1º A tous les délits commis par des clercs, sans exception ;

2º A tous les crimes relatifs à la foi, tels que l'hérésie et l'apostasie, à certains crimes contre les mœurs et à l'usure, que les coupables fussent clercs ou laïques (1).

Au civil, ils connaissaient des causes relatives aux matières bénéficiales, aux contestations entre clercs, aux actions personnelles dirigées contre ceux-ci, aux mariages, et à tout ce qui touche aux sacrements, à l'exécution des testaments et à celle des contrats.

La législation civile consacrait pleinement cette juridiction. Au XIIIᵉ siècle, la compétence des tribunaux ecclésiastiques était reconnue sans contestation par les jurisconsultes civilistes, relativement au mariage (2), à l'usure (3), aux testaments (4), aux délits commis par les clercs qui, même pris en flagrant délit, devaient être remis au juge ecclésiastique (5). Ce privilége s'étendait aussi aux Croisés. Mais, au XIVᵉ siècle, avec les progrès de la puissance royale, les tribunaux laïques furent plus régulièrement organisés, et bientôt les juges royaux engagèrent contre les juges d'église une lutte acharnée. Les premiers voulaient restreindre la juridiction ecclésiastique aux matières purement spirituelles ; les seconds tenaient à conserver la juridiction qu'ils avaient acquise à une époque où, seuls à peu près, ils possédaient assez de lumières pour rendre une justice éclairée. D'un côté les légistes se plaignaient amèrement de l'immense extension

(1) Decret. Greg. IX, liv. II, t. 1, c. 8. — Sext. liv. V, t. 11, c. 12.
(2) Assis. hieros., Bassa corte, c. 155. — Beaumanoir, ch. 18, p. 98, 99.
(3) Beaumanoir, ch. 68.
(4) Id. chap. 11, p. 56 et s.
(5) Etabl. de S. Louis, L. I, ch. 84. — Somme rurale, liv. I, t 7.

qu'avait prise la juridiction ecclésiastique (1); d'un autre côté, les conciles excommuniaient les juges laïques, lorsqu'ils empiétaient sur la juridiction des cours de chrétienté (2). La lutte dura plusieurs siècles ; la juridiction ecclésiastique fut peu à peu diminuée, et perdit enfin toute son importance; mais cette décadence, commencée dès l'époque féodale, ne devait arriver à son terme que pendant la période suivante.

§ 2.

Formes de la procédure criminelle.

D'après l'ancienne procédure ecclésiastique, il n'y avait, sauf dans le cas de flagrant délit, qu'un moyen de livrer un coupable à la justice, c'était la voie d'accusation dont nous avons parlé plus haut. L'accusateur devenait partie en cause, souscrivait un libelle par lequel il se soumettait à la peine du talion, et fournissait ses témoins. La fonction d'accusateur était toute de droit privé. Avec la nouvelle organisation des tribunaux ecclésiastiques et l'établissement de l'inquisition, il y eut trois moyens de poursuivre les crimes :

1° La voie d'*accusation*, qui resta en vigueur, malgré les innovations introduites dans la procédure, et fut employée concurremment avec le système nouveau.

2° La poursuite d'office faite par le juge en cas de scandale public, et qui existait, du reste, dès l'époque romaine.

3° La voie de *dénonciation* par laquelle toute personne, ayant eu connaissance d'un crime, pouvait, sans souscrire le libelle d'accusation, et sans se porter partie en cause, dénoncer le coupable au juge, qui alors faisait les recherches nécessaires pour connaître la vérité (3).

(1) Discours de Pierre de Cugnières, en 1329. — Le *Songe du Verger*.
(2) Concile de Rouen, en 1096, c. 7; — de Châteaugontier, en 1268, c. 2 ; — de Bourges, en 1276, c. 7; — de Saumur, en 1315, c. 2; — d'Avignon, en 1326, c. 9 ; — de Lavaur, en 1368 , c. 36 ; — de Paris, en 1429, c. 36. — Bulle de Sixte IV, en 1476.
(3) Decret. Greg. IX, L. V, t. 1, c. 16, 17.

Dès lors, ce ne fut plus l'accusateur qui produisit ses témoins pour prouver devant le juge les faits qu'il avait allégués ; ce fut le juge qui les fit appeler pour vérifier l'exactitude de la dénonciation. L'accusation cessa d'être un acte privé. L'enquête secrète succéda à la production publique des témoins, telle qu'elle se faisait d'après l'ancien système. Ce mode de procéder fut appelé *inquisitio* (enquête, recherche). Voici comment on agissait : on exposait à l'accusé les chefs d'accusation portés contre lui ; les témoins étaient ensuite entendus secrètement, et leurs dépositions rédigées par écrit (1) ; puis, on notifiait à l'accusé leurs noms et le contenu de leurs déclarations ; il pouvait présenter ensuite ses exceptions et ses défenses. Cette procédure a été décrite par une décrétale d'Innocent III, dont voici le texte :

« Debet igitur esse præsens is contra quem facienda est
» inquisitio, nisi se per contumaciam absentaverit, et
» exponenda sunt ei ea capitula de quibus fuerit inquiren-
» dum, ut facultatem habeat defendendi seipsum ; et non
» solùm dicta, sed etiam nomina ipsa testium sunt ei (ut
» quid et à quo sit dictum appareat) publicanda, necnon
» exceptiones et replicationes legitimæ admittendæ, ne per
» suppressionem nominum infamandi, per exceptionum verò
» exclusionem deponendi falsum, audacia præbeatur (2). »

Ce mode de procéder ôtait à l'accusé la garantie de la publicité des témoignages et de l'audience ; mais d'un autre côté, il facilitait la découverte des crimes plus que ne le faisait le système ancien. Le juge n'était plus obligé d'attendre, lorsque le délit n'était pas flagrant, qu'il plût à un particulier de se porter accusateur. Il suffisait qu'un crime eût été dénoncé pour que le juge fît faire une enquête. Ce système devait assurer la répression des crimes et perfectionner les moyens de connaître la vérité juridique en matière crimi-nelle.

Sous Boniface VIII, la procédure ecclésiastique devint plus

(1) *Sext.* lib. V, t. 2, c. 11, § 1.
(2) Decret. Greg. IX, L. V, t. 1, c. 24. — Innocent III.

secrète encore. Il fut défendu sous peine d'excommunication à tous ceux qui connaissaient les secrets des procès criminels (*arcana processûs*) pendants devant les tribunaux ecclésiastiques, de les dévoiler, dans le cas où l'on avait à redouter la puissance de la personne accusée (1).

§ 3.

Formes de la procédure civile.

La procédure ecclésiastique subit aussi, en matière civile, une transformation importante vers la fin du XIIe ou le commencement du XIIIe siècle. L'élan donné alors à l'étude du droit romain et la faveur accordée par les papes à cette législation durent amener, dans la procédure civile, des modifications nombreuses.

Les canons des premiers conciles et les décrétales des anciens papes parlent souvent de la juridiction des évêques sur les clercs ; les pontifes décidaient les contestations qui s'élevaient entre les membres du clergé, et souvent même entre les laïques. Mais pendant les premiers siècles de l'Eglise, ces décisions n'étaient pas rendues dans les formes rigoureuses suivies par les magistrats romains. C'est ce qu'il est facile de voir en étudiant les monuments les plus anciens du droit canonique, recueillis par Denys-le-Petit. La plus grande simplicité semble le caractère unique de cette procédure primitive, ou pour mieux dire, il n'y avait pas alors de procédure.

Par la suite des siècles, des causes nombreuses changèrent cet état de choses. Les progrès de la puissance spirituelle, le développement de la juridiction ecclésiastique, le grand nombre de personnes engagées dans les ordres, l'accroissement des richesses de l'Eglise et la division des bénéfices ecclésiastiques, amenèrent nécessairement, devant les cours d'église, des procès plus nombreux et plus compliqués que ne l'étaient

(1) *Sext*. L. V, t. 2, c. 20.

ceux des premiers temps. On venait de toutes parts s'adresser
aux tribunaux ecclésiastiques, on les préférait à ceux des
barons, parce qu'ils avaient à la fois plus de science et plus
d'équité. De là, des formes plus rigoureuses furent introduites
dans la procédure des cours de chrétienté ; elles jugèrent
avec une sévérité de méthode longtemps inusitée. On fut
représenté devant elles par des avocats ou par des procureurs, comme devant les autres tribunaux (1). Les décré-
tales des papes des Xe, XIe et XIIe siècles, recueillies dans
le décret de Gratien, invoquent souvent les traditions de la
procédure romaine.

Mais ce fut surtout à la fin du XIIe siècle et pendant le XIIIe,
sous les règnes d'Alexandre III, d'Innocent III, de Grégoire IX,
qu'on vit la procédure romaine acquérir une grande influence
sur la procédure ecclésiastique. Les termes d'*action réelle*
ou *personnelle*, d'*exception péremptoire* ou *dilatoire*, de
litiscontestation, de *reconvention*, tous empruntés à la langue
du droit romain, sont souvent employés dans les décrétales
du XIIIe et du XIVe siècles. Ils prouvent qu'à cette époque la
procédure ecclésiastique faisait revivre la procédure romai-
ne (2). Le système formulaire avait, il est vrai, disparu; mais
le droit canonique invoquait les traditions de la procédure
romaine, telle qu'elle était dans son dernier état, sous les
règnes de Dioclétien et des empereurs chrétiens.

SECTION II.

PROCÉDURE LAÏQUE.

§ 1.

Procédure criminelle.

A l'époque féodale, les cours seigneuriales avaient succédé
aux *máls* ou *placita* du graf et du *thunginus* de l'époque

(1) Decret. Greg. IX, L. I, t. 38, c. 1.
(2) Decret. Greg. IX, L. II, t. 3, c. 2, c. 3; — t. 4, c. 2; — t. 6; — Conc.
de Lyon, en 1245, c. 6.

précédente. Le seigneur, entouré de ses vassaux que la loi féodale obligeait de le suivre à la guerre et au *plet*, rendait la justice aux hommes qui relevaient de lui. Le jugement des *pairs* avait succédé à celui des *rachimbourgs* de la première race et des *scabini* de la seconde.

A côté de la justice seigneuriale, l'émancipation des communes avait fait naître, dans les villes, la justice municipale du maire (*major*, *maïeur*) et des *échevins* (1). Les bourgeois eurent leurs tribunaux particuliers comme les nobles, et les *Assises de Jérusalem* mentionnent expressément les deux cours.

Le roi avait aussi ses tribunaux; les baillis et les prévôts royaux rendaient en son nom la justice dans ses domaines. Tant que le roi fut seulement le seigneur féodal de quelques provinces, les justices royales ne furent, à vrai dire, que les justices seigneuriales de ces contrées; mais l'extension, que prit la puissance royale au XIIe et au XIIIe siècles, donna aux tribunaux royaux une immense autorité. Sous le règne de saint Louis, les baillis royaux devinrent juges d'appel à l'égard de ceux des seigneurs; on leur donna le droit de connaître par préférence de tous les cas graves, appelés *cas royaux*. Les justices royales eurent ainsi la suprématie sur toutes les autres.

Les formes de procédure usitées devant ces juridictions étaient très simples. Au criminel, le droit d'accusation appartenait à tous, comme aux époques précédentes. L'accusateur faisait citer son adversaire devant le seigneur ou le juge qui le représentait, et produisait ses témoins; le débat était oral et public. Les gages de bataille se donnaient en présence du juge, et le combat terminait la plupart des contestations.

Les choses restèrent en cet état jusqu'à la fin du XIIIe siècle à peu près; mais à cette époque les légistes, qui

---

(1) Dans les villes du Midi, les consuls ou capitouls, successeurs des décurions romains, rendaient également la justice municipale. — Les *échevins* des villes du Nord sont les anciens *scabini* (*Skapene*), des capitulaires.

commençaient à prendre la place des barons dans les justices royales et seigneuriales, introduisirent un nouveau mode de procéder, emprunté au droit canonique. Nous avons vu que les décrétales d'Innocent III et de Boniface VIII avaient transformé la procédure ecclésiastique; la voie de dénonciation avait été ajoutée à la voie d'accusation; le débat était devenu écrit, au lieu d'être oral (1); la procédure secrète avait remplacé la procédure publique.

Une transformation analogue s'opéra peu à peu dans la manière de procéder des tribunaux laïques. Les restrictions apportées sous le règne de saint Louis au combat judiciaire rendaient nécessaire un nouveau moyen de procéder. La preuve par témoins reçut par conséquent une grande extension ; il fallut la régulariser, et la procédure secrète, introduite dans les cours de chrétienté par le droit canonique, fut admise aussi par les tribunaux séculiers. La voie de dénonciation prit place auprès de la voie d'accusation.

Le mode de procéder à l'enquête, tel qu'il est décrit dans les *Etablissements de saint Louis*, est emprunté tout entier au droit canonique. Lorsqu'il y a lieu d'ordonner la preuve d'un fait, le prévôt doit entendre les témoins *secrètement*, et faire connaître ensuite leurs dépositions aux parties intéressées (2). La procédure écrite se généralisa, et l'on établit dans les cours laïques des auditeurs chargés de recevoir les dépositions et de les conserver par écrit; il en était ainsi dès le temps de Beaumanoir (3).

Au XIVe et au XVe siècles, la procédure secrète était en pleine vigueur. D'après Bouteiller, après que le juge a interrogé l'accusé, une commission doit entendre les témoins; ils déposent tant en l'absence qu'en la présence des parties ;

---

(1) *Sext.* L. V, t. 2, c. 11, § 1.

(2) *Etabl. de S. Louis*, L. I, ch. 1, 3.

(3) Cout. de Beauvoisis, ch. 40. — Voir aussi ordonnance de décembre, 1320. — Ordonnances des rois de France, tome I.

l'accusé peut ensuite leur opposer ses reproches et ses exceptions (1).

Dans le Midi, l'enquête secrète fut usitée dès la seconde moitié du XIIIe siècle ; les coutumes d'Alby, rédigées à cette époque, en font mention. L'influence de l'Inquisition dans ce pays, et les troubles qui le désolèrent alors, en sont sans doute la cause ; voici comment s'expriment ces coutumes :

« Sobre crims que pena de sanc enquesta sera fasedoira ;
» que sia facha per lo baile del avesque, mar sera tengutz
» upelar II, o tres, o mai dels prohomes de la ciutat, los
» quals presens sia facha. Li qual juraran que non reve-
» laran aicelas causas que auran ausidas en enquesta entro
» que sio de mantenent le jutgamen fasedor.....
.... » Et legida la enquesta davant aquels et ausida
» la cofessio del meseime mal fachor ».

Cette enquête écrite devait être lue aux prud'hommes qui prononçaient ensuite le jugement (2). C'est la procédure inquisitoriale avec sa secrète rigueur.

L'admission de l'enquête secrète appelait aussi celle de la voie de *dénonciation* dans les affaires criminelles. Elle pénétra cependant plus lentement que ne l'avait fait l'enquête secrète, quoique ces deux institutions eussent la même source. D'après les *Assises de Jérusalem* et d'après les *Etablissements de saint Louis*, il fallait encore, pour poursuivre un coupable, employer la voie d'accusation.

Lorsqu'un homme était arrêté sur un soupçon de vol, on ne pouvait le juger, à moins qu'un accusateur ne se présentât. En matière de meurtre, l'accusateur devait se soumet-

---

(1) *Somme rurale*, L. II, t. 2, p. 676 ; — L. I, t. 34 ; — *Grand Coustumier*, f° 20 ; — Ordonn. du Châtelet, en 1425, art. 2.

(2) Coutumes d'Aix, en 1268, c. 1, 2. — Les coutumes d'Aix, rédigées en 1244, admettent la poursuite par voie de dénonciation. — On lit dans les *Priviléges municipaux* de la cité d'Apt :
« Avem carta que li juges et li autres ufficials que serien els consellis
» devon jurar de tenir segret las causas que si dirien els consellis.» (c. 221)

tre à la peine du talion (1). S'il s'agissait de coups et blessures, il devait se présenter devant le juge, et dire :

« Sire, il me feri de ses armes esmouluës et me donna
» coups et colées dont cuir creva et sang en issi, et me fit
» plaic mortieux, qui bien sont apparissans, dont il se re-
» cognoist, *je demande et requiers qu'il en soit pugnis*,
» comme de tel fet, et mes domages me soient rendus (2). »

L'accusation est encore, d'après ce passage, un droit privé laissé à la partie plaignante. Mais à côté de ce moyen de poursuite, se montrait déjà un nouveau moyen, la voie de dénonciation, qui devait transformer peu à peu le droit d'accusation. Ces deux manières de poursuivre l'action criminelle coexistèrent longtemps; l'admission du nouveau système n'entraîna pas de suite l'abandon de l'ancien. Beaumanoir parle de ces deux systèmes, et les met en quelque sorte sur la même ligne (3). Mais, un siècle après lui, la voie d'accusation n'était plus en usage dans la pratique; si les jurisconsultes la mentionnaient encore, ce n'était que pour la forme seulement. On n'agissait plus dès-lors que par voie de dénonciation, ou d'office; le procureur du roi commençait à être chargé de la poursuite des crimes (4). On pouvait livrer un coupable à la justice sans être obligé de se porter partie en cause, et sans se soumettre à la peine du talion. La répression cessait d'être une vengeance privée pour devenir une fonction sociale.

§ 2.

Chute des ordalies.

A la transformation de la procédure criminelle sous l'influence du droit canonique, se rattache la chute de deux

(1) *Alta corte*, c. 86. — *Etabl. de S. Louis*, L. I, ch. 3, 26.
(2) *Etabl. de S. Louis*, L. II, ch. 11.
(3) Cout. de Beauvoisis, ch. 6, p. 38.
(4) *Somme rurale*, L. I, t. 34.

usages qui eurent une grande importance pendant les premiers siècles du moyen-âge : celui des épreuves ou ordalies et celui du duel judiciaire. Nous parlerons d'abord des ordalies. Elles subsistèrent plus longtemps qu'on ne le croit généralement, malgré les condamnations portées contre elles par l'Eglise. Nous avons vu que les papes du VIIIe et du IXe siècles les avaient déjà proscrites. Ces condamnations furent renouvelées plusieurs fois. Au concile de Latran, tenu en 1215, il fut défendu aux clercs de prendre part aux duels judiciaires, et de bénir le rite des épreuves par l'eau chaude ou froide, ou par le fer chaud (1). Au XIIe et au XIIIe siècles, Célestin III, Innocent III, Honorius III, les prohibèrent également (2). Au XIVe siècle, le concile de Palence les condamna de nouveau (3).

Les ordalies furent donc, à l'époque féodale, proscrites d'une manière absolue par la législation canonique.

Ces défenses, émanées de l'autorité ecclésiastique au XIIIe et même au XIVe siècles, nous montrent avec quelle persistance les peuples tenaient à ces restes de la barbarie païenne. On trouve en effet les épreuves judiciaires mentionnées dans toutes les lois de la féodalité. Les chartes communales du XIe et du XIIe siècles en consacrèrent fréquemment l'usage (4). Les *Assises de Jérusalem* en ont conservé

(1) Conc. de Latran, en 1215, c. 18. — Decret. Greg. IX, L. III, t. 50, c. 9.

(2) Decret. Greg. IX, L. V, t. 35, c. 1.

(3) Conc. de Palence, en 1322, c. 26.

(4) Charte de Laon, en 1128, c. 4; — de Montpellier, en 1204, c. 62. — On retrouve les ordalies chez tous les peuples d'origine germanique, pendant les premiers temps de la féodalité. Elles étaient en vigueur : 1° en Allemagne : *Lois militaires de Frédéric*, en 1158, c. 10. — *Ancien livre des fiefs*, rédigé dans la première moitié du XIe siècle, c. 100. — Kora de Nieuport, 1163, c.2. — 2° en Angleterre : *Lois d'Edouard-le-Confesseur*, dans Labbe; — *Lois de Guillaume-le-Conquérant*, c. 17. (Canciani, tome IV).—*Assises de Clarendon* de 1176, sous Henri II. — (Hoüard, tome II, p. 291). — Elles furent abolies sous Henri III, en 1217. — (Hoüard, tome II, p. 415). — 3° En Espagne: *Les Usages de Barcelonne* les mentionnent, mais pour les abolir (*Usatici Barchinonæ*, 1168, c. 1). — Du reste, des usages analogues ont existé chez presque tous les peuples de l'antiquité. (Voir Kœnigswarter : *Etudes sur le développement des sociétés humaines*).

le souvenir, et dans une de leurs parties, composée au XIIIᵉ
siècle, il est question de l'épreuve par le fer chaud (1).
Mais, au déclin de l'époque féodale, on ne trouve plus guère
de traces de cet usage, qui du reste avait depuis longtemps
perdu beaucoup de son importance, par suite de l'immense
extension donnée au duel judiciaire pendant cette période (2).

§ 3.

Abandon du serment purgatoire.

Le serment purgatoire, que prêtait l'accusé, seul ou assisté
de plusieurs compurgateurs, ne fut pas poursuivi comme les
ordalies par les anathèmes de l'Eglise. Il avait été admis au
contraire par les usages ecclésiastiques. Les papes et les
conciles ordonnaient aux clercs de se purger par le serment,
et le substituaient aux épreuves judiciaires. Ce moyen de
preuve, qui n'avait pas le même caractère de barbarie que
les précédents, était encore usité devant les cours d'église
à la fin du XIIᵉ siècle, et au commencement du XIIIᵉ, au
temps des papes Alexandre III et Innocent III (3). Il tomba
depuis en désuétude.

La procédure séculière employa longtemps encore le serment. Nous le trouvons en usage dans les justices municipales,
non seulement au XIᵉ et au XIIᵉ siècles, mais il est mentionné
même dans plusieurs chartes communales octroyées ou
confirmées au XIIIᵉ et au XIVᵉ siècles (4). Après cette épo-

---

(1) *El Pledeante*, cap. ult. — Cette épreuve était encore usitée au XVIᵉ
siècle, en Albanie.

(2) On trouve encore l'épreuve de l'eau froide, employée dans les procès
de sorcellerie, au commencement du XVIIᵉ siècle. — Un arrêt du parlement
de Paris en interdit l'usage, en 1601. (D'Héricourt, *Lois ecclésiastiques*,
part. I, ch. 24, art. 14, note *q*).

(3) Decret. Greg. IX, L. I, t. 31, c. 5. — L. V, t. 34, c. 1.

(4) Charte de Lorris, c. 32; — de Strasbourg, en 980, c. 35; — de Bigorre,
en 1097, c. 21; — de Verneuil; — de Péronne, confirmée en 1388, art. 2, 3;
— d'Ervy-en-Champagne, confirmée en 1332, c. 19. — Il fut aboli en Gas-
cogne, en 1280, par une ordonnance de Philippe III.

que, les jurisconsultes cessent de le mentionner, et comme les ordalies, il tomba peu à peu en désuétude, par suite de l'introduction de la procédure secrète (1).

§ 4.

Abolition du combat judiciaire.

Le combat judiciaire fut, dès une époque reculée, employé par les barbares pour remplacer les guerres et les vengeances privées; souvent on en fit usage sous les deux premières races franques, mais il prit, sous la troisième dynastie, une plus grande extension. Le régime féodal favorisa son développement. C'était pour les fiers barons du moyen-âge, dont la vie se passait à guerroyer, le moyen le plus prompt de vider leurs différends.

Le combat s'employait en justice, non seulement pour statuer sur les accusations criminelles, mais encore pour trancher les questions d'intérêt pécuniaire, telles que celles relatives aux matières féodales, aux dettes d'argent, aux testaments, etc. (2). L'accusé pouvait l'employer, non seulement contre son accusateur, mais encore contre les

(1) On trouve le serment purgatoire usité, comme les ordalies, chez toutes les races germaniques, à une époque assez rapprochée : 1° en Allemagne, au XIe et au XIIe siècles : *Lois militaires de Frédéric I*, c. 1, 2, 3. — *Ant. lib. de benef.*, c. 100. — Kora de Nieuport, en 1163, c. 3. — Statuts de Soest, en 1120, c. 19. — Kora de Furnes, en 1240, c. 3. — Coutumes de Fribourg en Brisgaw, c. 36. — 2° en Angleterre, à la même époque, les lois de Guillaume-le-Conquérant autorisaient la *lada* ou serment purgatoire : *Lois de Guillaume*, c. 4, 16. — (Canciani, tome IV). — Voir aussi *Assises de Clarendon*, en 1176. — (Hoüard, tome II, p. 291). — 3° en Espagne, les Fueros en ont consacré l'usage : « Si algun ome tiene lança o otra arma en su mano, mientre » que este que tiene la arma non le vee, otre ome cae sobre ella sin voluntat » daquel que la tiene, si se podier purgar por so sacramento, que non fu » por so grado el ferido se torne a su culpa» (*Fueros Juzgos, ad leg. Wisigot.*, Append., c. 7. — Canciani, tome IV. — Voir aussi *Usatici Barchinonæ*, c. 1, 52, 113).

(2) *Assis. hieros., Alta corte*, c. 50, 104. — 60, 110, 112, 129. — *Bassa corte*, c. 51, 238. — *Assises de Jacques d'Ibelin*, c. 129 et s. — *Uxanze de lo imper. di Romagnia*, c. 157.

témoins, et même contre les juges (1). Lorsque le défendeur voulait défier les juges, il devait les vaincre tous successivement, sous peine d'être pendu. Lorsqu'il récusait les témoins, il s'adressait à eux en ces termes :

« Tu menti, come falso testimonio, e io ti levo come
» sperjuro ; io son prompto di prouartelo con la mia persona
» contra la tua, e renderti morto o pentito in spacio
» d'un'ora, e vedi quì el mio pegno. »

Puis il jetait son gage, et le témoin incriminé répondait :

« Tu menti, e io son presto di prouar la mia lealta
» contra di te, e diffendermi con la mia persona contra la
» tua, e renderti morto o pentito in spacio d'un' hora, e vedi
» quì el mio pegno (2). »

Le seigneur assignait ensuite la bataille à quarante jours. Le gentilhomme combattait à cheval, le roturier à pied ; lorsqu'un gentilhomme appelait un roturier au combat, il devait prendre les mêmes armes que celui-ci.

Les champions se présentaient : « au nom de Dieu et de
» madame saincte Marie, sa douce mère, et de sainct Georges
» le bon chevalier et de tous saincts et sainctes en voulenté et
» appareillé de faire son devoir (3). »

Avant d'engager la bataille, les combattants se prenaient par la main, et prononçaient cette formule de serment :

« Homme que je tiens par la main par Dieu le créateur
» et par ses saincts, je t'ay appelé à bonne cause et à bonne
» querelle que j'ai contre toi, et que tu fis telle chose dont
» je t'appelle ; que je n'ay pierre ne herbe sur moy par quoy
» je puisse avoir ayde contre toy, fors à l'aide de Dieu et de
» sainct Georges et de mes armes et de mon bon droict (4). »

Le hérault d'armes criait trois bans, le juge donnait le

(1) *Alta corte*, c. 50, 133.
(2) *Alta corte*, c. 97.
(3) *Somme rurale, Addit.*, p. 879.
(4) Bouteiller, *Somme rurale, Addit.*

15

signal, et le combat commençait. Le vaincu était tenu pour « faux et déloyal pour toute sa vie (1). »

Les bourgeois et les serfs pratiquaient, comme les nobles, le duel judiciaire ; ils revendiquaient souvent auprès de leurs seigneurs le droit de combattre en champ clos, et les chartes communales leur en assuraient l'exercice (2). Les clercs seuls étaient dispensés de cette procédure barbare.

L'Eglise proscrivit le duel judiciaire, comme elle avait proscrit les ordalies. Alexandre III ordonna de déposer les clercs qui se battaient en duel, en 1172. Le concile général de Latran, tenu en 1215, interdit également aux clercs le duel judiciaire (3). Martin IV, en 1280, écrivait à Edouard Ier, roi d'Angleterre, pour que celui-ci empêchât le duel qui devait avoir lieu entre Pierre d'Aragon et Charles, roi de Sicile (4). Les décrétales de Célestin III, en 1195 ; d'Innocent III, adressée aux consuls de Spolète ; d'Honorius III aux Templiers, condamnèrent à la fois les ordalies et le duel judiciaire (5). En 1473, un concile tenu à Tolède alla plus loin encore ; il décida que les gens tués en duel ne pourraient recevoir la sépulture ecclésiastique, et prononça la suspense contre les clercs qui la donneraient au mépris de cette prohibition (6).

Les rois de France, à partir du XIIIe siècle, cherchèrent à restreindre de plus en plus le duel judiciaire qui, dans l'origine, était employé dans presque toutes les causes. D'abord, Louis VII, en 1168, défendit le duel pour les con-

(1) *Assis. hieros.*, *Alta corte*, c. 97.
(2) Chartes de Lorris, c. 14; — de Montpellier, en 1204, c. 62.—Anc. cout. de Bourgogne, en 1270, art. 55. — T. A. C. de Bretagne, ch. 135. — Charte de Péronne, confirm. en 1368, art. 3 ; — Priviléges de Pontorson, conf. en 1366, art. 44, 47. — Charte d'Abbeville, art. 5.
(3) Conc. de Latran, en 1215, c. 18.—Decret. Greg. IX, L. V, t. 14, c. 1.
(4) Martin IV, *Epist.* 5. Labbe.
(5) Decret. Greg. IX, L. V, t. 35, c. 1.
(6) Conc. de Tolède, en 1473, c. 20.

testations de cinq sols et au-dessous (1). Puis, Louis IX, qui chercha toujours à gouverner la société conformément aux principes chrétiens, et à lui donner pour base les lois de l'Evangile, défendit le duel judiciaire dans l'étendue de ses domaines :

« Nous deffendons les batailles partout notre demaine, en
» toutes quereles...,.. En lieu des batailles, nous mettons
» pruëves des tesmoins ou des chartres..... Et si n'ostons
» mie les autres bonnes pruëves et loyaus qui ont esté
» accoutumées en court laie en jusques à ores (2). »

Il fut aussi défendu d'appeler par voie de bataille du jugement rendu par les juges royaux :

« Se aucuns veut fausser jugement en païs, là où fausse-
» ment de jugement afiert, il n'i aura point de bataille, mais
» li cleim, li respons, et li autre errement du plet seront
» rapportés en notre court, et selon les errements du plet
» l'en fera tenir ou depiécer le jugement, et cil qui sera
» treuvé en son tort l'amendera par la coustume du païs et
» de la terre (3). »

Le combat judiciaire fut cependant maintenu dans plusieurs cas; par exemple, pour faire preuve de la légitime défense en cas de meurtre (4), et pour appeler du jugement rendu par le seigneur (5). Les frères purent combattre entre eux ou faire combattre par champions, en cas de meurtre, de trahison, de rapt, mais non pour les causes civiles (6).

Plusieurs siècles se passèrent avant que les restrictions apportées au combat judiciaire par saint Louis devinssent universelles, et la législation subit encore bien des variations sur ce point avant d'arriver à une abolition complète du duel judiciaire. Les auteurs du XIIIe et du XIVe siècles s'en

---

(1) Ord. de Louis VII, en 1168, c. 3.
(2) *Etabl. de S. Louis*, L. I, ch. 2, 4, 5.
(3) *Id.* L. I, ch. 6, 80.
(4) *Id.* L. I, ch. 27.
(5) *Id.* L. I, ch. 81.
(6) *Id.* L. I, ch. 167.

occupent souvent. Ils le permettent en cas de meurtre, de rapt ou d'incendie (1). Les rois multiplièrent les ordonnances contre le combat judiciaire et contre les guerres privées. Tantôt ils les proscrivaient d'une manière absolue, tantôt pour un temps limité ; par exemple, pour la durée d'une guerre dans laquelle ils étaient engagés (2). Malgré ces défenses, les guerres privées et les combats judiciaires continuaient toujours. Les nobles surtout réclamaient le privilége de décider leurs procès en champ clos, et la royauté, trop faible pour imposer ses lois, cédait souvent (3). Les mœurs cependant s'adoucirent peu à peu, et le duel judiciaire cessa d'être en usage. Le dernier qu'ait ordonné le parlement de Paris eut lieu en 1386 ; mais on en vit d'autres cependant à une époque postérieure : tel fut celui de La Chataigneraie sous Henri III (4).

---

(1) Beaumanoir, coutumes de Beauvoisis, ch. 64. — *Somme rurale*, L. I, t. 39; — *Addit.*, p. 879.

(2) Ordonn. de 1296, c. 1, 2; — de 1303; — de 1314 ; — du 15 avril 1350, art. 26; — du 17 déc. 1352; — du 5 oct. 1361.

(3) Ordonn. de 1315, c. 1, 6, pour les nobles de Bourgogne. — Ord. du 8 fév. 1330, pour l'Aquitaine; — du 19 sept. 1351, pour les nobles de Beauvoisis.

(4) L'usage du duel judiciaire fut universellement adopté au moyen-âge, dans toute l'Europe occidentale. On le trouve :

1° En Allemagne, en Franche-Comté et en Italie (Lois militaires de Frédéric I, c. 1, 2. — Lois d'Othon II. — Canciani, tome I, p. 228. — *Append. ad leg. Lang.* — Chartes de Strasbourg, c. 35 ; — de Fribourg en Brisgaw, c. 30 et 55;—de Malthay, c. 12). — Il fut aboli partiellement dans le royaume de Naples, par Frédéric II, au XIII° siècle (Constit. Nap., L. II, t. 32).

2° En Angleterre, où, suivant les historiens, il fut introduit par Guillaume-le-Conquérant : « William-le-Conquerour introduxit etiam litium examen » per duellum, id est *triall by battail*, quod apud Saxones nostros, licet » frequens aliis non invenio. (Spielman. Codex legum veterum statutorum Angliæ. Hoüard, tome II, p. 190.) — Voir aussi Charte de Guillaume-le-Conquérant, c. 62. — (Canciani, tome IV, p. 359.)

3° En Espagne (*Usatici Barchinonæ*, c. 27, 57, 113.)

§ 5.

De la question.

Nous avons parlé plus haut de la *question*, cet usage barbare que la procédure romaine a légué au monde moderne (1). Aux premiers siècles de l'époque féodale, la torture n'était employée qu'à l'égard des serfs; mais, au XIIIᵉ siècle, l'influence du droit romain en fit généraliser l'application (2). Elle était en pleine vigueur à la fin de cette époque et pendant les siècles suivants. On mettait à la question l'accusé contre lequel s'élevaient de graves présomptions de culpabilité (3). D'abord, les personnes de mauvaise renommée y furent seules soumises; plus tard, on l'appliqua indifféremment à tous les accusés. Les habitants de plusieurs provinces réclamèrent toutefois le privilége d'être exempts de la question, ou de n'y être soumis que dans certains cas (4). Mais bientôt, sous le niveau des ordonnances royales, elle fut partout employée. La procédure ecclésiastique, qui d'abord l'avait repoussée, comme nous l'avons vu plus haut, finit aussi par l'adopter (5). A la fin du XVᵉ siècle, la procédure secrète et la question avaient complètement remplacé l'ancienne procédure, devant les cours de chrétienté comme devant les cours laies.

§ 6.

De la procédure civile.

La procédure civile subit l'influence du mouvement qui entraînait tous les esprits vers le droit romain. Nous avons

---

(1) *Petri exceptiones*, L. IV, c. 32.
(2) Ordonn. de Paris, de 1254, c. 21.
(3) *Somme rurale*, liv. I, t. 34. — *Grand Coustumier*, fº 251.
(4) Ordonn. de 1314, c. 11, sur les priviléges de Normandie. — Ord. de 1315, c. 14, pour les nobles de Champagne. — Priviléges d'Aigues-Mortes, art. 17. — Charte de Cahors, art. 9.
(5) *Septimus Decret.*, L. II, t. 5, c. 1. — Paul IV, en 1555, édition Pithou.

vu la transformation qu'il fit subir à la procédure ecclésiastique ; la procédure laïque en éprouva une toute semblable. Elle emprunta au droit canonique, comme la procédure criminelle, l'usage de l'enquête secrète. Elle se modela sur la procédure ecclésiastique, qui n'était elle-même que la procédure romaine dégagée des anciennes rigueurs du système formulaire. Avec l'abolition des ordalies et du combat judiciaire, il fallait substituer nécessairement une procédure rationnelle et savante à la procédure guerrière et barbare qui tombait en désuétude. Nous ne saurions entrer dans tous les détails, ni décrire tous les incidents de procédure admis par ce nouveau système ; il nous suffira d'en rappeler les principaux caractères.

Le demandeur faisait ajourner son adversaire devant le prévôt ; les parties comparaissaient et exposaient leur demande, qui bientôt dut être rédigée par écrit ; elles pouvaient se faire représenter par des mandataires ou procureurs, dont le ministère n'était pas encore obligatoire. A la demande, l'adversaire répondait par des exceptions dilatoires ou péremptoires ; le défendeur produisait ensuite des *réplications*. En cas de non-comparution, le défendeur pouvait faire valoir les excuses légales ou *essoines* que la coutume permettait d'admettre. Le juge, s'il y avait lieu, ordonnait que les parties produiraient leurs témoins. L'enquête devint secrète au civil, comme au criminel (1).

Les jurisconsultes, tous imbus des idées romaines, s'appliquaient à qualifier les actions et les exceptions, à déterminer leur nature et leur caractère, à expliquer leurs effets comme le faisait le droit romain , en un mot, à assimiler autant que possible la procédure française à la procédure romaine (2). C'est donc au droit romain et au droit canonique que la procédure moderne a emprunté ses règles fondamentales.

(1) *Etabl. de S. Louis*, Liv. I, ch. 1. — Voir aussi Beaumanoir, ch. 2, 3, 4, 5. — Bouteiller, L. I, t. 2, 6, 17, 22. — *Grand Coustumier*, L. III, f° 163. — Ordonn. de 1363.

(2) Voir Bouteiller, liv. I, t. 27.

CHAPITRE VIII.

Du droit pénal.

SECTION I.

DES PEINES CANONIQUES.

§ 1.

Abandon des anciennes pénitences publiques.

Nous avons constaté plus haut l'existence du droit pénal ecclésiastique pendant les premiers siècles de l'Eglise. Nous avons vu sur quelles bases reposait la pénalité, d'après les maximes canoniques : corriger le coupable pour l'améliorer, et satisfaire par l'expiation à la justice divine.

A l'époque féodale, l'Eglise, qui luttait sans cesse pour ramener l'ordre et la paix dans le monde, frappait de ses excommunications tous ceux qui, par leurs crimes ou par leurs désordres, portaient le trouble dans la société. Les *Actes des conciles* et les recueils des décrétales sont remplis de sentences d'excommunication fulminées contre tous les coupables de meurtre, de brigandage, d'adultère ou d'inceste. L'excommunication solennelle était prononcée par l'évêque, à l'église, au son des cloches, les cierges allumés. Les excommuniés étaient privés de toute communication avec le reste de la société ; tous les droits civils leur étaient enlevés ; leur position était analogue à celle de l'homme frappé, à Rome, par l'interdiction de l'eau et du feu, ou dans les Gaules, par une sentence des druides.

Mais à côté de ces anathèmes, dont l'effet était si terrible, et qui dans le code ecclésiastique remplaçaient la peine de mort, l'Eglise conservait toujours dans ses lois les peines canoniques plus douces, telles que les pénitences faites aux portes des églises, les jeûnes, les aumônes, etc. A la fin du

XIIIe siècle, cependant, elles commençaient à tomber en désuétude. Les fidèles négligeaient de s'y soumettre, tandis que les conciles s'efforçaient vainement de les maintenir, et les papes, de les faire exécuter. Le concile de Lamberth, tenu en Angleterre à cette époque, les remettait en vigueur (1). Un concile, tenu à Paris vers 1350, cherchait aussi à maintenir les anciennes pénitences. D'après sa décision, les pénitents devaient être conduits à l'église le premier jour du carême, pour en être expulsés solennellement par l'évêque. Le Jeudi-Saint, on devait les ramener de nouveau afin que l'évêque les réconciliât avec l'Eglise (2). Mais ce n'était plus qu'un souvenir de ce qui se passait dans la primitive Eglise ; au XIVe siècle, le temps des pénitences publiques était passé.

§ 2.

Des crimes ecclésiastiques et des peines.

La chute des pénitences publiques n'empêcha pas l'Eglise d'exercer sa juridiction sur les crimes punis par le droit canonique. Il ne faut pas confondre ces deux choses différentes. Cette juridiction s'appliquait aux délits commis par les clercs (3) et à certains crimes spéciaux commis par les laïques ou par les clercs, tels que le blasphème, l'usure, l'hérésie. Les peines prononcées contre ces différents actes étaient toujours, sauf les cas où l'Eglise livrait les coupables au bras séculier, celles qu'elle appliquait dès l'époque précédente, et qui n'entraînaient ni mort, ni mutilation. On y ajouta aussi la prison ; elle pouvait être prononcée pour un temps plus ou moins prolongé, ou même à perpétuité (4). Ainsi, malgré la chute des pénitences canoniques, jadis appli-

(1) Conc. de Lamberth, en 1281.
(2) Conc. de Paris, en 1350, c. 9.
(3) Decret. Greg. IX, L. II, t. 1, c. 10.
(4) Sext. L. V, t. 9, c. 3.

quées à un grand nombre de crimes, l'Eglise eut, pendant toute l'époque féodale, sa juridiction criminelle spéciale ; elle appliqua des peines, elle eut son Code pénal (1). Il est inutile de revenir ici sur les principes fondamentaux de sa théorie des peines ; nous les avons suffisamment exposés plus haut ; ils n'avaient point varié. Il suffit d'en constater la continuité. Les décrétales en développèrent seulement les conséquences, et posèrent toutes les règles qui doivent servir de base à l'appréciation des actes humains au point de vue de la criminalité, et diriger le juge dans l'application des peines.

Elles ordonnèrent de considérer la nature et la gravité du délit, l'âge, le degré d'instruction, le sexe et la condition de la personne accusée , le lieu et le temps où le délit a été commis, et de graduer la peine suivant ces diverses circonstances. Le complice de l'homicide fut assimilé à l'auteur principal (2). Ces principes sont devenus les règles élémentaires du droit pénal moderne, qui apprécie avec tant de soin les diverses circonstances de l'acte incriminé.

SECTION II.

DROIT PÉNAL SÉCULIER.

§ 1.

Vengeance privée. — Talion. — Compositions.

Le droit de vengeance privée, cette forme primitive de la répression chez les peuples barbares, dont nous avons constaté l'existence durant les premiers siècles de notre histoire, resta longtemps dans les mœurs et dans les lois. Il s'éteignit peu à peu, grâce aux efforts constants de l'Eglise et de la royauté, et le principe de la répression sociale lui fut peu à peu complètement substitué. C'est cette décadence progressive du droit de vengeance que nous allons maintenant étudier.

---

(1) Decret. Greg. IX, L. V. — *Sext.* L. V.
(2) Decret. Greg. IX, L. V, t. 12, c. 6, proem. et § 1.

Pendant les XIᵉ et XIIᵉ siècles, il était encore en pleine
vigueur. A cette époque, les vieux usages germaniques avaient
conservé plus d'empire qu'on ne le croit généralement. Le
droit de vengeance entraînait comme conséquences nécessaires le talion et les compositions. On retrouve ces diverses
institutions dans les plus anciens monuments de notre législation nationale : les chartes communales et les coutumes
locales. La charte de Laon décide que le meurtrier qui n'aura
pas payé le prix de rachat fixé par le maire et par les jurés,
subira la peine du talion (tête pour tête, membre pour
membre) (1). Les jurés peuvent brûler et dévaster l'alleu de
celui qui n'a pas payé la composition (2).

Toutes les chartes de cette époque admettent le système
des compositions, sinon pour tous les crimes, du moins pour
les moins graves. D'après leurs dispositions, il est permis aux
parties de transiger en justice (3). Le meurtre même, dans
certaines localités, n'est puni que d'une simple amende,
lorsqu'il a été commis hors des murs de la cité (4). Les
injures, les blessures et les coups ne sont généralement frappés
que de simples compositions ; le droit féodal et le droit roturier sont d'accord sur ce point (5). On est étonné de voir
jusqu'à la fin du XIVᵉ siècle certains statuts locaux conserver
cet ancien usage (6). Mais les rois s'efforcèrent de supprimer
ce reste de barbarie ; une ordonnance de Charles V défendit,
en 1356, de recevoir les compositions, et ordonna aux barons
de faire pleine justice (7). A la fin du XIVᵉ siècle, la jurisprudence, s'appuyant sur cette ordonnance, déclara nulles les
transactions faites par les parties en matière criminelle, et

(1) Charte de Laon, c. 4, en 1128.
(2) Id. c. 2.
(3) Charte de Lorris, c. 12.
(4) Statuts de Soest, c. 14, 15, 22. — Coutumes de Medebach, c. 5, 8.
(5) Assis. hieros., Alta corte, c. 137. — Charte de Laon, art. 2. — Coutumes de Montpellier, en 1204, c. 23. — Lois municipales d'Arles, c. 19.
(6) Coutumes de Beaune, en 1370, art. 42. — Cout. de Châtillon, 1371,
art. 162; — de Chatelblanc, en 1303, art. 9, 10, 11, 12.—Priviléges de Limo-
ges, confirmés en 1356.
(7) Ordonn. de mars 1356, art. 9. — Recueil des ordonn., t. III.

dès lors la vengeance cessa d'être un droit privé (1). Le crime fut considéré comme un acte commis contre la société tout entière, et puni comme tel, tandis qu'auparavant on le regardait seulement comme une atteinte portée à une famille ou à un individu; avant cette époque, on ne songeait pas encore au trouble porté à toute la société dans la personne de l'un de ses membres.

Avec les compositions on retrouve encore à l'époque féodale le principe germanique de la solidarité qui les accompagne toujours. Certaines coutumes remettaient encore le droit de vengeance entre les mains de la famille de la victime. L'ancien *Coutumier* de Normandie consacrait cet usage :

« De meurdre et de homicide peult le plus prochain du
» lignaige faire la suite, et se le plus prochain est en non
» aage, le plus prochain après celui-là pourra faire, ou aultre
» du lignaige, à qui tout le lignaige s'accordera (2). » Le *finport* de la coutume de Bretagne rappelle aussi cette antique solidarité.

C'est encore le principe de l'ancien droit germanique, qui imposait à la famille l'obligation de venger la victime, et le droit de partager le wergheld.

Dans certaines villes, l'homme qui s'était rendu coupable d'un meurtre, et avait pris la fuite, pouvait rentrer après avoir obtenu le pardon de la famille offensée ; c'était elle qui était juge du crime ; la vengeance lui appartenait ; elle pouvait à son gré pardonner ou punir (3). Le caractère du droit barbare est fortement empreint dans ces dispositions.

Les guerres privées, si fréquentes au moyen-âge, étaient encore une conséquence du même principe ; une guerre privée n'était en effet qu'une vengeance prolongée. Malgré

(1) *Somme rurale*, L. I, t. 40, p. 300.

(2) Anc. cout. de Normandie, ch. 70. — Hoüard, tome I. — Voir aussi T. A. C. de Bretagne, art. 94, 96, 100.

(3) Charte de Péronne, concédée par Philippe II, confirmée en 1368, art. 1. — Charte d'Abbeville, concédée en 1100, conf. en 1350, art. 20.

tous les efforts des rois pour les abolir, elles recommençaient sans cesse. Souvent les princes furent obligés de les permettre. Beaucoup de statuts locaux les autorisaient. Les coutumes de Montpellier permettaient aux habitants de se venger d'eux-mêmes, et sans avoir recours au magistrat, de l'étranger établi dans leur ville, s'il avait porté préjudice à quelque habitant (1). Celles de Bigorre permettent au paysan d'attaquer un chevalier, quand celui-ci a brûlé sa maison, ou enlevé ses bœufs (2).

Philippe VI fut obligé de permettre les guerres privées aux nobles d'Aquitaine ; Jean I, à ceux de Beauvoisis (3) ; mais, en 1361, ce prince les défendit d'une manière absolue et révoqua tous les priviléges qui les autorisaient dans certaines localités (4).

Sur ce point, nous trouvons encore le droit canonique en avance sur la législation séculière. Il commença par défendre aux clercs de participer au wergheld payé pour le meurtre d'un membre de leur famille. Le wergheld étant en effet le prix du rachat d'une tête et la conséquence du droit de vengeance réprouvé par l'Eglise, le clerc ne devait pas y participer (5).

Les conciles établirent la *Trève de Dieu*, qui fut une première restriction apportée aux guerres privées. Le concile de Narbonne, tenu au XIe siècle, défendit, sous peine d'anathème, toute guerre privée, pendant quatre jours de la semaine, les fêtes religieuses et les époques de l'année consacrées à la pénitence (6). Beaucoup d'autres conciles provinciaux suivirent cet exemple (7), et ces prescriptions furent bientôt confirmées par les conciles généraux de Latran (8). La

(1) Cout. de Montpellier, en 1204, c. 29.
(2) Cout. de Bigorre, en 1097, c. 41.
(3) Ordonn. du 8 février 1330; — du 19 septembre 1351.
(4) Ord. du 5 oct. 1361.
(5) Conc. Cassil., en 1172, c. 5.
(6) Concile de Narbonne, en 1080, c. 2, 3.
(7) Conc. de Troyes, 1093, c. 2; — de Clermont, 1095, c. 14; — de Rouen, 1096, c. 1.
(8) Conc. de Latran, en 1123, c. 13; — 1139, c. 12; — 1179, c. 21.

Quarantaine-le-roy introduite par saint Louis eut le même but. Ce prince, en établissant cette institution, suivait l'exemple donné par les conciles.

Ces défenses portées contre les guerres privées, et ces restrictions mises au droit de vengeance étaient alors tout ce qu'on pût faire pour porter remède aux maux de l'époque. Elles devaient amener, avec la suite des temps, l'abolition des guerres privées, le rétablissement de l'ordre dans la société, et la substitution complète de la répression sociale à la vengeance privée. La royauté opéra ce changement lorsque son pouvoir fut complètement affermi; mais ce fut l'Eglise qui fit les premiers efforts pour abolir les coutumes qui maintenaient l'Europe dans la barbarie. Ce fut elle qui substitua, dans le monde moderne, le règne du droit à celui de la force (1).

(1) Le droit de vengeance privée et les compositions se trouvent partout en Europe, au moyen-âge :

1° En Allemagne : charte de Strasbourg, de 980, c. 33; — Statuts de Soest, 1120, c. 22; — de Medebach, 1165, c. 8; — Kora de Furnes, 1240, c. 4; — Coutumes de Fribourg, c. 34.

2° En Italie, où Frédéric II prohiba les guerres privées, tout en maintenant les compositions, sauf pour les injures atroces (Const. Napol., L. I, t. 8, c. 1, 2; — t. 53).

3° En Espagne; à la fin du XIIe siècle, les compositions, dans le droit espagnol, étaient, comme dans le droit germanique, proportionnées à la dignité de la personne. (*Usatici Barchinonæ*, c. 5, 6. — Voir aussi *Fueros Juzgos*, c. 1 et s. *Ad leg. Wisig.*, append. I. — Canciani, tome IV).

4° En Angleterre, sous les règnes de Guillaume-le-Conquérant et d'Henri I, la *Wera* ou Wergheld variait aussi suivant la qualité de la personne outragée. Voici comment s'expriment les lois anglo-normandes :

« Si home occit altre, et il seit counsaunt, et il denie faire les amendes, » durrad de manbote al seignor pur le franc home X solz, et pur le serf XX » solz; la Were del Thein XX li. en Merchenelae, et en West-Sexenelae, e » la Wer del vilain C solz en Merchenelae, et ensement en West-Sexenclae.» (*Leis* d'Edward, confirmées par Guillaume-le-Conquérant, c. 8. — Voir aussi lois d'Henri I, c. 12. — Canciani, tome IV). — A cette époque le prix de la Were se partageait encore entre les membres de la famille : « De la Were, » primerement rendral l'um de halt saine à la vidue a as orphenins X solz, e » le surplus orphanins e les parens departent entr'els.» (*Leis* d'Edward, c. 9.) — Enfin, la Grande Charte du roi Jean, au XIIIe siècle, mentionne encore la Were. (Canciani, tome IV).

§ 2.

Progrès du principe de la répression sociale.

Le principe de la répression sociale grandissait et se forti-
fiait, tandis que le principe contraire tombait peu à peu en
désuétude. D'abord on ne punissait de peines afflictives que
les grands crimes, tels que le meurtre et la trahison. Toutes
les coutumes locales n'étaient pas du reste uniformes sur ce
point, puisque dans beaucoup d'endroits on permettait aux
familles de transiger même sur ces crimes. Dans le cas où
le coupable ne se rachetait pas, on lui appliquait la peine
du talion (1). Cette législation, encore en vigueur au XIIᵉ
siècle, était celle que l'on observait dès le temps des Carolingiens. Les mutilations étaient aussi souvent employées
pour punir les crimes, lorsque les coupables ne pouvaient
pas se racheter, ou lorsque la loi ne leur permettait pas de le
faire. On coupait au condamné le pied ou la main, on lui
crevait les yeux (2). En outre, la peine de mort était portée
dans certaines localités contre le meurtre (3). Ces différentes
dispositions pénales furent les premiers essais de répression
sociale tentés en France à l'époque féodale; mais au XIᵉ et
au XIIᵉ siècles, la loi laissait en général la punition des
crimes entre les mains des familles outragées, comme nous
l'avons déjà dit.

Au XIIIᵉ siècle, on vit au contraire le principe de la répression publique se développer graduellement au milieu de la
diversité des lois et des coutumes. La liste des crimes châtiés
par le pouvoir s'accrut peu à peu, tandis que le nombre de
ceux abandonnés à la vengeance privée alla toujours en
diminuant.

(1) Charte de Laon, art. 4.
(2) Charte de Strasbourg, c. 23; — Statuts de Soest, c. 14 et 15; — Kora
de Nieuport, c. 9; — Coutumes de Fribourg, c. 31; — de Châtillon, art. 215.
(3) Cout. de Montpellier, en 1204, c. 23. — Lois municipales d'Arles, c. 20.

Les *Assises de Jérusalem* punissent d'une peine afflictive
non seulement le meurtre, mais encore le vol (1). Les *Etablissements de saint Louis* punissent de peines afflictives le
vol, le viol, le meurtre, le rapt, la trahison ; ils admettent
les mutilations (2). Les supplices bientôt devinrent terribles,
comme au temps de la domination romaine ; le feu, l'eau
bouillante, la potence sont souvent mentionnés par les
auteurs de l'époque féodale (3). On finit par appliquer la
peine de mort pour presque tous les crimes, tandis que les
anciennes lois germaniques au contraire l'appliquaient très
rarement. L'homicide, le rapt, le vol de nuit furent punis du
dernier supplice. Les jurisconsultes, ne considérant plus le
droit de châtier comme un droit privé, mais comme un
droit public, songèrent surtout à protéger la société contre
les attaques des criminels :

« Si peux et dois savoir que peine de loi fut par les anciens
» advisée pour refraindre la male volonté des malfaicteurs,
» et qui a autre veulent mal faire et les grever par leur
» désordonnance...... (4). »

Le droit canonique ne fut pas étranger sans doute à cette
transformation de la législation pénale. En proscrivant la
vengeance, en proclamant la nécessité morale du châtiment,
il contribua au renversement du système apporté par les
barbares et à l'établissement d'un régime pénal mieux en
harmonie avec la civilisation moderne. Mais l'étude des lois
romaines habitua les légistes à apprécier les actes humains
avec une extrême rigueur ; on perdit de vue le but moral
du châtiment, tel que le droit canonique l'avait compris et
appliqué ; on ne chercha plus qu'à effrayer les coupables.
Le principe chrétien fut mis en oubli, et le principe utili-

---

(1) *Bassa corte*, c. 258.
(2) *Etabl.*, L. I, ch. 26, 27, 51.
(3) Beaumanoir, ch. 30. — *Somme rurale*, t. 35. — Richard Cœur-de-Lion,
roi d'Angleterre, partant pour la croisade, rendit une loi d'après laquelle le
meurtrier devait être attaché avec le mort, et jeté à la mer ou enterré vif avec
lui (*Carta Ricardi, regis Angliæ.* — Hoüard, tome II, p. 319).
(4) *Somme rurale*, L. I, t. 29.

taire domina dans les lois pénales; c'est encore ce même principe qui sert de base à la pénalité dans nos lois modernes. Mais elles ont rejeté les atroces supplices que nos pères avaient empruntés à la législation de la vieille Rome, et qui sont aussi contraires aux règles de l'humanité qu'aux véritables besoins de la répression sociale.

LIVRE III.

—

ÉPOQUE MONARCHIQUE.

XVe — XVIIIe SIÈCLE.

—

CHAPITRE PREMIER.

Le droit canonique pendant la période monarchique.

Durant les siècles féodaux, l'Eglise et la papauté avaient exercé la direction suprême de l'Europe tout entière. Toutes les institutions sociales, toutes les idées, toutes les sciences, tous les arts avaient subi l'influence du catholicisme. Au XVIe siècle, de profondes révolutions vinrent bouleverser l'Europe et renverser l'ancienne constitution des Etats chrétiens. Deux grands faits surtout donnent à cette époque une physionomie particulière : la renaissance et la réforme ; révolutions religieuses, révolutions politiques, révolutions intellectuelles éclatent de toutes parts ; tout change dans ce siècle de luttes.

La papauté, violemment attaquée par la réforme, perd sa suprématie religieuse sur tout le nord de l'Europe ; tous les dogmes catholiques sont attaqués par d'innombrables réformateurs, à la tête desquels se place le moine Luther. La réforme religieuse enfante mille sectes diverses, qui s'élèvent de toutes parts et viennent briser l'antique unité du monde chrétien. La guerre religieuse suit la lutte des esprits, et les querelles, que la scolastique n'a pu éteindre, se vident par

16

les armes. L'incendie se répand bientôt dans toute l'Europe : la guerre des Anabaptistes ensanglante l'Allemagne ; la guerre des Calvinistes bouleverse la France ; la réforme pénètre en Angleterre, où elle fera tomber, un siècle plus tard, la tête d'un roi sur l'échafaud.

Une fièvre d'indépendance religieuse agite toutes les classes de la société ; on voit des moines quitter leurs monastères, des princes confisquer les biens ecclésiastiques, des docteurs et même des Universités proclamer la liberté d'examen ; les peuples s'insurgent et revendiquent la liberté politique avec la liberté religieuse.

Tandis que la réforme enlevait au catholicisme des royaumes entiers, couvrait l'Europe d'armées, et faisait couler des flots de sang ; que les sectaires livrés à tous les caprices de leur imagination, créaient les systèmes religieux les plus bizarres, et croyaient faire renaître le christianisme primitif, un autre mouvement agitait les esprits et les poussait dans une voie nouvelle. La renaissance faisait revivre les arts de la Grèce et de l'ancienne Rome. Au milieu des troubles et des luttes sans fin de cette époque, on étudia les chefs-d'œuvre de l'antiquité, et l'on s'efforça de les reproduire : art, poésie, éloquence, littérature, tout fut imité de l'antique. On rejeta comme barbares, les œuvres des artistes et des poètes du moyen-âge ; au lieu de marcher dans la voie qu'ils avaient tracée, et de perfectionner le genre qu'ils avaient créé, on adopta un genre nouveau. Aux cathédrales gothiques succédèrent des monuments copiés sur les temples de la Grèce et de l'ancienne Rome ; aux sculptures du moyen-âge, on substitua des travaux qui rappelaient ceux de l'antiquité ; on fit renaître la statuaire païenne ; à l'art chrétien fut substitué l'art païen ; aux sujets tirés de la Bible, les sujets pris dans la mythologie grecque. On devint partout idolâtre de la forme ; l'antiquité fut l'objet d'un culte presque exclusif.

A la sévère poésie de Dante succédèrent les brillantes créations du Tasse et de l'Arioste ; l'esprit chevaleresque se mêla au culte de l'antique et donna naissance à d'immortels chefs-d'œuvre d'art et de poésie. Malgré le caractère dominant de l'époque, tout ne fut pas païen, toutefois, dans les œuvres de ce temps ; Michel-Ange éleva le panthéon dans les airs pour honorer la mémoire du premier évêque de Rome, et Raphaël consacra les plus beaux traits de son pinceau à la peinture de la Vierge. Les papes accordèrent une protection éclairée aux artistes de ce temps ; le XVIᵉ siècle a gardé le nom de siècle de Léon X. On allia le génie chrétien et la forme païenne ; les œuvres du siècle de Louis XIV en fournissent la preuve ; et les hommes de cette grande époque furent à la fois profondément chrétiens et admirateurs passionnés de l'antiquité.

On exhuma les auteurs grecs et romains ; les poëtes anciens devinrent les seuls modèles qu'on voulût imiter. On s'attacha aux systèmes des anciens philosophes ; Aristote et la scolastique furent détrônés ; Marcil Ficin fit renaître Platon ; il en fit presque un dieu, au nom duquel s'inclinaient les élèves de l'école de Florence.

Dans la sphère juridique, même respect pour les monuments échappés aux injures des siècles ; même culte pour toutes les productions de l'antiquité. Alciat, puis Cujas, firent revivre les œuvres des anciens jurisconsultes ; l'étude du droit romain prit une extension nouvelle, et cette législation acquit une influence considérable sur la société. On abandonna les gloses du moyen-âge pour revenir aux textes anciens ; le caractère de l'enseignement juridique fut profondément changé.

Le XVIᵉ siècle fut une réaction complète contre les siècles précédents ; il a réagi dans la sphère religieuse, dans la sphère de la pensée, et dans la sphère politique ; il a combattu à la fois toutes les idées et toutes les institutions du moyen-âge ; il a changé tous les principes sur lesquels était établie l'ancienne société. La féodalité, cette forme politique qui avait dominé sur l'Europe pendant toute la durée de cette époque, fut renversée. En même temps, l'autorité que les souverains pontifes avaient exercée sur le temporel des états, fut considérablement amoindrie.

La royauté, née au milieu des troubles de l'époque féodale, avait grandi peu à peu. Devant elle, le régime seigneurial avait perdu tout son prestige et toute sa force. Au XVIe siècle, les grands feudataires ne pouvaient plus tenir tête à la royauté, qui avait désormais pris la suprématie complète et absolue sur la société tout entière. Vaincue d'abord dans le domaine politique, la féodalité le fut ensuite dans le domaine juridique; les légistes engagèrent contre elle une lutte à outrance; ils lui enlevèrent pied à pied ses derniers retranchements, et assurèrent ainsi les conquêtes de la royauté; Dumoulin, dans son *Traité des fiefs*, porta les derniers coups au droit féodal.

Dans ses rapports avec Rome, la royauté avait pris aussi une attitude nouvelle. Depuis Philippe IV, elle avait toujours lutté contre les souverains pontifes; les démêlés de ce prince avec Boniface VIII, les décisions du concile de Bâle, la pragmatique de Charles VII avaient successivement donné à la royauté une indépendance presque complète vis-à-vis des papes, sous le rapport du temporel. Les légistes furent les plus fermes appuis de la royauté, dans sa lutte contre la papauté, comme dans celle qu'elle avait soutenue contre la féodalité. Dumoulin combattit à leur tête pour l'indépendance absolue de la couronne à l'égard du Saint-Siége. Enfin, au XVIIe siècle, la déclaration de 1682 posa des principes qui sont devenus la base de la législation actuelle sur cette matière difficile.

L'extension du pouvoir royal et les transformations opérées dans toute la société, amenèrent d'importantes modifications dans la législation. Ces changements politiques lui donnèrent une physionomie nouvelle. L'affaiblissement de l'esprit chrétien, la lutte des légistes contre le pouvoir des papes sur le temporel des Etats, et l'essor nouveau donné à l'étude du droit romain, changèrent complètement les rapports qui avaient existé jusque là entre le droit canonique et le droit civil.

La puissance royale, devenue prépondérante, régla tout à son gré ; le temporel de l'Eglise fut soumis à ses ordonnances, comme les autres matières, et tout releva d'elle ; le droit ecclésiastique, dominant au moyen-âge, n'occupa plus que le second rang. Il perdit une partie de son influence, et la législation civile alla plus rarement s'inspirer aux sources canoniques ; la législation canonique, au contraire, dut subir les changements qu'il plut au pouvoir politique de lui imposer. Elle ne perdit pas cependant toute importance ; elle régit encore certaines matières, et les ordonnances s'inspirèrent quelquefois des dispositions du droit canonique.

C'est ce nouvel état de la législation ecclésiastique qu'il nous faut étudier maintenant. Nous verrons quels furent, pendant la période monarchique, les rapports du droit civil et du droit canonique.

CHAPITRE II.

Esclavage colonial.

Après la découverte de l'Amérique, l'exploitation des mines et des plantations de ce pays amena, vers la fin du XVe siècle, l'établissement de l'esclavage colonial. A une époque où l'esclavage avait cessé d'exister dans les pays chrétiens de l'Europe, où le servage lui-même tendait à disparaître de plus en plus, on vit cette institution prendre, dans les terres du Nouveau-Monde, un développement considérable. Les nègres furent transportés des côtes d'Afrique sur celles d'Amérique, vendus sur les marchés et soumis à un régime peu différent de l'esclavage antique. C'était une atteinte profonde portée aux principes proclamés dans le monde par le christianisme. Aussi, les papes ne tardèrent pas à fulminer l'anathème contre les marchands négriers, qui allaient acheter les nègres pour les revendre aux planteurs américains. Pie II, Paul III, Urbain VIII, Benoît XIV, Pie VII les frappèrent successivement des censures de l'Eglise. Mais ces prohibitions religieuses furent longtemps sans résultat, et les lois civiles tolérèrent la traite des noirs pendant plus de trois siècles.

Les gouvernements cependant finirent par comprendre ce que la traite des noirs avait d'odieux, et en 1814 et 1815, ils prirent l'engagement solennel de l'abolir (1). L'Angleterre et les Etats-Unis furent les premières nations qui remplirent leurs engagements. La France suivit bientôt leur exemple. Des peines sévères furent prononcées contre ceux qui se livraient à cet infame trafic (2). Une croisière fut établie sur les côtes d'Afrique, dans le but de l'empêcher; mais la traite ne devait complètement cesser que par l'abolition de l'esclavage.

(1) Art. addit. aux traités de 1814.
(2) Ordonnance du 8 janvier 1817. — Loi du 4 mars 1831.

Parlons maintenant de l'état des esclaves noirs. Le droit romain a exercé une grande influence sur les lois relatives aux esclaves. L'esclave, d'après le *Code noir*, est la propriété du maître ; celui-ci peut le vendre ou le donner ; en un mot, il en dispose à son gré, l'esclave est un meuble (1). L'enfant né d'une femme esclave suit, comme en droit romain, la condition de sa mère (2).

Le *Code noir* se montre, à l'égard des esclaves, d'une grande sévérité ; il prononce des mutilations contre les fugitifs ; ses dispositions sont à cet égard aussi barbares que les lois de la première époque du moyen-âge. Cependant on y trouve aussi quelques dispositions plus humaines qui attestent l'influence des idées chrétiennes, et pallient l'effet de ces cruelles précautions. Le maître qui a tué ou mutilé son esclave, doit être poursuivi criminellement (3). La mort et les mutilations ne peuvent être appliquées contre les noirs que par l'autorité publique. La loi détermine la nourriture et le costume que le maître est obligé de fournir à l'esclave; s'il ne se conforme pas à ces prescriptions, l'esclave peut se plaindre au procureur du roi (4). Le maître est obligé de nourrir ses esclaves vieux et infirmes; s'il les abandonne, les esclaves délaissés doivent être confisqués au profit de l'hôpital du lieu et nourris aux dépens du maître (5).

Quelques prescriptions religieuses viennent aussi protéger les esclaves. Il est défendu de les faire travailler le dimanche ; un jour de repos leur est accordé pour oublier leurs fatigues et leurs souffrances (6).

L'esclave a une famille ; son mariage doit être béni par le prêtre catholique, comme celui de l'homme libre. Cette union est même soumise aux dispositions de l'ordonnance de

(1) *Code Noir*, édit de 1685, art. 44.

(2) *Id.* art. 13.

(3) Edit de 1685, art. 43; de 1724, art. 39.

(4) Edit de 1685, art. 24, 25.

(5) *Id.* art. 27.

(6) *Id.* art. 6.

Blois, sur les formalités de mariage (1). Il n'est plus,comme l'esclave de l'antiquité, réduit au *contubernium* ; le christianisme a sur ce point réhabilité les individus privés de la liberté. Comme sanction de cette reconnaissance légale des liens de la famille, il est défendu, dans les ventes opérées par suite de saisie, de séparer les membres de chaque famille d'esclaves. On ne peut vendre isolément le père, la mère et les enfants impubères (2).

La position de l'esclave colonial est donc, d'après le code noir, bien inférieure à celle du serf français du XIe et du XIIe siècles ; son état se rapproche beaucoup plus de celui de l'esclave romain, mais cependant il n'est pas identiquement le même, et quelques adoucissements ont été apportés aux lois romaines, appliquées à l'esclavage moderne.

Mais ces palliatifs étaient de faibles remèdes contre tous les maux que l'esclavage entraîne. L'affranchissement complet des esclaves était le terme auquel il fallait un jour arriver nécessairement. Les Etats européens ne pouvaient conserver une institution si contraire à tous les principes de la civilisation moderne ; deux systèmes se présentaient : l'abolition immédiate et l'abolition progressive. On essaya d'abord du premier ; mais l'émancipation brusquement tentée en 1792 amena les plus grands malheurs (3). On dut alors changer de système. De nombreuses ordonnances, rendues pendant la durée de la monarchie constitutionnelle, préparèrent progressivement l'émancipation des noirs (4) ; puis la révolution de 1848 vint enfin l'accomplir. Dès-lors il a été défendu à tous les citoyens, sous peine de perdre la qualité de Français, de posséder des esclaves. Tous ceux des colonies ont été émancipés (5).

(1) Edit de 1685, art. 8, et de 1724, art. 7.
(2) Edit de 1685, art. 47.
(3) Décret du 16 pluv. et du 22 germ. an II.
(4) Ord. du 12 juillet 1832 ; — 24 avril 1833 ; — 29 avril 1839. — Loi du 18 juillet 1845.
(5) Décret du 27 avril 1848. — Loi du 11 janvier 1851.

L'esclavage a donc disparu complètement des possessions françaises; les Anglais l'ont également aboli dans leurs colonies. Il faut former des vœux pour que la propagation des principes chrétiens' et les progrès de la civilisation amènent un jour l'abolition complète, dans le monde entier, de cette institution, dernier reste de l'ancienne barbarie.

CHAPITRE III.

Organisation de la famille.

§ 1.

Réformes opérées par le concile de Trente.

‹ Au milieu des troubles religieux du XVIᵉ siècle, l'Eglise modifia sa discipline au concile général de Trente (1545-1563). Le mariage catholique avait été, de la part des sectes nouvelles, l'objet d'attaques nombreuses et passionnées ; les souverains réclamaient auprès du concile, par la bouche de leurs ambassadeurs, des dispositions protectrices de cette institution, sur laquelle repose toute l'organisation de la famille moderne. Le concile devait donc s'occuper du mariage et de la famille. Il définit sur ce point, d'une manière plus précise qu'elle ne l'avait encore été, la doctrine de l'Eglise, et établit des règles nouvelles sur la célébration de ce sacrement. Il repoussa, par l'exposition de la doctrine catholique sur cette matière, les attaques du protestantisme.

‹ Voici le résumé de la doctrine du concile de Trente sur le mariage, et des dispositions disciplinaires, destinées à donner à sa célébration les garanties nécessaires.

Le mariage est un sacrement institué par Jésus-Christ. Il est indissoluble et ne souffre pas de partage. La polygamie n'est pas permise aux chrétiens ; le lien du mariage ne peut être dissous, même pour adultère ; la séparation des époux peut seulement être autorisée dans certains cas (1).

Quant à la manière dont le mariage doit être célébré, le concile ordonne que tout mariage soit précédé de trois publications faites par le curé ; en second lieu, qu'il soit contracté, à peine de nullité, en présence du propre curé des époux,

(1) Concile de Trente, sess. 24, *de matrimonio*, c. 1, 2, 7, 8.

et de deux ou de trois témoins ; la bénédiction nuptiale doit être donnée par le curé, à l'église. Il fut ordonné à tous les curés de tenir un livre dans lequel ils inscriraient les noms des parties contractantes et des témoins, ainsi que le jour et le lieu de la célébration du mariage (1).

Pour empêcher toute erreur, il fut recommandé aux curés de ne pas marier les gens sans domicile, avant d'avoir acquis la preuve qu'ils n'étaient pas engagés déjà dans les liens d'un précédent mariage (2).

' Le concile de Trente renouvela, contre les unions illicites, les anciennes censures de l'Eglise ; il décida que les gens mariés ou non, et vivant en concubinage, seraient avertis par trois fois par l'évêque, puis excommuniés, s'ils continuaient à rester dans cet état (3).

Sur tous ces points, il est facile de le voir, le concile ne fit que reproduire et fortifier les décisions anciennes des conciles de Latran sur la publicité des mariages ; il leur donna seulement une précision plus grande et une vie nouvelle. Il apporta à ces diverses dispositions une sanction nécessaire, en déclarant nuls les mariages contractés hors de la présence du propre curé des époux.

Le concile s'occupa aussi des empêchements canoniques de mariage ; ils étaient très étendus pendant les premiers siècles de l'Eglise ; le concile de Latran les avait déjà limités ; celui de Trente les restreignit encore plus. Il ne changea rien à la discipline établie par le concile de Latran, sur la parenté naturelle ; mais, relativement à la parenté spirituelle, il établit que l'empêchement n'existerait plus qu'aux degrés suivants :

1° Entre la personne baptisée et ses parrain et marraine ; les parrain et marraine, et les père et mère de la personne baptisée ;

_____

(1) Conc. de Trente, sess. 24, *de reformatione matrim.*, cap. 1.
(2) Sess. 24, *de reform. matr.*, c. 7.
(3) Sess. 24, *de reform. matrim.*, cap. 8. — *Septim. decret.*, L. IV, t. 16, c. 2.

2º La personne baptisée, et celui qui l'a baptisée ; entre ce dernier, et les père et mère de la personne baptisée (1).

Les effets de l'empêchement provenant des fiançailles furent également limités. D'après le concile, les fiançailles non valides ne produisent aucun empêchement ; les fiançailles valides ne produisent d'empêchement qu'au premier degré et non au-delà (2), c'est-à-dire, entre l'un des fiancés et les père, mère, frère et sœur de l'autre fiancé. Cette décision doit s'entendre des fiançailles *de futuro* et non des fiançailles *de præsenti*, qui sont un véritable mariage (3).

L'empêchement provenant de l'affinité contractée par fornication ne dut plus annuler le mariage qu'au premier et au second degré (4).

Le concile établit des dispositions nouvelles sur le rapt, en décidant que le ravisseur ne peut épouser la personne ravie, tant qu'elle est en sa possession. Il prononça l'excommunication contre les ravisseurs et leurs complices, et décida que le coupable de rapt serait obligé de doter la personne ravie (5).

Il prit sous sa protection la liberté des mariages, en prononçant l'excommunication encourue *ipso facto* contre les seigneurs ou magistrats qui obligeraient leurs justiciables à se marier contre leur gré (6).

L'empêchement provenant de l'entrée dans les ordres sacrés fut rappelé par le concile. C'est un empêchement dirimant qui annule tout mariage contracté après l'entrée de la partie dans les ordres (7).

Les souverains avaient demandé et obtenu du concile les dispositions relatives à la publicité du mariage. Ils demandaient également, dans l'intérêt de la conservation des

(1) Sess. 24, *de reform. matr.*, cap. 2.
(2) Sess. 24, *de reform. matr.*, cap. 3.
(3) *Septim. decret.*, L, IV, tit. 1, c. 2, Pie V.
(4) *De reform. matr.*, cap. 4.
(5) *De reform. matr.*, cap. 6.
(6) *De reform. matr.*, cap. 9.
7) Sess. 24, *de matrim.*, c. 9.

familles aristocratiques, que le concile déclarât nuls les mariages contractés sans l'aveu des parents. Le concile s'y refusa ; il déclara seulement réprouver les mariages contractés sans le consentement des parents, mais sans prononcer contre eux la peine de nullité (1).

Les troubles politiques et religieux qui agitèrent la France à la fin du XVIᵉ siècle, les progrès de l'esprit protestant et l'opposition constante des légistes, qui repoussèrent, comme contraires aux libertés de l'Eglise gallicane, les canons du concile de Trente, empêchèrent leur admission par le pouvoir civil ; ils ne furent pas promulgués en France, et n'ont jamais eu force de loi devant les tribunaux français. Cependant la plupart des provinces ecclésiastiques de France, dans de nombreux conciles provinciaux, tenus pendant la fin du XVIᵉ siècle et la première moitié du XVIIᵉ, reproduisirent les dispositions du concile de Trente sur le mariage ; tels furent : les conciles de Narbonne, de Reims, de Cambray, de Rouen, de Bordeaux, de Tours, de Bourges, d'Aix, de Toulouse, d'Avignon (2) ; l'usage les a depuis consacrées. Dans toute l'Europe catholique, la discipline que le concile de Trente venait d'établir ou de renouveler sur le mariage fut bientôt adoptée (3). Elle était destinée à affermir l'institution du mariage et à compléter l'organisation de la famille chrétienne.

(1) *De reform. matrim.*, cap. 1.

(2) Conciles de Narbonne, 1551, c. 53 ; 1609, c. 22 ; — de Reims, 1564, c. 4. — 1583, *de matrim.*; — de Cambray, 1565, *de matrim.*, c. 3 et s.; — de Rouen, 1581, *de matrim.*; — de Bordeaux, 1583, c. 15; — 1624, cap. 7; — de Tours, 1583, c. 9; — de Bourges, 1584, tit. 27, *de matrim.*, c. 1—14; — d'Aix, *de matrim.*, 1585; — de Toulouse, 1590, pars II, cap. 8, *de matrim.*, — d'Avignon, 1594, c. 20.

(3) Conciles de Milan, de 1565, c. 64. — Voir six conciles tenus à Milan, de 1565 à 1582, sur le même objet. — Voir aussi : conciles de Cologne, 1536, pars VII, c. 43, 44, 45; — 1549, c. 32; — de Mayence, 1549, c. 36; — de Sens, 1528, c. 10.

§ 2.

*Prohibitions des mariages clandestins par la législation
civile.*

Les rois de France combattirent les mariages clandestins
de tout leur pouvoir, pendant la durée de la monarchie
absolue. Ils furent, sur ce point, plus sévères encore que ne
l'avait été le concile de Trente. L'ordonnance de Blois (mai
1579), décida que les mariages seraient précédés de trois
bans, faits à trois jours de fête ; que le mariage serait célébré
publiquement en présence de quatre témoins au moins et
inscrit sur un registre tenu à cet effet par le curé. Défense
fut faite aux curés, sous peine d'être punis comme fauteurs
de rapt, de célébrer le mariage d'un enfant de famille,
lorsqu'il n'apparaîtrait pas du consentement des parents (1).

Il fut défendu aux notaires, sous peine de punition cor-
porelle, de recevoir aucune promesse de mariage par paroles
de présent (2). Les ordonnances exigèrent aussi un domicile
de six mois pour la célébration du mariage (3).

La déclaration de 1639, sur les formalités de mariage,
confirma ces différentes dispositions, déclara nuls les mariages contractés par suite d'un rapt, et décida que, dans le
cas même où la personne ravie aurait consenti au mariage
après avoir été rendue à la liberté, les enfants issus de cette
union seraient incapables de succéder (4). Les enfants issus
d'un mariage valide, mais tenu secret pendant la vie des
parents, furent également déclarés incapables de succéder ;
la même disposition frappa les enfants nés d'une concubine, dans le cas où le père l'aurait épousée *in extremis*,
et enfin les enfants des condamnés à mort, nés après la sen-

(1) Ord. de Blois, 1579, art. 40.
(2) *Id.* art. 44.
(3) Edit du mois de mars 1697.
(4) Déclar. de 1639, art. 1, 3, 4, 7.

.tence de condamnation (1). Ces trois sortes de mariage, valables quant au lien, ne produisaient pas d'effets civils.

Une ordonnance de Louis XIV déclara nuls les mariages contractés entre protestants et catholiques (2).

La jurisprudence des XVIIe et XVIIIe siècles admit pleinement la doctrine de l'indissolubilité du mariage, qui, avant le concile de Trente, n'avait pas été encore reconnue formellement par la loi civile, tandis que de tout temps elle avait été proclamée par l'Eglise. On reconnut alors que le lien d'un premier mariage rendait nul tout mariage contracté postérieurement avant le décès du premier conjoint (3), et que la séparation d'habitation, prononcée pour cause d'adultère, ne portait aucune atteinte au lien du mariage qui devait, même dans ce cas, conserver toute sa force (4).

La législation canonique a donc exercé, pendant les trois derniers siècles, une grande influence sur les décisions du pouvoir séculier, relativement aux formalités nécessaires pour la célébration du mariage, à son indissolubilité et à quelques autres points.

Cependant, la doctrine de l'Eglise sur le sacrement même n'était pas admise complètement par la jurisprudence civile. Les jurisconsultes considéraient le contrat et le sacrement comme distincts ; ils attribuaient au pouvoir laïque une pleine autorité pour le premier ; et, comme ils faisaient en outre dépendre la validité du sacrement de celle du contrat, ils soumettaient, par conséquent, le sacrement lui-même aux dispositions de la loi civile (5).

(1) *Id.* art. 5, 6.
(2) Edit de novembre 1680.
(3) D'Héricourt, *Lois ecclésiastiques*, partie III, p. 85, n° 54.
(4) *Id.* p. 112, n° 28. — Voir aussi Pothier, *Traité du contrat de mariage*, n° 497.
(5) Pothier, *Traité du contrat de mariage*, Ire partie, ch. 3, n° 12. — D'Héricourt, *Lois ecclésiastiques*, IIIe partie, p. 75, n° 3.
La plupart des théologiens pensent que le mariage ayant été élevé par J.-C. à la dignité de sacrement, les lois temporelles ne doivent régler que les effets civils du mariage. D'autres théologiens, au contraire, admettent que les princes peuvent établir des empêchements dirimants de mariage (*Catéchisme de Montpellier*, partie IIIe, *du Mariage*).

La législation moderne, par l'établissement du mariage civil, complètement distinct du mariage religieux, s'éloigne à la fois et des dispositions du droit canonique, et du système admis par l'ancienne jurisprudence française.

§ 3.

De la puissance paternelle.

La législation des ordonnances dans le but de soutenir l'aristocratie, à laquelle les mariages clandestins, faits contrairement à la volonté des parents, ont porté plus d'une atteinte, accrut le pouvoir paternel, et lui donna une énergie qu'il n'avait pas eue jusqu'alors, surtout dans les pays coutumiers. Le concile de Trente, tout en jetant le blâme sur les mariages contractés contre le vœu des parents, les considérait comme valides. La législation séculière les frappa de certaines pénalités.

L'édit de février 1556 décida que les parents auraient le droit d'exhéréder par testament l'enfant qui avait contracté mariage contre leur volonté. Dans ce cas, les parents pouvaient même révoquer toutes les donations faites à l'enfant avant le mariage; la loi le déclarait, en outre, incapable de profiter des avantages matrimoniaux stipulés au contrat (1).

Ces dispositions ne frappaient que les fils mineurs de trente ans, et les filles mineures de vingt-cinq ans : au-dessus de cet âge, les enfants n'étaient plus tenus que de requérir l'avis de leurs parents (2).

L'ordonnance de Blois, de 1579, et celle de 1627, renouvelèrent ces dispositions :

« Pour conserver l'authorité des pères sur leurs enfants, l'honneur et la liberté des mariages, et la révérence due à

(1) Édit de 1556, art. 1, 2.
(2) Édit de 1556, art. 5.

un si saint sacrement, et empêcher qu'à l'advenir plusieurs personnes de qualité ne soient alliées de personnes indignes et de mœurs dissemblables, avons renouvelé les ordonnances pour la punition du crime de rapt (1). » La peine de mort fut prononcée contre l'homme coupable d'avoir enlevé une fille pour l'épouser contre le gré des parents (2).

La déclaration de 1639 alla plus loin que les ordonnances précédentes, au sujet des mariages contractés contre la volonté des parents.

Elle ne se borna pas à donner au père le droit d'exhérédation, elle déclara les enfants mariés de cette manière, et les descendants issus de ces unions, privés de plein droit de la succession des père, mère et aïeux, et même de la légitime ; incapables de recueillir les avantages faits en leur faveur par testament, par contrat de mariage, ou par tout autre moyen. Elle déclara nulles toutes les dispositions contraires à ces prohibitions.

Elle renouvela en outre les peines portées contre le rapt (3).

Enfin la jurisprudence des parlements, appuyée sur ces différentes ordonnances, considéra comme nuls les mariages des mineurs, contractés sans l'aveu des parents (4). Cette décision était un retour complet aux dispositions du droit romain, si différentes, sur ce point, de celles du droit canonique (5).

De nombreuses différences existent entre le droit ancien et le droit actuel, relativement au mariage et à l'organisation de la famille. Cependant bien des liens rattachent encore la société moderne au passé.

(1) Ordonn. de 1629, art. 39 et 169.
(2) Ordonnance de Blois, 1579, art. 42.
(3) Déclaration de 1639, art. 1 et 2.
(4) D'Héricourt, *Lois ecclés*, partie III, p. 91, n° 74.
(5) *Inst.* I. 10, *proem.*

17

Le mariage n'est plus considéré par la loi civile comme sacrement. A ses yeux, il n'est qu'un contrat purement civil (1) ; malgré cet important changement, de nombreuses dispositions du Code Napoléon sur cette matière ont été empruntées à l'ordonnance de Blois, qui elle-même avait eu pour modèle la législation ecclésiastique. La loi moderne a consacré la monogamie que le droit canonique imposa jadis aux barbares du Nord; elle a maintenu la prohibition des mariages entre proches parents, bien que ses défenses soient à cet égard plus restreintes que celles établies par les canons de l'Eglise, qu'elle ne reconnaisse plus le lien de la parenté spirituelle ni l'empêchement provenant de l'impuissance, et qu'elle permette le mariage entre parents au 4me degré (2me de droit canonique) (2). Elle a conservé le privilége accordé à la bonne foi, en cas de mariage putatif (3) ; elle exige la publicité des noces et la présence de témoins (4) ; elle veut que les enfants même majeurs demandent, avant de se marier, l'avis de leurs parents (5). Elle a réglé les devoirs réciproques des époux et ceux qu'ils ont envers leurs enfants ; elle commande au mari de protéger sa femme, à la femme d'obéir à son mari (6).

La législation révolutionnaire avait permis le mariage des prêtres (7) ; mais l'article 6 de la loi du 18 germinal an X, ayant décidé que les ecclésiastiques seraient obligés de se soumettre en tout à la discipline des canons reçus en France, il en résulte que la prêtrise doit être considérée comme un

(1) « La loi ne considère le mariage que comme contrat civil. » (Constitution du 3 septembre 1791, tit. 1, art. 7). — Voir aussi loi du 20 septembre 1792. L'art. 1 de cette loi a confié la tenue des registres de l'état civil aux officiers municipaux.

(2) Code Nap., art. 161 et suiv.

(3) *Id.* Art. 201, 202.

(4) *Id.* Art. 165 et suiv.

(5) Code Nap., art. 151. — La loi du 20 septembre 1792 dispensait au contraire les majeurs de vingt-un ans de demander l'avis de leurs parents pour se marier.

(6) Code Nap., art. 212 et suiv.

(7) Déc. du 19 juillet 1793.

empêchement dirimant pour le mariage même purement civil. C'est ce que décident formellement les instructions ministérielles du 14 janvier 1806 et du 30 janvier 1807. C'est aussi le système adopté par un arrêt de la cour de cassation en date du 21 février 1833.

La législation actuellement en vigueur admet sans restriction le principe de l'indissolubilité du mariage. Elle diffère sur ce point et de la législation révolutionnaire et du Code Napoléon. La loi du 20 septembre 1792, en effet, avait permis le divorce. Elle admettait non seulement le divorce pour cause déterminée par la loi, et les causes étaient nombreuses, mais en outre le divorce par consentement mutuel sur la demande des deux époux, et même le divorce pour incompatibilité d'humeur, sur la demande d'un seul des conjoints. Les formalités qu'on devait employer étaient très simples. Rien n'était plus facile, sous l'empire de cette loi, que de dissoudre un mariage; elle désorganisait complètement la famille.

Lors de la rédaction du Code Napoléon, le législateur comprit la nécessité de changer ces dispositions, contraires à la morale publique et à la sainteté du lien conjugal. On supprima le divorce pour cause d'incompatibilité d'humeur, on restreignit le nombre des causes déterminées par la loi; et, à l'aide d'une procédure longue et compliquée, on restreignit beaucoup la faculté de divorcer par consentement mutuel (1).

Des peines pécuniaires furent édictées contre les époux qui divorçaient. Celui contre lequel avait été prononcé le divorce pour cause déterminée, perdait les avantages matrimoniaux stipulés au contrat de mariage, dans le cas même où ils avaient été stipulés réciproques; l'autre conjoint devait en profiter (2).

En cas de divorce par consentement mutuel, chacun des époux perdait la moitié de ses biens, que la loi faisait pas-

(1) Code Nap., liv. I, t. VI.
(2) Code Nap., art. 299 et 300.

ser aux enfants issus du mariage; les parents devaient seulement en conserver l'usufruit jusqu'à la majorité des enfants (1).

Malgré ces restrictions, le divorce resta permis jusqu'en 1816. Aux termes de la loi du 8 mai 1816, qui fut rendue sur la proposition de M. de Bonald, le divorce est aboli; les demandes en divorce pour cause déterminée sont changées en demande en séparation de corps, lorsque le divorce n'a pas encore été prononcé par l'officier de l'état civil. Toutes les procédures commencées pour parvenir au divorce par consentement mutuel sont annulées.

Cette loi, qui en proclamant le principe de l'indissolubilité du mariage, a rétabli la famille sur ses véritables bases, est encore en vigueur aujourd'hui. Elle a été, aux différentes crises politiques que nous avons traversées, l'objet d'attaques nombreuses.

En 1832, un projet de loi sur le rétablissement du divorce fut adopté par la chambre des députés, mais heureusement repoussé par la chambre des pairs. En 1848, le rétablissement du divorce fut de nouveau proposé à l'Assemblée nationale, mais le projet fut presque aussitôt retiré. Le peu de succès de ces diverses tentatives montre combien le divorce est peu compatible avec nos idées, nos mœurs et nos traditions religieuses et nationales.

L'abolition du divorce laissa cependant subsister dans nos lois une disposition contraire au principe de l'indissolubilité du mariage. Nous voulons parler de la mort civile. D'après la législation romaine, l'individu frappé d'une sentence capitale devenait esclave de la peine (*servus pœnæ*), il encourait la *capitis diminutio maxima*, et devenait par conséquent incapable de contracter les *justæ nuptiæ;* il était réduit, comme tous les esclaves, au *contubernium*. Sous l'influence du christianisme, ces antiques rigueurs furent adoucies : Justinien abolit la *servitude de la peine*; le droit

(1) Code Nap., art. 305.

canonique a toujours permis aux esclaves et aux condamnés de contracter mariage ; et jamais il n'a admis qu'une condamnation judiciaire pût dissoudre un mariage contracté précédemment. Ces principes furent sanctionnés par l'ancienne législation française.

L'ordonnance de 1639 laissait au condamné mort civilement, le droit de contracter après sa condamnation un mariage valide quant au lien, mais qui ne produisait pas d'effets civils : les enfants naissaient légitimes, quoiqu'ils ne pussent pas succéder à leur père. Le mariage antérieur à la condamnation restait valable, et le conjoint du condamné ne pouvait en contracter un nouveau avant la dissolution du premier ; la mort naturelle pouvait seule rompre le lien conjugal (1).

La législation intermédiaire n'appliqua pas la mort civile aux criminels. Le Code pénal de 1791, et le Code des délits et des peines de brumaire an IV n'en font pas mention. Elle ne frappa que les émigrés (2).

Lors de la rédaction des codes, on crut nécessaire de la rétablir. On lui donna même des effets plus étendus que ceux qu'elle avait reçus de l'ancienne législation. Aux termes de l'article 25 du Code Napoléon, le condamné, mort civilement, est incapable de contracter un mariage valide ; la mort civile brise même le lien du mariage antérieur à la condamnation, et lui enlève pour l'avenir tous ses effets. La mort civile devint donc, en 1803, une cause de dissolution de mariage ; on permit à l'époux du condamné de convoler en secondes noces, comme en cas de décès naturel du conjoint.

---

(1) L'ancienne législation déclarait en outre mort civil, le religieux profès. Cette fiction était une conséquence du vœu par lequel le religieux meurt au monde. Ses biens passaient à ses parents ; son testament était exécuté comme en cas de mort naturelle, tandis que le testament du condamné à une peine capitale était annulé pour cause d'indignité.

Le décret du 13 févr. 1790 a rendu la vie civile aux religieux. Depuis cette époque, aucune loi n'a rétabli pour eux la mort civile.

(2) Décret du 28 mars 1793.

Ce système contraire aux bonnes mœurs fut énergiquement combattu, comme on le sait, dans le sein du conseil d'Etat, par le premier Consul. Il ne voulait pas que la loi flétrît du nom de concubine, l'épouse fidèle qui suivait son mari mort civilement, ni qu'elle assimilât leurs enfants à des bâtards. Cependant la mort civile passa dans nos Codes avec tous ses effets. Elle ne fut pas considérée comme une peine principale, mais elle devint une peine accessoire qui suivit les condamnations à mort, aux travaux forcés à perpétuité et à la déportation (1).

La mort civile fut l'objet de nombreuses attaques; on lui reprocha surtout, et avec raison, de n'être pas personnelle, de frapper l'épouse et les enfants du condamné, malgré leur innocence. Après l'abolition du divorce, la dissolution du mariage, par l'effet de la mort civile, devint dans la loi une véritable anomalie. Elle devait disparaître de nos codes, et elle en a été effectivement effacée.

D'abord, la loi du 8 juin 1850 a établi que la peine de la déportation n'entraînerait plus la mort civile (2).

Puis le décret du 27 mars 1852 sur les condamnés aux travaux forcés, lui porta un nouveau coup, en décidant que les bagnes, qui jusque là étaient établis sur le territoire continental de la France, seraient transportés à la Guyane. On décida que les condamnés pourraient, s'ils se conduisaient bien, obtenir, après deux ans de séjour dans la colonie, l'autorisation de se marier et celle de garder leur famille auprès d'eux.

Les effets de la mort civile se trouvèrent singulièrement restreints par ces diverses dispositions. Cependant elle subsistait encore. La loi du 31 mai 1854 l'a fait entièrement disparaître, en la remplaçant par l'interdiction légale; elle a rayé de nos lois le nom devenu si odieux de mort civile. Elle en a, pour l'avenir, effacé tous les effets. Désormais le mariage du condamné ne sera pas rompu, sa femme ne

_____

(1) Code Nap., art. 22, 23. — C. P., art. 18.
(2) Loi du 8 juin 1850, art. 3, 8.

sera plus réduite au rang de concubine, si elle l'accompagne, et ses enfants ne seront plus bâtards. Le principe de l'indissolubilité du mariage ne souffre plus aujourd'hui cette exception, tout-à-fait en désaccord avec nos mœurs, nos traditions religieuses et l'esprit général de notre législation.

' La législation révolutionnaire a été aussi hostile au pouvoir du chef de famille, et au droit de tester et de disposer qu'au principe de l'indissolubilité du mariage. Les majeurs furent affranchis de la puissance paternelle (1). Dès l'âge de 21 ans, on put contracter mariage sans demander même l'avis de ses parents ; toute sanction fut enlevée au pouvoir du père : l'exhérédation fut abolie, la quotité disponible réduite à des limites fort restreintes avec défense d'en disposer au profit d'un appelé. Les institutions d'héritier à titre universel furent prohibées (2). On abolit aussi l'institution contractuelle et le douaire.

· Le code Napoléon, sans reproduire l'ancienne législation, a rétabli le pouvoir paternel sur ses bases chrétiennes ; et le premier article du titre *de la puissance paternelle* est un précepte du décalogue (3). L'enfant reste soumis à la puissance paternelle jusqu'à sa majorité ; il doit, à tout âge, demander l'avis de ses parents avant de contracter mariage. La faculté de disposer a été étendue ; le père peut, dans de certaines limites, récompenser et punir (4).

, Le droit intermédiaire n'avait tracé aucune démarcation entre les enfants naturels et les enfants légitimes ; il avait appelé les uns et les autres au partage égal des biens des parents ; il avait même admis au droit de succession les enfants adultérins nés depuis la séparation des père et mère (5). La loi, en un mot, les avait fait entrer dans la famille, sans tenir compte du lien du mariage.

(1) Déc. du 28 août 1792.
(2) Déc. du 17 nivose an II, art. 16.
(3) Code Nap., art. 371.
(4) Art. 913.
(5) Déc. du 12 brumaire an II, art. 1, 2, 9, 16, 13, 14.

Le code n'a pas adopté ce système; il refuse aux enfants naturels la qualité d'héritiers, et les maintient en dehors de la famille ; mais moins sévère que l'ancienne législation, il ne les prive pas entièrement de la succession de leurs père et mère, et leur donne une quote-part plus ou moins élevée, suivant le degré de parenté des héritiers du *de cujus*, et toujours inférieure à celle des enfants légitimes (1). Il n'accorde aux enfants adultérins ou incestueux que des aliments (2). Il laisse donc les enfants nés hors mariage, en dehors de la famille, comme l'ancienne législation.

Comme elle aussi, il admet la légitimation par mariage subséquent, pour les enfants naturels reconnus par leurs père et mère. L'enfant ainsi légitimé est mis sur le même rang que l'enfant né postérieurement à la célébration du mariage. Le mariage efface le passé; la loi lui accorde un effet rétroactif (3). Il reste toujours le fondement de l'institution de la famille.

Telles sont les principales dispositions que la législation actuelle a empruntées à l'ancienne législation sur l'organisation de la famille.

Bien que la révolution ait creusé un abîme entre le présent et le passé de la France, cet abîme n'est pas aussi profond cependant qu'on le croit généralement. Une nation ne peut pas refaire toute son histoire en un jour. Elle ne peut pas rejeter entièrement ses anciennes traditions, ni détruire l'œuvre de plusieurs siècles, sans en rien laisser subsister. On n'improvise pas une société. Les lois d'une époque sont filles de l'époque précédente ; et lorsqu'un législateur veut élever un édifice solide, il donne toujours pour fondement à ses institutions nouvelles, quelques-unes des institutions du passé.

(1) Code Nap., art. 756, 757.
(2) Code Nap., art. 762.
(3) Code Nap., art. 331, 333.

CHAPITRE IV.

Des testaments.

§ 1er.

Formes du testament.

Le droit canonique, au moyen-âge, avait simplifié la forme des testaments. Ses décisions sur cette matière avaient été admises en général par les usages des pays coutumiers ; elles l'avaient été également, quoique d'une manière moins complète, par ceux des pays de droit écrit.

A l'époque de la monarchie absolue, les ordonnances remplacèrent à la fois les dispositions canoniques et les dispositions coutumières. La matière des testaments fut réglée par une ordonnance de Louis XV, rendue en 1735, sous l'influence du chancelier d'Aguesseau. Elle apporta certaines modifications à la législation qui l'avait précédée ; elle abrogea sur plusieurs points les anciennes dispositions d'origine canonique, mais sur d'autres points elle les maintint.

En ce qui touche à la forme des testaments, l'ordonnance de 1735 se montra plus sévère que le droit canonique et même que le droit romain ; de nombreuses formalités furent exigées à peine de nullité. D'après cette ordonnance, les dispositions de dernière volonté, faites verbalement, sont nulles ; il est défendu d'en faire la preuve par témoins ; tout testament doit être rédigé par écrit (1) ; sont nuls aussi, tous testaments faits par signes ou par lettres missives (2). L'ordonnance admet pour les pays de droit écrit, trois manières de tester : 1o le testament nuncupatif écrit et dicté au notaire en présence

(1) Ord. de 1735, art. 1.
(2) *Id.* art. 2 et 3.

de sept témoins, dans les lieux où la coutume locale le permet ; 2o le testament mystique avec ses formalités nombreuses ; 3o le testament olographe (1). Pour les pays
coutumiers, elle n'admet que deux manières de tester : la
forme olographe et la forme solennelle, et abroge les autres
modes de disposer (2).

Elle abolit ce que l'on nommait alors le privilége de la
cause pie. Conformément au droit canonique, l'ancienne jurisprudence faisait exécuter les legs pieux, dans le cas même
où le testament était annulé pour défaut de forme. Au XVIIe
siècle, Domat considérait encore la cause pie comme privi-
légiée (3). L'ordonnance décida qu'il n'y aurait plus d'exception en faveur de la cause pie, et les formalités exigées
pour la validité des legs ordinaires furent aussi imposées
aux legs pieux (4).

Ces dispositions modifiaient beaucoup le système que le
droit canonique avait introduit au moyen-âge sur la manière de tester. Cependant elles ne le détruisirent pas complètement. La plupart des coutumes du nord de la France
avaient admis qu'un testament passé en présence du curé
et de deux témoins serait valable. Ces dispositions, écrites
lors de la rédaction des coutumes au XVIe siècle, et confirmées par plusieurs ordonnances (5), étaient encore en
vigueur au XVIIIe siècle ; l'ordonnance de 1735 ne pouvait
bouleverser ainsi tous les usages locaux. Quelle que fût la
tendance des rois à établir partout l'unité de législation, ils
ne purent parvenir à la faire prévaloir d'une manière complète. L'ordonnance respecta donc les usages locaux et décida que, dans les lieux où cet usage existait, les curés pourraient continuer à recevoir les testaments en présence de
deux témoins, mais dans le cas seulement où la coutume

---

(1) Ord. de 1735, art. 5, 9, 16.

(2) *Id.* art. 22, 25.

(3) Domat, *Lois civiles*, liv. IV, t. 2, sect. 6, art. 7, 9.

(4) Ord. de 1735, art. 78. — Furgole, *des testaments*, n° 110 et suiv.

(5) Voir les coutumes et ordonnances d'Orléans, art. 27;—de Blois, art. 63,

les y autorisait expressément (1). Même disposition pour les pays de droit écrit. L'art. 13 reconnaît valides les testaments reçus dans ces contrées par un nombre de témoins moindre que celui déterminé par le droit commun, mais dans le cas seulement où les statuts locaux admettent cet usage (2). Tels étaient ceux de Toulouse, Bayonne, Labour, Soule, Auvergne (3).

D'autres exceptions furent admises encore en faveur des testaments militaires qui purent être reçus en campagne par un aumônier assisté de deux témoins ; des testaments faits en temps de peste, qui purent l'être aussi par le curé assisté de deux témoins (4), sans préjudice des autres personnes publiques, auxquelles le même droit appartenait dans ces différents cas.

Ainsi, sauf quelques exceptions, le système établi par le droit canonique sur la matière des testaments a été complètement modifié pendant la dernière période de notre histoire. Il a laissé dans les lois de l'ancienne monarchie, sur ce sujet, des traces évidentes ; mais les principes fondamentaux qu'il avait fait prévaloir, pendant plusieurs siècles, sur la forme des testaments, ont été rejetés. La législation de l'époque révolutionnaire et celle de 1803 ont fait disparaître les dernières traces de son influence et effacé

(1) Voir les coutumes et ordonnances d'Orléans, art. 25.

(2) *Id.* art. 13.

(3) *Ultimum testamentum conditum ab eo qui de jure testari valet, adhibitis duobus vel tribus testibus, vel quatuor, vel ampliùs, præsente capellano, vel subcapellano, vel etiam absente, seu etiam non vocato, valet et obtinet roboris firmitatem, tanquam si in numero testium esset juris solemnitas observata. (Consuet. Tolosæ, pars III, de testam.)*

Testament, *codicile,* ou autre *darrere voluntat,* fait en présence de *dus testimonis* et *d'ung notari,* et parelhement en présence *deu rector* ou *vicari deu loc, et de dus testimonis* est valable. (Cout. du pays de Soule, titre 26, art. 5).

Voir aussi cout. de Bayonne, art. 11, t. 2 ; — de Labour, t. 2, art. 5 ; — d'Auvergne, t. 12, art. 48.

(4) Ord. de Blois, art. 27, 33.

les exceptions que l'ordonnance de 1735 avait maintenues en faveur de la législation canonique.

La loi actuelle ne reconnaît plus d'autres sortes de testaments que le testament olographe, le testament mystique et le testament solennel. Elle ne permet aux curés de recevoir les testaments dans aucun cas.

§ 2.

De l'exécution des testaments.

Les conciles du moyen-âge avaient chargé les évêques de surveiller l'exécution des testaments, notamment en ce qui touche aux causes pieuses. Les conciles tenus au XVIe siècle renouvelèrent ces dispositions. Le concile de Cologne, tenu en 1536, ordonnait aux évêques de faire exécuter les volontés des testateurs, et décidait que les héritiers qui s'y refuseraient, devaient être privés de ce qui leur revenait du patrimoine du défunt en vertu du testament (1).

Le concile de Trente déclarait, comme les conciles plus anciens, les évêques exécuteurs de toute disposition pieuse, soit entre vifs, soit à cause de mort (2). Les conciles de Toulouse et d'Avignon renouvelèrent, un peu plus tard, les dispositions anciennes qui ordonnaient aux notaires de faire connaître aux évêques, dans un court délai, les legs pieux renfermés dans les testaments rédigés par eux (3).

Malgré ces diverses dispositions, la jurisprudence ne laissa pas aux évêques le droit de faire exécuter les testaments. La connaissance des causes testamentaires fut enlevée aux juges d'église, par l'ordonnance de 1539, qui leur défendit de connaître de toutes causes personnelles, relatives aux laïques. Les jurisconsultes appliquèrent les termes de l'ordonnance

(1) Concile de Cologne, en 1536, part. III, c. 10.
(2) Concile de Trente, sess. 22, cap. 8, *de reformat.*
(3) Concile de Toulouse en 1590, pars V, cap. 15, *de reform;*—d'Avignon, 1594, c. 56.

dans le sens le plus étendu, et dès lors les tribunaux ecclésiastiques ne firent plus exécuter les testaments (1).

D'après la législation actuellement en vigueur, toutes dispositions entre-vifs ou par testament, au profit des hospices,
des pauvres d'une commune ou d'établissements d'utilité
publique, ne peuvent avoir d'effet qu'autant qu'elles sont
autorisées par le chef de l'Etat (2).

La législation actuelle a cependant conservé, en ce qui
touche l'exécution des legs pieux, un dernier souvenir du
droit qu'avaient jadis les évêques de faire exécuter ces dispositions. Aux termes de l'art. 2 de l'ordonnance du 2 avril
1817, les donations ou legs faits aux fabriques, avec charges
de service religieux, ne peuvent être autorisés par le gouvernement qu'après l'approbation provisoire de l'évêque.

(1) Ord. de 1539, art. 1, 2. — D'Héricourt, *Lois ecclésiastiques*, 1re partie,
p. 309, art. 7.
(2) Code Nap., art. 910. — Loi du 2 janv. 1817. — Loi du 14 janv. 1841.

CHAPITRE V.

De la possession et de la prescription.

§ 1.

De la possession.

Le droit canonique avait donné naissance aux actions possessoires dans la jurisprudence féodale ; les jurisconsultes de
l'époque monarchique les conservèrent, en leur apportant
quelques modifications sur certains points. Nous allons voir
quel fut l'état de la législation sur ce sujet pendant les
XVIIᵉ et XVIIIᵉ siècles.

Pothier distingue deux actions possessoires qui ne sont, à
proprement parler, que deux manières différentes d'exercer
une même action : *la complainte.* Il distingue la complainte
en cas de saisine et de *nouvelleté*, et la complainte par force
ou par dessaisine ou *réintégrande.* Il assimile, autant que
possible, la complainte à l'interdit *uti possidetis*, la réintégrande à l'interdit *undè vi* (1).

Les conditions exigées pour l'exercice de l'action en
complainte , en cas de nouvelleté , sont exactement celles
qu'exigeaient le droit romain et le droit canonique, pour
l'exercice de l'interdit *uti possidetis.* Elles sont, du reste,
dans la nature même des choses. Il faut que la possession ne
soit ni précaire , ni clandestine , ni entachée de violence
(*nec vi, nec clàm, nec precario*) ; l'ordonnance de 1667 l'exige
formellement.

« Si aucun est troublé en la possession et jouissance d'un
» héritage ou droit réel, ou universalité de meubles qu'il
» possédait publiquement, sans violence, à autre titre que
» de fermier ou possesseur précaire, il peut, dans l'année

(1) Pothier, *Traité de la possession*, nº 84.

» du trouble, former complainte en cas de saisine à nouvel-
» leté, contre celui qui a fait ce trouble (1). »

La législation française, comme celle de Rome, n'accorde
qu'un an pour l'exercice de l'action en complainte ; mais
elle en diffère sur un autre point. A Rome, il n'était pas
nécessaire, pour exercer l'interdit *uti possidetis*, d'avoir la
possession *annale* de l'objet litigieux ; aucune condition de
temps n'était imposée. Pothier, au contraire, exige cette
condition, conformément aux traditions du droit coutumier (2).

L'action en complainte était donc encore, au XVIIIe siècle,
ce qu'elle était au moyen-âge. Les dispositions de l'ordonnance de 1667 et la théorie de Pothier sur ce sujet ne différaient pas des doctrines de Beaumanoir. L'action en complainte pour saisine et nouvelleté, c'était toujours l'interdit
uti possidetis, que les canonistes avaient introduit dans la
législation française, tel qu'il était dans le dernier état du
droit romain, après la chute de la procédure formulaire.
Quant à la saisine annale, nous avons vu qu'elle venait de
l'ancienne *gewer* germanique, qui, au XIIe siècle, faisait acquérir la prescription annale, et se changea, au XIIIe siècle,
en simple possession annale, sous l'influence romaine et canonique.

L'action en réintégrande, ou l'interdit *unde vi*, avait
reçu, au contraire, une modification importante sous l'influence constante du droit romain, qui avait acquis sur le
droit canonique une prépondérance complète. Nous avons
vu que, d'après l'ancien droit romain, les interdits étaient
personnels. Innocent III avait transformé l'interdit *undè
vi* en action réelle, et permis au spolié de poursuivre la
possession de l'objet entre les mains des tiers détenteurs.
Cette disposition tomba en désuétude. Pothier, conformément au droit romain, ne permet d'exercer l'interdit *undè
vi* que contre le spoliateur et ses complices, mais non contre

(1) Ord. de 1667, t. 18, art. 1.
(2) Cout. de Paris, art. 96. — Pothier, *Traité de la possession*, n° 86.

le tiers détenteur, s'il n'a pris aucune part à la violence (1). Sauf cette différence, la doctrine juridique du XVIII⁰ siècle est aussi sévère contre les spoliateurs que l'était le droit canonique. Pothier admet toujours la maxime *spoliatus ante omnia restituendus*. Il donne à toute personne dépossédée d'un héritage par violence le droit d'intenter l'action en réintégrande pour en recouvrer la possession. D'après lui, quels que soient les vices de la possession, il suffit d'avoir été possesseur, puis dépossédé par violence, pour avoir droit d'exercer l'action en réintégrande. Celui même qui possédait par violence peut intenter l'action en réintégrande lorsqu'il est dépossédé. La réintégrande doit être exercée dans l'année de la dépossession, mais il n'est pas nécessaire d'avoir la possession annale pour pouvoir l'intenter (2). Ces principes, puisés dans le droit romain et adoptés par le droit canonique, avaient été en vigueur pendant tout le moyen-âge. Pothier les admettait encore complètement.

Au XVIII⁰ siècle, l'action en complainte en cas de saisine et de nouvelleté, et l'action en réintégrande ou complainte pour force ou pour dessaisine, étaient donc encore deux actions distinctes, ou tout au moins deux modes distincts d'une même action, ayant chacun un caractère propre, des effets spéciaux, et dont l'exercice n'exigeait pas les mêmes conditions. Ils différaient l'un de l'autre, comme l'interdit *undè vi* et l'interdit *uti possidetis* différaient en droit romain.

L'ordonnance de 1667, qui renferme plusieurs dispositions relatives aux actions possessoires, ne changea pas cet état de choses. Elle distingua toujours la complainte et la réintégrande, le cas de simple trouble et le cas de dépossession par violence (3).

Cependant quelques auteurs assimilèrent complètement la complainte et la réintégrande. Ils exigèrent que la possession remplît, dans les deux cas, des conditions identiques :

(1) *Traité de la possession*, n° 122.
(2) *Traité de la possession*, n° 114, 124.
(3) Ord. de 1667, t. 18, art. 1, 2, 4.

ils voulurent même qu'elle fût annale pour l'exercice des deux actions possessoires (1).

Cette opinion était contraire aux traditions du droit coutumier : elle n'avait pour elle ni l'autorité de l'usage, ni celle de la loi; car aucune disposition législative n'avait changé sur ce point l'ancien système. C'était une théorie nouvelle que Pothier repoussait.

Mais elle nous paraît avoir été adoptée par la législation actuelle, car c'est la seule qui puisse s'accorder avec les textes des codes modernes.

Le droit actuel, en effet, a répudié les doctrines du droit canonique sur la possession. Il nous paraît impossible d'admettre que les rédacteurs du code de procédure aient voulu conserver l'interdit *undè vi* tel qu'il était constitué par l'ancienne jurisprudence, appuyée sur les textes du droit romain et des décrétales.

Malgré les divergences qui séparent à cet égard les savants de nos jours, et malgré l'autorité de plusieurs arrêts de la Cour de cassation, on ne saurait dispenser la réintégrande des conditions exigées pour l'exercice de la complainte. L'art. 23 du Code de procédure civile, en effet, ne distingue pas entre l'action en complainte et l'action en réintégrande. Il impose à l'exercice de toutes les actions possessoires les mêmes conditions. Aucune ne peut être exercée si le demandeur au possessoire n'a pas la possession annale exempte de vices (2). La distinction faite par le Code et par l'art. 6 de la loi du 25 mai 1838, entre la complainte et la réintégrande, est donc aujourd'hui purement nominale.

Le Code de procédure s'écarte encore du droit canonique en décidant que le possessoire et le pétitoire ne peuvent être cumulés, et que le demandeur au pétitoire n'est plus

(1) Duplessis, *des actions*, L. I. — Voir *Traité de la prescription*, par M. Troplong, n° 306 et suiv.
(2) Code pr., art. 23.

recevable à agir au possessoire (1). Nous avons vu que, sur ces différents points, les décrétales avaient donné des solutions absolument contraires à celles des lois modernes.

§ 2.

De la prescription.

La première condition nécessaire pour acquérir par prescription, c'est de posséder. Cette possession ne doit être entachée d'aucun vice. Le droit canonique, plus sévère à cet égard que l'ancien droit romain, avait décidé, comme nous l'avons vu, que le possesseur de mauvaise foi ne pouvait prescrire par aucun laps de temps. Cette doctrine, admise à l'époque féodale et formulée dans le *Grand Coustumier*, avait reçu, pendant les siècles suivants, quelques atteintes. L'influence du droit romain s'était accrue au XVIe et au XVIIe siècles, tandis que le droit canonique avait perdu une partie de la sienne. Cependant, au XVIIe siècle, les maximes de la législation ecclésiastique n'étaient pas complètement abandonnées sur ce point. Domat, ce jurisconsulte si éminemment chrétien, ce philosophe profond, qui prenait toujours les inspirations de la conscience pour base de ses décisions juridiques, considère la bonne foi comme une des conditions nécessaires pour prescrire. Après avoir parlé de la prescription de dix et de vingt ans, pour laquelle il faut à la fois titre et bonne foi, il parle de la prescription de trente ans. Il cite les lois romaines qui l'autorisent sans exiger la bonne foi du possesseur. Mais Domat considère ces décisions comme un simple règlement de police, dont le seul but est de protéger ceux qui possèdent depuis un temps aussi long. Lorsque la mauvaise foi apparaît, il veut que la possession, même trentenaire, soit inutile pour acquérir. Ainsi, le dépositaire qui aura pos-

(1) Code pr., art. 2, 5, 26.

sédé pendant plus de trente ans l'objet qu'on lui avait
confié, ne l'aura pas acquis par prescription. Le jurisconsulte
appuie sa décision sur le droit naturel et sur le droit
canonique (1).

Dans plusieurs endroits, Domat exige que le possesseur
soit de bonne foi pour pouvoir prescrire sans distinguer
entre la prescription décennale et la prescription trentenaire
(2).

Pothier décide également que la bonne foi du possesseur
est une condition nécessaire pour prescrire. D'après lui,
le laps de temps fixé par la loi fait présumer la bonne foi,
comme il fait présumer l'existence du titre jusqu'à preuve
contraire : mais si le demandeur peut prouver la mauvaise
foi du possesseur ou le vice du titre en vertu duquel celui-
ci possède, il n'y a plus de prescription possible, même
après trente ou quarante ans de possession (3).

Ainsi, bien que les coutumes n'eussent pas exigé formellement,
pour la prescription de trente ans, la condition de
bonne foi, comme nous l'avons vu plus haut, la doctrine
des jurisconsultes, fondée sur l'équité et sur les décisions
du droit canonique, se montrait plus sévère à cet égard que
les lois romaines et que les coutumes françaises.

Le droit moderne, au contraire, a rejeté le système du
droit canonique sur la prescription. D'après cette législation,
le possesseur de mauvaise foi ne pouvait prescrire par
aucun laps de temps. L'ancienne jurisprudence avait admis
cette doctrine d'une manière plus ou moins complète ; mais
le Code Napoléon s'en est écarté. Comme la loi romaine, il
n'exige pas la bonne foi du possesseur pour la prescription
de trente ans ; on ne peut opposer à celui qui l'invoque
l'exception tirée de la mauvaise foi (4).

(1) Domat, *Lois civiles*, liv. III, t. 7, sect. 4, art. 14, note *r*.
(2) *Id.* sect. 5, art. 9.
(3) Pothier, *Traité de la prescription*, nᵒˢ 173, 193.
(4) Code Nap., art. 2262.

Il ne reste donc plus rien aujourd'hui dans nos lois relatives à la possession et à la prescription, des dispositions
empruntées au droit canonique, et qui lui appartenaient en
propre. On a rejeté parmi ses décisions celles qui différaient
des lois romaines. Mais la connaissance des règles canoniques sur ce sujet n'en est pas moins indispensable pour qui
veut se rendre compte de la marche de notre ancienne
législation sur cette importante matière.

CHAPITRE VI.

Des obligations. — Du prêt à intérêt.

§ 1er.

Théorie générale des obligations.

Au moyen-âge, le droit canonique avait transformé la nature des obligations. Il avait reproduit les principes du droit romain sur cette matière ; et sous la double influence du droit de l'ancienne et du droit de la nouvelle Rome, le symbolisme germanique avait perdu toute son importance. La jurisprudence française avait donné pour règles aux obligations, les lois romaines elles-mêmes. En outre, le droit canonique avait posé en principe que la volonté des parties est la loi de la convention, et que tous les contrats doivent être exécutés de bonne foi ; il avait donné aux engagements humains la garantie religieuse du serment.

Cet usage du serment, ajouté aux obligations, tomba plus tard en désuétude. L'ordonnance de 1539 y contribua beaucoup ; elle défendit, en effet, de poursuivre les laïques en matière personnelle devant les tribunaux ecclésiastiques (1). La jurisprudence, s'appuyant sur les termes de l'ordonnance, étendit cette prohibition au cas où il s'agirait d'un contrat garanti par serment (2). Dès lors, il devint inutile de confirmer les conventions à l'aide du serment. On continua cependant à le mentionner dans les actes ou obligations, mais pour la forme seulement ; les contractants cessèrent de le prêter en fait (3).

Mais ce changement n'empêcha pas les jurisconsultes

(1) Ord. de 1539, art. 1, 2.
(2) D'Héricourt, *Lois ecclésiastiques*, part. I, ch. 19, art. 7.
(3) Domat, *Lois civiles*, liv. III, t. VI, section VI, *préamb.*

civilistes du siècle de Louis XIV d'emprunter au droit canonique ses principes fondamentaux en matière d'obligations.
Domat, qui s'appuie toujours sur les lois romaines, et qui
conserve avec tant de soin les traditions de cette législation,
ne reproduit pas cependant la distinction des contrats
nommés et des contrats innommés. Il la déclare incompatible
avec nos mœurs, et contraire aux principes du droit
moderne; cette distinction n'est plus à ses yeux qu'une
subtilité embarrassante (1). Les conventions se forment,
d'après lui, comme d'après les canonistes, par le consentement mutuel donné réciproquement. « Ainsi, dit-il, la vente
est accomplie par le seul consentement, quoique la marchandise ne soit pas délivrée, ni le prix payé (2). » Il fixe les
règles de l'interprétation d'une manière conforme au droit
canonique; l'équité, la bonne foi président à toutes ses
décisions. Si la convention présente quelque doute, c'est,
dit-il, par l'intention commune des parties qu'on explique ce
que la convention peut avoir d'obscur et de douteux (3).
Ainsi, pour Domat comme pour la législation ecclésiastique,
c'est l'intention des parties qui est la loi du contrat, c'est la
volonté commune des contractants qui les lie; toutes les
conventions licites obligent également; plus de distinction
entre les contrats nommés et les contrats innommés, les
stipulations et les pactes nus; la bonne foi doit présider
à l'exécution de toutes les conventions. On ne dira plus,
comme l'ancien droit romain : *quidquid lingua nuncupassit,
ità jus esto*; on ne confondra plus, comme le droit barbare,
l'obligation et son exécution. Le principe chrétien a décidé-
ment triomphé.

La théorie de Domat sur les obligations est devenue la base
même des lois modernes sur ce sujet. Pothier et le Code
Napoléon n'ont fait que la reproduire, au moins dans son

---

(1) Domat, *Lois civiles*, liv. 1, t. I, section 2, art. 7, note u.
(2) *Id.* L. I, t. 1, section 2, art. 8.
(3) *Id.* L. I, t. 2, section 2, art. 8.

ensemble et dans ce qui touche aux principes généraux de la
matière (1). Notre législation en matière d'obligations a
beaucoup emprunté sans doute au droit romain, mais les
principes du droit canonique qu'elle a adoptés, ont modifié
le système romain ; ils ont donné à nos lois, sur ce sujet,
un caractère plus élevé et plus équitable que celui de l'ancienne législation quiritaire.

§ 2.

Du prêt à intérêt.

Le triomphe du droit canonique fut complet sur la matière
du prêt à intérêt. Au XVIᵉ et au XVIIᵉ siècles, l'Eglise
maintint ses anciennes décisions à cet égard avec une grande
sévérité. Les conciles et les décrétales de cette époque énu-
mérèrent avec soin les différents contrats, cherchèrent à
soulever tous les voiles qui pouvaient cacher l'usure, déterminèrent avec soin les conditions que tel ou tel contrat devait
remplir pour n'être pas entaché de ce vice.

Le cens, par exemple, ne peut être augmenté sans que le
contrat en vertu duquel on l'a établi ne devienne usuraire ;
pas de paiements anticipés ; pas de clauses restrictives apportées au droit qui appartient au censitaire d'aliéner la chose
baillée ; pas de contrat de cens licite, s'il ne repose sur un
immeuble frugifère, etc. (2).

Un concile, tenu à Bordeaux en 1583, déclara qu'il y avait
usure à vendre à terme plus cher qu'au comptant, à rabattre
l'escompte à l'acheteur qui paie comptant, à prêter sur gages
avec faculté pour le prêteur de vendre le gage, à livrer à
l'emprunteur une partie seulement de la somme empruntée,
en espèces, et le surplus en créances difficiles à recouvrer ;
à constituer un *cens* fictif et qui ne repose pas sur un

(1) Pothier, *Traité des obligations*, nᵒˢ 3, 91 et suiv. — Code Nap. art.
1107, 1134 et suiv., 1156 et suiv.
(2) Septim. decret. L. II, t. 12, c. 1. Pie V, 1568.

immeuble acheté pour un prix déterminé ; à mettre, en cas de louage d'un animal, le dommage arrivé par cas fortuit aux risques de l'emprunteur ; enfin, à contracter un *mutuum* qui ne fût pas absolument gratuit. Le même concile déclarait nuls tous les contrats usuraires (1).

Ces prohibitions furent souvent reproduites (2). Les papes permirent cependant l'institution des monts-de-piété, pourvu que l'administration ne prît aux emprunteurs qu'une somme modique, au-dessus du prix fourni (*ultrà sortem*), pour indemniser l'Etat de ses frais et payer les employés (3).

Les sévères prohibitions de l'Eglise contre l'usure furent violemment attaquées au XVIe siècle par Dumoulin. Ce jurisconsulte, dont la vie tout entière ne fut qu'une longue lutte contre la papauté, soutint dans son *Tractatus usurarum* et dans son livre des *Contrats, usures, rentes,* la légitimité du prêt à intérêt, contre les théologiens ; mais il échoua. La jurisprudence civile maintint, comme la jurisprudence canonique, l'interdiction du prêt à intérêt.

Les ordonnances royales proscrivirent l'usure, déclarèrent nuls les contrats usuraires, et frappèrent les usuriers de peines sévères (4). Domat combattit le prêt à intérêt avec les armes des canonistes, et déclara, comme eux, illicite et usuraire tout ce que le prêteur exige au-delà du capital fourni à l'emprunteur (*quidquid ultrà sortem*) (5).

La sévérité de ces prohibitions donna naissance au contrat de rente constituée. Les capitalistes ne pouvant prêter leurs capitaux, les aliénèrent, à charge pour l'acquéreur de payer chaque année au constituant des arrérages déterminés. Le contrat de constitution fut assimilé par les jurisconsultes à la vente (6). Dans le principe, on exigeait que le constituant se

---

(1) Conc. de Bordeaux, en 1583, c. 31.

(2) Conciles de Milan, 1565, c. 68, *De usuris ;* — de Reims, 1583, *De fœnore.*

(3) Septim. decret. L. III, t. 17, c. 3. Léon X, 1515.

(4) Ord. de 1567 ; — de 1510, art. 65 ; — de Blois, 1579, art. 202.

(5) Lois civiles, L. I, t. 6, *préambule.*

(6) Pothier, *Traité du contrat de constitution de rente,* n° 1.

dessaisît de quelque héritage, dont il saisissait, jusqu'à concurrence de la rente, celui au profit duquel il la constituait.
Une rente constituée à prix d'argent était alors regardée
comme un droit réel et foncier que l'acquéreur et créancier
de la rente acquérait dans l'héritage sur lequel la rente était
assignée. Au temps de Pothier, il n'en était plus de même ;
la rente était regardée comme une simple créance personnelle qu'avait le créancier de la rente contre la personne du
débiteur qui l'avait constituée. On décida donc que la rente
pouvait être constituée sans être assignée sur aucun héritage,
et même par des personnes qui n'étaient propriétaires d'aucun héritage. Dans le cas où la rente était constituée avec un
assignat sur quelque immeuble, elle ne donnait au créancier de la rente qu'un droit d'hypothèque sur cet immeuble (1). Pour que le contrat de constitution de rente fût
licite, on exigeait : que le taux de la rente n'excédât pas le
chiffre fixé par le prince ; que la rente consistât en une
somme d'argent, réellement comptée, ou en paiement d'une
dette principale d'une somme d'argent ; que le prix fût aliéné
de manière que le créancier de la rente ne pût jamais
l'exiger ; que le débiteur de la rente eût, en quelque temps
que ce fût, le pouvoir de la racheter en rendant le prix qu'il
avait reçu. Si la constitution ne remplissait pas ces conditions, le contrat était considéré comme usuraire. On regardait comme illicite la constitution d'une rente faite en paiement
d'arrérages ou d'intérêts même moratoires, ou d'autres (2).

Le contrat de constitution, après quelques hésitations,
fut considéré comme licite par le droit ecclésiastique. Les
canonistes admirent que ce contrat n'était pas usuraire,
parce que le sort principal était aliéné à perpétuité, sans que
le créancier eût droit de le répéter, tant qu'il y avait sûreté
pour le paiement des arrérages, tandis que le prêt à intérêt
ne réalisait pas cette condition (3).

(1) Pothier, *Traité du contrat de constitution de rente*, ch. 5, n° 105 et 106.
(2) Pothier, *Constitution de rente*, ch. 2, n° 9.
(3) Fleury, *Institution au droit ecclésiastique*, partie III, ch. 13.

La législation révolutionnaire abrogea toutes les anciennes lois prohibitives du prêt à intérêt, qu'elle considéra comme licite. L'Assemblée constituante décréta que tous les particuliers, corps, communautés et gens de main-morte, pourraient, à l'avenir, prêter de l'argent à terme fixe avec stipulation d'intérêts, suivant le taux déterminé par la loi (1). Le Code Napoléon a conservé le même principe. Il permet de stipuler des intérêts pour simple prêt, soit d'argent, soit de denrées ou d'autres choses mobilières. Il distingue l'intérêt légal et l'intérêt conventionnel; l'intérêt conventionnel peut même excéder celui de la loi, toutes les fois que la loi ne le prohibe pas (2).

Le Code a conservé en outre le contrat de rente constituée, en permettant, comme l'ancien droit, de stipuler un intérêt moyennant un capital que le prêteur s'interdit d'exiger. D'après la loi actuelle, la rente constituée en perpétuel est essentiellement rachetable; mais les parties peuvent convenir que le rachat ne sera pas fait avant un délai qui ne pourra excéder dix ans, ou sans avoir averti le créancier au terme d'avance qu'elles auront déterminé. On peut contraindre le débiteur au rachat, s'il cesse de remplir ses obligations pendant deux ans, ou s'il manque à fournir au prêteur les sûretés promises; enfin, le capital devient exigible en cas de faillite ou de déconfiture du débiteur (3).

Le Code, en permettant le prêt à intérêt, déclarait que le taux de l'intérêt serait fixé par la loi; c'est ce qu'a fait la loi du 3 septembre 1807. Elle a décidé que l'intérêt conventionnel ne pourra excéder 5 pour 100 en matière civile, et 6 pour 100 en matière commerciale. Elle fixe au même chiffre le taux de l'intérêt légal. L'usure, d'après cette loi, est un délit; celui qui prête à un taux supérieur au taux sus-énoncé, doit être condamné à restituer l'excédant, s'il l'a reçu, ou à souffrir, s'il ne l'a pas reçu, la réduction de cet

(1) Décr. du 3 oct. 1789.
(2) Code Nap., art. 1905, 1907.
(3) Code Nap., art. 1909—1914.

excédant sur le principal de la créance. Le délit d'habitude d'usure est puni d'une amende (1).

Cette loi a été l'objet de vives attaques de la part des économistes. Ils posèrent en principe que l'argent est une marchandise, et le commerce de l'argent un négoce semblable à tous les autres négoces ; que la plus grande liberté possible doit être laissée aux transactions commerciales ; que le prix de l'argent doit hausser ou baisser suivant les besoins du moment, comme celui de tous les produits naturels ou industriels ; que par conséquent la loi ne doit pas plus imposer de *maximum* au taux de l'intérêt de l'argent qu'elle n'en fixe pour le prix de toutes les marchandises qui sont l'objet du commerce.

Cette doctrine trop absolue a été repoussée par la loi du 19 décembre 1850. Les économistes ne purent faire admettre leurs doctrines par le pouvoir législatif. Il fut décidé que l'intérêt conventionnel ne pourrait excéder le taux légal, et que le délit d'habitude d'usure serait puni d'une amende, et même de la peine de l'emprisonnement (2).

Le législateur n'a donc pas admis la théorie des économistes ; il a pensé avec raison que l'argent étant le signe représentatif de toutes les valeurs sociales, devait être l'objet de dispositions spéciales, et que le taux de l'intérêt devait être fixé par la loi. Il importe, en effet, à la société tout entière, que la cupidité des prêteurs ne fasse pas hausser le prix de l'argent d'une manière disproportionnée avec les besoins réels du commerce ; l'usure entraîne trop d'abus et devient trop souvent cause de la ruine des débiteurs, pour qu'on puisse la tolérer. Enfin, le principe de la liberté du commerce n'est pas absolu ; il doit souffrir les exceptions qu'exige l'intérêt social (3).

(1) L. du 3 sept. 1807.
(2) L. du 19 décembre 1855, art. 1, 2.
(3) Telles sont les mesures administratives qui fixent le prix des denrées les plus nécessaires à l'alimentation publique. La taxe du pain et celle de la viande sont des exceptions au principe de la liberté du commerce, dont on ne saurait contester la nécessité.

La législation actuelle a donc permis le prêt à intérêt en limitant seulement le taux de l'intérêt de l'argent.

Les dispositions de la loi civile sur le prêt ont donné lieu à de vives discussions dans le clergé. Certains théologiens continuaient à regarder le prêt à intérêt comme illicite et l'attaquaient vivement, tandis que d'autres, au contraire, pensaient qu'on pouvait le permettre dans l'état actuel de la société. La doctrine de ces derniers a fini par prévaloir, et la théologie admet aujourd'hui que les prêteurs, qui n'exigent que l'intérêt légal, et sont d'ailleurs disposés à se soumettre aux décisions que l'Eglise pourra rendre ultérieurement sur cette matière, ne doivent pas être inquiétés *(non esse inquietandi)*.

CHAPITRE VII.

De la procédure civile et criminelle.

§ 1.

Juridiction ecclésiastique.

Pendant la période qui s'étend du XVe siècle à la fin du XVIIIe, la juridiction ecclésiastique perdit une partie de son importance. Les luttes des légistes contre le clergé et les accroissements de la puissance des rois, eurent pour résultat de restreindre cette juridiction au profit des justices royales. En matière civile, l'ordonnance de 1371 ôta aux juges d'église la connaissance de toutes actions réelles, sauf en matière bénéficiale. Les juges royaux connurent même du possessoire des bénéfices, et sous prétexte de ne pas trop perpétuer les procès, on finit par ne plus permettre aux juges d'église de décider les questions pétitoires, ce qui rendit leur compétence, en matière bénéficiale, absolument illusoire (1). L'ordonnance de 1539 leur défendit de connaître des causes personnelles des laïques, et les légistes leur enlevèrent, par suite, la connaissance de tout ce qui touche aux testaments et aux obligations (2). Ils ne connurent plus au civil que des actions personnelles, dans lesquelles un clerc était défendeur. Mais on leur laissa toujours la connaissance des causes purement spirituelles, telles que celles relatives au mariage, en les dégageant, toutefois, de tout ce qui pouvait toucher au temporel. Les questions de dommages-intérêts pour l'exécution des promesses *de futuro* et les

---

(1) Fleury, *Institution au droit ecclésiastique*, part. III, chap. 5.
(2) D'Héricourt, *Lois ecclésiastiques*, partie I, ch. 19, art. 7.

infractions aux ordonnances royales sur ces matières, durent être jugées par les cours laïques (1). Ainsi , la juridiction civile des tribunaux ecclésiastiques se trouva presque anéantie.

Au criminel, elle reçut aussi de nombreuses atteintes. Nous avons vu qu'au moyen-âge, les clercs n'étaient justiciables que de leurs évêques ; Beaumanoir admettait complètement ce principe ; mais au XVIe siècle il fut repoussé. Les jurisconsultes distinguèrent entre le *délit commun* et le *délit privilégié;* on appela *délit commun,* celui qui n'était justiciable que des tribunaux ecclésiastiques, et que les juges d'église seuls avaient droit de punir ; cette dénomination comprenait les délits légers commis par les ecclésiastiques, et les infractions à la discipline purement religieuse; on appela *délit privilégié,* celui que punissaient à la fois le droit canonique et la législation séculière. Tels furent les crimes atroces commis par des clercs, et les crimes contre la foi, tels que l'hérésie, le blasphème, le sacrilége, la magie, la simonie, l'usure.

Les ordonnances de 1566 et de 1580 réglèrent la manière de procéder en cas de délit privilégié. Il fut établi que la connaissance de ces crimes appartiendrait aux juges laïques et aux juges ecclésiastiques conjointement (2). Le juge d'église devait appliquer la peine canonique, et le juge royal, la peine prononcée par les ordonnances (3). Au criminel comme au civil, la juridiction ecclésiastique avait donc beaucoup perdu sous la monarchie absolue; cependant elle subsista pendant toute cette période et ne fut abolie qu'à l'époque de la révolution française (4).

(1) Fleury, *Instit. au droit ecclés.,* partie III, chap. 5.
(2) Ord. de 1566, art. 39 ; — de 1580, art. 22.
(3) D'Héricourt, *Lois ecclésiastiques,* partie I, ch. 24.
(4) Loi du 7 septembre 1790, art. 13.

§ 2.

Formes de la procédure civile.

La procédure ecclésiastique avait servi de modèle, pendant l'époque féodale, à la procédure civile et à la procédure criminelle des tribunaux séculiers. Ce fut le contraire qui se produisit au XVIIe siècle. Les tribunaux ecclésiastiques furent obligés de se soumettre à la procédure usitée devant les tribunaux séculiers. Ce ne furent plus les canons qui déterminèrent la manière de procéder devant les cours d'église, ce furent les ordonnances royales.

L'ordonnance de 1667 fixa les règles de la procédure civile ; elle fut appliquée par les officialités comme par les tribunaux royaux (1). Le droit civil ne faisait, du reste, que rendre à la procédure canonique ce qu'il lui avait emprunté. Nous avons vu qu'à l'époque féodale, les clercs avaient substitué peu à peu à la procédure par les épreuves et par le duel, la procédure savante et rationnelle du droit romain, modifiée par les décrétales ; les ordonnances ne firent à ce système que des changements d'une importance secondaire, elles lui donnèrent plus de régularité et de simplicité.

L'ordonnance de 1667 a donc encore subi, d'une manière indirecte, l'influence du droit canonique, puisqu'elle n'a fait que perfectionner le mode de procéder, créé par cette législation et emprunté par les tribunaux royaux. Elle a servi de modèle au Code de 1806, dont les dispositions principales reproduisent, par conséquent, le système de procédure introduit au moyen-âge par la législation ecclésiastique.

§ 3.

Formes de la procédure criminelle.

Nous ferons les mêmes observations à l'égard de la procé-

(1) D'Héricourt, *Lois ecclés.*, partie I, ch. 20.

dure criminelle. La procédure criminelle des officialités fut réglée par les ordonnances royales, comme la procédure civile. L'ordonnance de 1670 fut appliquée aux deux juridictions (1), et fit, pour la procédure criminelle, ce que l'ordonnance de 1667 avait fait pour la procédure civile. Elle ne créa pas un système nouveau ; elle ne fit que régulariser et donner plus de précision au système qui existait déjà. Elle emprunta également ses dispositions à la procédure canonique, et rendit aussi aux cours d'église ce qu'elle leur avait emprunté. La procédure établie par cette ordonnance n'est, en effet, que la procédure canonique par *inquisition*. Elle maintient le système inauguré au XIIIe siècle par Innocent III, l'enquête secrète et la poursuite par voie de dénonciation, qui avaient remplacé l'ancien droit d'accusation, et la comparution publique des témoins devant les cours féodales. Les ordonnances royales avaient depuis longtemps admis ce mode de procéder au criminel. Qu'on parcoure les dispositions des ordonnances de 1498, de 1539 et de 1670 surtout, et l'on se convaincra facilement de cette vérité.

D'après ces ordonnances, comme d'après le droit canonique, la partie qui se plaint n'est pas un *accusateur*, mais un *dénonciateur*. Quoique le nom d'accusateur soit laissé par les jurisconsultes à la partie plaignante, lorsqu'elle se porte partie civile (2), cependant elle ne peut aucunement requérir contre l'accusé l'application d'une peine ; elle ne peut plus intenter qu'une action civile pour obtenir la réparation du préjudice que le coupable lui a causé ; le droit de requérir l'application de la peine n'appartient qu'au magistrat chargé de la poursuite des crimes (3). Les témoins sont cités à la requête du juge, et interrogés secrètement; leurs dépositions sont consignées par écrit; le juge interroge aussi secrètement l'accusé et le confronte avec les témoins; puis ceux-ci sont récolés en leurs dépositions. Le procureur du

(1) D'Héricourt, *Lois ecclés.*, partie I, ch. 21.
(2) Domat, *Droit public*, supplém., partie II, liv. IV, t. 1, art. 3.
(3) Ord. de 1670, t. 23, art. 3 ; — t. 24, art. 1.

roi prend des conclusions devant les cours séculières comme le promoteur devant les cours d'église. Le jugement est rendu sur le vu des pièces écrites. En un mot, la procédure des cours séculières au XVIIe siècle était encore, sauf certaines différences de forme et de détail, semblable à la procédure de l'Inquisition. Lorsque l'ordonnance de 1670 fut appliquée par les officialités, elle n'apporta donc pas un système nouveau pour ces tribunaux ; elle ne fit que consacrer et régulariser ce qui existait déjà. La seule différence qu'il y eût entre la législation féodale et la législation de la monarchie absolue, c'est qu'au moyen-âge, la loi séculière empruntait aux cours d'église leur système de procédure, et le trouvait dans les décrétales; tandis qu'au XVIIe siècle, les tribunaux ecclésiastiques furent obligés de régler leur manière de procéder conformément aux ordonnances. Les rôles furent donc complètement intervertis. Malgré cet accroissement de puissance d'une part, et cette diminution d'influence de l'autre, le triomphe de la législation canonique en matière de procédure, et surtout en matière de procédure criminelle, n'en fut pas moins complet, pendant la période monarchique.

Le système de procédure criminelle, consacré par l'ordonnance de 1670, fut complètement modifié, à l'époque de la révolution française. La torture, dont l'ordonnance de 1670 avait fait abus, contrairement aux dispositions de l'ancien droit canonique (1), fut abolie : d'abord partiellement par Louis XVI, puis complètement par l'Assemblée constituante (2). L'Assemblée constituante institua le jury et établit la publicité des débats en matière criminelle. La loi du 16 septembre 1791 remplaça l'ordonnance de 1670, et fut bientôt remplacée elle-même par celle du 3 brumaire an IV, dont les disposi-

---

(1) Elle fut admise, toutefois, par les tribunaux ecclésiastiques sous l'influence du droit romain. (Septim. decret. Lib. II, t. 5, c. 1.)

(2) L'édit du 24 août 1780 abolit la question préparatoire; la loi du 9 octobre 1789 abolit la question préalable (art. 24).

tions ont servi de base au Code d'instruction criminelle de 1810.

Quoique le système de procédure criminelle établi par ces différentes lois soit profondément différent, sur beaucoup de points, du système qui était en vigueur pendant les derniers siècles de la monarchie, et qu'il offre à l'accusé des garanties précieuses que l'ancienne procédure lui refusait ; cependant les lois modernes ont conservé un certain nombre de dispositions empruntées à l'ancienne législation. Le débat est devenu public ; les témoins sont interrogés publiquement à l'audience ; mais cette enquête est précédée d'une autre enquête destinée à rester secrète, comme cela se pratiquait sous l'empire de l'ancien droit. La loi actuelle n'admet pas d'accusateur privé comme la procédure romaine et celle des premiers siècles du moyen-âge ; il n'y a pas d'autre accusateur que le ministère public, qui poursuit, au nom de la société, la répression des crimes et des délits. La partie plaignante ne vient pas demander l'accomplissement d'une vengeance de famille ; elle ne réclame que la réparation du préjudice qu'elle a subi (1). Toute personne peut *dénoncer* un crime au magistrat chargé d'en poursuivre la répression. Celui-ci peut agir même hors le cas de flagrant délit, sans attendre que la partie lésée se porte accusatrice. Les fonctions du ministère public et celles du juge d'instruction semblent donc calquées sur celles qu'exerçaient jadis les promoteurs et les inquisiteurs auprès des officialités (2).

En un mot, si la procédure criminelle actuelle s'éloigne, sur certains points, de celle des derniers siècles, elle s'en rapproche sur beaucoup d'autres. Des différences bien plus profondes la séparent de la procédure suivie dans l'antiquité. Elle a conservé plusieurs dispositions empruntées au système inquisitorial ; il faut reconnaître qu'elle n'a pas complètement rejeté les traditions de la procédure ecclésiastique.

(1) Code d'Inst. crim., art. 1.
(2) Code d'Inst. crim., *passim*.

CHAPITRE VIII.

Droit pénal.

§ 1.

Crimes ecclésiastiques.

Nous avons constaté que, pendant la période précédente, les anciennes pénitences canoniques étaient tombées en désuétude.

L'Eglise, toutefois, les maintenait toujours en principe. Le concile de Trente, en effet, décida que les pécheurs publics devaient être punis d'une peine publique, tout en permettant à l'évêque de la changer en une peine secrète (1).

Dans le même temps, les papes renouvelaient les censures prononcées par l'Eglise contre les auteurs de crimes appelés crimes ecclésiastiques : tels que l'hérésie, le sacrilége, le blasphème, la simonie, le sortilége, etc. (2), et exhortaient les princes à châtier les coupables. Les ordonnances royales des XVIe et XVIIe siècles les punissent également ; aux censures ecclésiastiques, elles ajoutent des peines sévères : le bannissement, les galères et quelquefois la peine de mort(3). Le droit pénal subit encore complètement, sur ce point, l'influence de la législation canonique, pendant le cours des trois derniers siècles. A la fin du XVIIe, la révocation de l'édit de Nantes fut la source de nombreuses dispositions rendues contre les protestants. Les ordonnances prononcèrent contre les religionnaires fugitifs la confiscation de corps et de biens; ils furent réputés étrangers, privés de

(1) Concile de Trente. Sess. 24, *de reform.*, cap. 8.
(2) Bulles de Pie IV, Pie V, Sixte IV, Jules III, Adrien VI. — Septim. decret. Lib. V, tit. 3, c. 9; t. 6, c. 1; t. 8, c. 6, 10; t. 11, c. 3; t. 12, c. 3.
(3) Ord. de 1571, 1572, sur le sacrilége.— Ord. de 1551, 1566, sur le blasphème, etc.

tous les droits civils, déclarés incapables d'être rétablis, ni réhabilités (1).

La législation moderne n'a gardé presque aucune trace de l'ancienne législation relative aux crimes ecclésiastiques. La tolérance religieuse a été proclamée par toutes les constitutions modernes ; elle a entraîné l'abolition des peines qui, jadis, frappaient l'hérésie.

L'édit de Louis XVI (en 1787) et le décret du 24 décembre 1789 ont donné aux non-catholiques la vie civile et politique. Le décret du 27 septembre 1791 l'a accordée aux juifs.

L'usure est un délit ordinaire, que la loi punit comme le vol ou l'escroquerie ; le blasphème, la simonie et le sacrilége ne sont ni prévus, ni punis par le Code pénal. Toutefois, le vol commis dans un lieu consacré à l'un des cultes légalement reconnus, est puni plus sévèrement que le vol simple (2).

§ 2.

Abolition du duel et des vengeances privées.

L'Eglise, au XVIe siècle, s'efforçait, comme au moyen-âge, de détruire l'un des derniers restes de la barbarie germanique : le duel. Nous avons déjà vu les censures tant de fois prononcées contre cet usage. Elles furent renouvelées et aggravées à cette époque.

Jules II, en 1505, excommunie tous ceux qui se battent en duel, ou permettent le duel, pour quelque cause que ce soit, même dans les cas où la loi civile l'autorise, et les prive de la sépulture ecclésiastique (3). Léon X étend cette peine à tous ceux qui assistent au duel, ou même fournissent le champ où

---

(1) Ord. de 1685, 1699, 1705, 1708, 1725, etc.
(2) C. P., art. 386, § 1.
(3) Septim. decret. Lib. V, t. 17, c. 1.

il doit avoir lieu. Il prononce la confiscation contre les duellistes, et condamne leur mémoire (1). Le concile de Trente renouvelle ces différentes censures, prononce aussi l'excommunication contre les duellistes, ceux qui les assistent, ceux qui ont conseillé le duel, et contre les spectateurs même du combat; il prononce la confiscation et l'infamie contre les duellistes ; défend aux princes temporels d'accorder un lieu pour combattre (2).

Le duel fut donc condamné par l'Eglise avec plus de sévérité qu'il ne l'avait jamais été. Cette sévérité nouvelle avait pour motif, la transformation qui s'opéra au XVIe siècle dans la nature même du duel. En effet, les réformes, apportées depuis plusieurs siècles dans l'administration de la justice, avaient peu à peu amené la chute complète du combat judiciaire. Le duel ne fut donc plus qu'un moyen de punir certaines offenses dont on ne pouvait ou ne voulait demander la répression aux tribunaux. C'était un reste du droit de vengeance de l'époque barbare et de l'usage des guerres privées des temps féodaux. La vengeance privée avait sa raison d'être à une époque où il n'existait encore aucune répression publique des crimes ; mais elle n'avait plus aucune excuse depuis que la société était plus régulièrement organisée, et la justice mieux rendue.

Le duel changea donc complètement de nature : au lieu d'être judiciaire, il devint secret; au lieu de s'appliquer à toutes sortes de faits, il ne s'appliqua plus qu'à ceux dont les tribunaux ne connaissaient pas. Il devint une affaire de *point d'honneur*. Aucune époque ne vit un plus grand nombre de duels que la fin du XVIe siècle et le commencement du XVIIe; c'était un privilége auquel la belliqueuse noblesse de cette époque, si délicate sur tout ce qui touche au point d'honneur, était fort attachée. Cependant, comme les duels décimaient les gentilshommes, les rois comprirent la nécessité de sévir, et de porter des lois contre cet usage que la

(1) Septim., decret, lib. V, t. 17, c. 2.
(2) Conc. de Trente, sess. 25, *de reform.*, cap. 19.

rigueur des censures ecclésiastiques n'avait pu parvenir à éteindre. Les édits de 1602, 1611, 1614, 1626, 1636, 1651, 1653, défendirent le duel, sous peine de mort. L'édit de 1602 s'exprime en ces termes : « Nous enjoignons à tous » nos dits sujets, de quelque qualité et condition qu'ils soient, » de vivre à l'avenir, les uns avec les autres, en paix, union » et concorde, sans s'offenser, injurier, mépriser, ni provo- » quer à haine et inimitié, sous peine d'encourir notre » indignation, et d'être punis exemplairement (1). » Le tribunal des maréchaux de France fut chargé de connaître de toutes les affaires entre gentilshommes, relatives au point d'honneur, de fixer les réparations que l'agresseur devrait à la partie offensée, et de porter des peines contre les gentilshommes coupables d'avoir fait à d'autres quelque affront pouvant occasionner un duel. Ce tribunal pouvait encore, d'après l'édit de 1602, permettre le duel dans cer- tains cas.

Malgré ces précautions et ces pénalités, la fureur des duels ne s'éteignit pas, et cet usage subsiste encore aujourd'hui.

La législation moderne n'a rien décidé formellement à l'égard du duel. La loi du 25 septembre 1791 est restée muette sur ce sujet; et comme elle a implicitement abrogé toutes les anciennes dispositions pénales, le duel, sous son empire, n'a plus été puni ; Merlin pensait que le silence de la loi faisait obstacle à toute répression (2).

Le Code pénal de 1810 n'a pas non plus édicté de peines contre le duel. Cependant la cour de cassation, après avoir pendant longtemps pensé que la loi qui punit le meurtre, n'était pas applicable au duel, a fini par adopter l'opinion contraire (3). Nous ne discuterons pas la valeur des raisons sur lesquelles s'appuie cette jurisprudence ; il nous suffit de constater que la loi actuelle ne renferme pas de dispositions

---

(1) Edit de 1602, art. 1.
(2) Merlin, Répertoire, v° duel.
(3) Cass., 22 juin 1837. Dalloz, Répertoire de législ., v° duel.

spéciales sur le duel; que les édits royaux, inspirés par le droit canonique, sont complètement abrogés, et que, si l'on réprime aujourd'hui le duel, c'est en appliquant à cet acte les principes du droit commun.

§ 3.

Caractère de la pénalité d'après la législation séculière.

Le but de la peine, d'après la législation ecclésiastique, c'était l'expiation du crime; les peines canoniques avaient pour objet : la satisfaction due à la justice divine, et en même temps l'amélioration morale du condamné. La législation séculière ne pouvait arriver au même résultat. Cependant les criminalistes des derniers siècles attribuaient à la peine un triple objet :

1º Corriger le coupable ;

2º Réparer le mal ;

3º Effrayer par l'exemple (1).

Ils déterminaient avec soin, comme l'avaient déjà fait les décrétales, les différentes circonstances qui accompagnent le crime et aggravent ou diminuent la culpabilité de l'agent ; ils distinguaient le crime commis dans un premier mouvement, du crime commis avec préméditation ; le crime volontaire et le fait involontaire ; ils énuméraient les causes qui peuvent l'excuser, telles que la folie, le somnambulisme, l'ignorance, etc. (2).

Ces distinctions si nettement tracées par l'ancienne jurisprudence criminelle, avaient été empruntées au droit romain et à la législation canonique. Nous avons vu plus haut avec quel soin les différents actes humains avaient été définis et appréciés par le droit ecclésiastique.

Toutefois, la législation séculière différait profondément de la loi canonique sur la nature des peines. Tandis que le droit

(1) Muyart de Vouglans, liv. II, t. 2, ch. 1, art. 1.
(2) Voir Muyart de Vouglans, tit. I, III, IV, V, *passim*.

canonique ne prononçait que des peines, soit purement spirituelles, soit afflictives, mais qui n'entraînaient ni mort, ni mutilation, la loi séculière édictait contre les coupables des peines terribles. Nous avons vu qu'au moyen-âge, l'influence du droit romain fit adopter de nombreux et cruels supplices. Au temps de Muyart de Vouglans, on employait encore le feu, la potence, l'écartèlement, la décollation (1). Mais nos anciennes lois n'ont jamais consacré l'usage de peines plus cruelles encore, dont les lois romaines font souvent mention : la croix, l'exposition aux bêtes, la noyade et l'atroce supplice des parricides.

Les supplices furent abolis par l'Assemblée constituante; la loi du 25 septembre 1791 maintint la peine de mort, mais en décidant qu'elle consisterait dans la simple privation de la vie (2). Le Code pénal de 1810 a maintenu le même principe. Les lois pénales modernes sont donc moins éloignées de la douceur du droit canonique que ne l'étaient celles de l'ancienne monarchie. On a mis la législation criminelle d'accord avec la douceur des mœurs modernes et l'état actuel de la civilisation.

Cependant, quels que soient les adoucissements apportés à l'application des peines, la législation séculière sera toujours plus rigoureuse que la législation religieuse. Celle-ci s'adressait à des hommes qu'elle voulait convertir et qui acceptaient ses châtiments, elle pouvait pardonner au repentir. L'autre a surtout pour but de frapper le coupable et d'effrayer par l'exemple; elle doit protéger la société avant tout; elle s'adresse le plus souvent à des hommes qui ne sont touchés d'aucun repentir; elle a peu d'influence sur l'amélioration morale du condamné ; elle doit donc nécessairement déployer une rigueur que la loi religieuse n'avait pas. Elle ne peut pas se dépouiller complètement du caractère de sévérité qu'elle tient de la nature même des choses.

(1) Muyart de Vouglans, t. IV, ch. 1.
2) Loi du 25 sept. 1791, art. 2.

CHAPITRE IX.

Résumé. — Conclusion.

Nous avons parcouru successivement les différentes époques de l'histoire du droit français ; nous avons étudié les diverses parties de la législation, sur lesquelles le droit canonique a exercé quelque influence. Il ne sera pas inutile peut-être de jeter maintenant un regard en arrière, et de considérer les résultats généraux que cette influence a produits.

Nous avons constaté l'importance immense que prirent, au moyen-âge, les décisions de l'Eglise, les canons des conciles, les décrétales des papes ; nous en avons cherché les causes, et, quoique bien imparfaitement, analysé les effets. Nous avons vu l'Eglise accomplir dans le monde sa mission divine, convertir les barbares à la foi chrétienne, et leur apporter, avec les lumières de l'Evangile, celles de la civilisation. Après la chute de l'empire romain, les nouvelles sociétés se formèrent et grandirent sous sa direction. Ce fut elle qui les tira du chaos où elles étaient plongées et qui les organisa. Les papes devinrent, au moyen-âge, les suprêmes législateurs de toute l'Europe occidentale ; ils furent les auteurs d'une législation nouvelle, qui devait exercer sur la législation séculière une influence considérable. Ils empruntèrent au droit romain ce qu'il avait de plus parfait ; ils conservèrent les dispositions où la sagesse antique brillait du plus pur éclat ; ils modifièrent celles qui rappelaient encore les traditions du paganisme, et rendirent les lois civiles conformes aux principes chrétiens. Sous leur direction, le droit canonique fit entrer l'ordre moral dans l'ordre légal.

Devant cette législation chrétienne et savante à la fois, appuyée sur l'Evangile et sur la jurisprudence antique, les usages que les barbares avaient apportés des forêts de la

Germanie, disparurent peu à peu durant la suite des siècles. Le travail incessant de l'Eglise triompha successivement de toutes les coutumes des peuples du Nord, et transforma complètement leurs lois, leurs mœurs et leurs usages (1).

Sous l'influence du droit canonique, l'esclavage personnel de l'antiquité disparut peu à peu ; le servage de la glèbe reçut par la suite du temps de nombreux adoucissements, et cessa enfin complètement.

C'est aussi le droit canonique qui a transformé l'institution de la famille, réhabilité la femme et donné à l'union conjugale une force et une dignité nouvelles, en proclamant à la fois son unité, sa sainteté, son indissolubilité, en proscrivant l'inceste, le divorce, la répudiation, la polygamie, le rapt et l'achat de la femme. Il a fait de celle-ci la compagne de l'homme ; elle n'a plus été, comme chez les peuples du Nord, une esclave ou une marchandise ; le mariage a cessé d'être une vente ; les lois ont protégé la liberté de l'épouse et la sainteté du lien conjugal.

La rigueur primitive de la puissance maritale et paternelle a été adoucie ; le pouvoir du chef de famille, dans la société moderne, n'est plus le droit absolu que la loi romaine consacrait ; ce n'est plus la *manus*, ce n'est plus la *patria potestas*, ni même le *mundium* germanique, qui permettait au père de vendre ou d'exposer ses enfants. La puissance maritale a pour but de protéger la faiblesse de la femme ; la puissance paternelle, de veiller à l'éducation de l'enfant et de diriger ses pas dans la voie du bien. L'autorité paternelle repose sur un principe religieux ; le père est devenu l'image de Dieu ; c'est à ce titre que la loi chrétienne lui assure le respect et l'obéissance de ses enfants.

L'organisation tout entière de la famille a été profondément modifiée ; la base sur laquelle elle reposait jadis a été changée. Ce n'est plus, dans la société du moyen-âge, le lien

___

(1) La transformation opérée dans la législation romaine par le christianisme a été parfaitement décrite par M. Troplong, dans son beau mémoire intitulé : *Influence du christianisme sur le droit romain.*

civil de la puissance qui lui sert de fondement; c'est le lien religieux du mariage.

Le droit canonique a exercé son influence sur d'autres parties encore de la législation. Il a fait connaître aux peuples occidentaux l'usage du testament, inconnu aux Germains avant l'invasion; il leur a appris à respecter la volonté des mourants, à obéir à cette expression de la pensée humaine, qui se manifeste après la mort, et qui survit au testateur, comme l'âme survit au corps.

Il a dégagé de ses antiques liens, l'expression des volontés humaines; il a fait du consentement, manifesté d'une manière libre et intelligente, la source de tous les contrats; il a proscrit le formalisme antique; il s'est élevé bien au-dessus du symbolisme germanique, qui faisait consister tous les actes juridiques dans des faits extérieurs et sensibles.

Mettant au-dessus de tout le respect dû à l'équité, la législation canonique a modifié sur plusieurs points la faculté d'acquérir par la prescription; elle a fait de la bonne foi du possesseur, continuée pendant tout le temps de la possession, une condition nécessaire pour prescrire; elle a substitué un long délai au terme si court de la première législation féodale, et protégé efficacement le droit de l'ancien propriétaire; elle a distingué avec soin la propriété et la possession; elle a proscrit les troubles et les dépossessions violentes; elle a offert au possesseur une protection toute spéciale. Par l'effet de ses dispositions équitables, l'ancien droit germanique, qui confondait la possession et la propriété, et sanctionnait les guerres privées et les contestations à main armée, a été abandonné.

Les institutions judiciaires ont fait, pendant la période féodale, de nombreux progrès, qu'elles doivent aussi à l'influence des lois de l'Eglise. Celle-ci a remplacé, par l'examen rationnel des affaires, la procédure barbare qui abandonnait leur décision au hasard du combat judiciaire ou du *jugement de Dieu*. Elle a substitué la raison à la force; elle a créé une procédure savante, propre à assurer au civil la connaissance exacte des causes litigieuses ; au criminel, la recherche et la punition des crimes.

Au droit d'accusation qui abandonnait la poursuite des crimes aux calculs de l'intérêt privé ou aux horreurs des vengeances de famille, a succédé un système nouveau, qui donne à la société le moyen d'exercer la juste répression de tous les crimes. Les lois ecclésiastiques ont aboli le droit de vengeance privée, seul mode de punir les crimes que connussent les peuples barbares. Elles ont établi qu'à la société seule appartient le droit de réprimer le coupable, et non à l'individu ; que la peine doit être une expiation pour le crime commis, et non une vengeance destinée à satisfaire le ressentiment de la partie outragée.

En un mot, les lois de l'Eglise ont régularisé et perfectionné tout ce qui touche à l'administration de la justice ; elles ont moralisé la vie juridique, assuré le triomphe du droit et contribué pour une large part à la formation et au développement de la législation française. Toutes les forces sociales qui ont, au moyen-âge, concouru aux progrès de la civilisation, ont subi l'influence de l'Eglise ; toutes ont suivi la voie qu'elle leur traçait. Les Charlemagne et les saint Louis, dans leur travail d'organisation, furent guidés par sa lumière ; les rois de France méritèrent le titre glorieux de *Fils aînés de l'Eglise* ; les jurisconsultes mirent souvent en pratique les principes qu'elle avait posés. C'est elle qui a fourni les matériaux avec lesquels a été construit l'édifice de la civilisation européenne ; c'est elle qui a établi les fondements sur lesquels repose la législation des peuples occidentaux ; c'est elle enfin qui a donné à la société moderne un caractère propre qui la distingue profondément des sociétés antiques.

TABLE.

—

LIVRE II. — Epoque féodale.

FIN DE LA TABLE.

Toulouse, Typographie de Bonnal et Gibrac, r. S.-Rome, 46.

ERRATA.

Page 26, ligne 28, supprimez *les*.

Page 47, ligne 2 , ligne 12 , ligne 30 , au lieu de : nouveaux-nés , lisez : *nouveau-nés*.

Page 47, ligne 29, lisez : *les*.

Page 51, note (4), ligne 1, au lieu de : θώρετρην, lisez : θεώρητρον.

Page 52, ligne 11, au lieu de : avait, lisez : *avaient*.

Page 63, ligne 17, au lieu de : Clotaire, lisez : *Clotaire 1er*.

Page 63 , ligne 18 , au lieu de : un autre édit du même prince, en 595 , lisez : *un édit de Clotaire II, en 615.*

Page 63, note (6), au lieu de : édit de 597, c. 18, lisez : *édit de 615, c. 18.*

Page 66, note (5), ligne 1, au lieu de : cap. 1, 42, lisez : *cap. I, 42.*

Page 71, lignes 26 et 27, lisez : *dit Tacite.*

Page 71, note (1), ligne 1, lisez : *aussi.*

Page 82, note (3), au lieu de : f. 2, lisez : *l. 2.*

Page 83, note (1), au lieu de : f. 2, lisez : *l. 2.*

Page 107, note (3), lisez : *Cod. Theod.*

Page 108, ligne 22, au lieu de : était, lisez : *est.*

Page 125, ligne 4, lisez : *Constitutions.*

Page 127, note (4), ligne 3, au lieu de : Belongs, lisez : *belongs.*

Page 129, ligne 18, au lieu de : d'un moine, lisez : *du moine.*

Page 152, note (4) de la page précédente, dernière ligne, au lieu de : mains-mortes, lisez : *main-mortes.*

Page 210, ligne 30, au lieu de : mêmes, lisez : *même.*

Page 220, ligne 8, au lieu de : pena de sanc, lisez : *pena porto de sanc.*

Page 220, ligne 10, au lieu de : upelar, lisez : *apelar.*

Page 220, ligne 12, au lieu de : en enquesta, lisez : *en la enquesta.*

Page 252, ligne 16, au lieu de : en sa possession, lisez : *en son pouvoir.*

Page 283, note (2), au lieu de : 1855, lisez : *1850.*

www.ingramcontent.com/pod-product-compliance
Lightning Source LLC
Chambersburg PA
CBHW060423200326
41518CB00009B/1468